전라도가 변해야 나라가 산다

작
가

박
이
선
의

시
선

KB194903

바탕 이미지 설명
조선독립신문은 1919년 3월 1일 보성사에서 몰래 발간한 신문으로 민족대표
33인의 한 사람인 이종일이 주도했다.

전라도가 변해야 나라가 산다

작가 박이선의 시선

작가 박이선, 그는 왜 전라도가 변해야 나라가 산다고 역설하는 걸까. 변해야 한다면 어떻게 변해야 하는가. 이것은 전라도 뿐만 아니라 모든 국민에게 해당하는 말이라고 봐야 할 것이다.

도서출판 **바밀리온**

‖ 목 차 ‖

제 2 부

전라도는 사람들 마음이 푸근하고 오가는 길손을 불러 음식을 대접할 정도로 정이 많은 곳이다. 전통과 문화예술을 사랑하는 마음도 남달라서 판소리의 맥을 이어온 곳이 전라도라 해도 과언이 아니다. 이는 전라도 사람들이 귀명창으로 불릴 만큼 수준 높은 문화적 감수성을 갖고 있기 때문에 가능한 일이었다.

이렇듯 정 많고 전통을 사랑하는 전라도 사람들이 언제부터인지는 몰라도 전라도 밖을 나가면 은근히 따돌림당하고 차별받는다는 것을 느끼고 있다. 과거와 달리 요즘은 인터넷이 발달하여 세계인이 거의 같은 시간에 이슈를 공유하고 의견을 주고받는 세상이 되었다. 지역이 사라지고 거리감은 존재하지 않게 된 것이다.

그런데 왜 전라도에 대한 차별과 편견은 사라지지 않고 있는 것일까. 오히려 비아냥과 따돌림이 심해지고 있다는 생각이 든다. 마음속으로 짚이는 바가 있지만 선뜻 말하기 어려워 그동안 속으로 끙끙 앓고 있었다. 전라도 사람인 필자가 이 정도이니 다른 지역 사람들은 그저 자기들끼리 소곤거릴 뿐 대놓고 전라도에 대해 말하기 어려웠을 것이다. 이러는 동안 오해는 더 쌓이고 편견은 확신으로 바뀌어 인터넷상에서 전라민국, 홍어, 까보전, 전라디언 등 셀 수 없을 정도로 지역을 비하하는 말이 서슴없이 쓰이고 있다.

이런 상황을 지켜보면서 입을 닫고 있는 것만이 능사가 아니란 생각이 들었다. 다른 지역에서 말하는 것보다 차라리 전라도에서 태어나 전라도에 살고 있는 필자가 말하는 것이 오해의 소지를 줄이게 될 것이다. 물론 이로 인해 많은 전라도 사람으로부터 욕을 먹고 패륜아 취급을 받을지도 모른다.

그래도 할 말은 해야겠다. 언제부터 전라도가 속칭 진보입네 하는 좌파의 소굴이 되었는가. 본래 전라도는 보수의 가치를 숭상하고 지키는 지역이었다. 우리 전라도가 지역감정의 희생양이 된 것을 정확하게 말하자면 1988년 실시된 제13대 국회의원 선거부터이다. 당시 김대중이 평화민주당을 창당하여 황색 바람을 일으킨 결과 전라도에서 여당이던 민주정의당은 단 한 석도 얻지 못했고, 경상도 또한 뭉쳐서 평화민주당에 한 석도 내주지 않았다. 81년과 85년 총선거에서는 민주정의당이 전라도에서 근소한 차이나마 승리했다.

전라도 사람들이 김대중의 평민당을 지지한 이유는 오랫동안 차별받고 살아온 한을 정치적으로 탄압받는다고 생각한 김대중과 동일시하였던 결과다. 어떤 정치인이 지역으로부터 확실한 지지를 받게 되면 평생 국회의원 뱃지를 달고 온갖 특권을 누리며 살 수 있다. 반면 지역은 다른 지역으로부터 그 정치인과 동일시되어 좋지 않은 프레임에 갇히고 피해당하게 된다.

1988년 이전 전라도 사람이 당하는 차별과 편견은 배신을 잘하고 믿을 수 없다는 정도였으나, 일방적으로 표를 몰아준 결과 지금은 빨갱이 소굴이라는 얼토당토않은 누명까지 쓰고 말았다. 물론 다른 지역에서 전라도를 더욱 비하하기 위해 말도 안 되는 소리를 지어낸 것이지만, 장난스레 던진 돌멩이에 맞아 죽는 개구리 심정을 생각한다면 실로 억울하고 분통 터질 일이 아닐 수 없다. 과거 지역감정을 바탕으로 정치 생명을 이어가던 3김이 모두 세상을 떠난 마당에 왜 전라도가 계속 지역감정의 피해자가 되어야 한단 말인가.

　이런 이유 때문에 전라도 사람으로서 느끼는 전라도에 대한 오해, 그리고 전라도 사람들이 무엇을 잘못하고 있는지에 대해 숨김없이 쓰고 싶었다. 이것은 다른 지역 사람이 할 수 없는 일이다. 괜한 말 했다가 무슨 봉변을 당할지 모르니 말이다. 그깟 욕 좀 얻어먹고 따돌림당하는 것이 무에 대순가. 전라도에 먹고 살 만한 건더기가 없어 고향을 등지는 우리 젊은 청년들을 생각하면 뭐라도 하고 싶은 마음이다. 고향을 떠난 사람들은 고향을 감추고 말투까지 바꿔가며 차갑고 따가운 시선으로부터 벗어나기 위해 발버둥친다. 더는 이런 상황을 방관하지 말고 정면으로 부딪혀 극복해야 한다. 이것이 기성세대로 자리한 전라도 사람들의 의무라고 생각한다.

　한반도에 사람이 살기 시작한 이래 전라도는 경상도와 경쟁하며 항상 역사의 중심에 서 있었다. 선의의 경쟁은 장려할 일이고 발전의 동력이 된다. 이제 전라도가 뒤집어쓴 누명을 벗고 나라의 발전을 위해 전라도 사람들이 발 벗고 나서보자. 전화위복의 자세로 위기를 극복하면 역사의 주인공이 되고 박수를 받을 것이다.

　전라도가 변하면 감동이 되고 나라가 산다.

朝鮮獨立新聞

社說

제 1 부

社長 尹益善

1. 흥부의 고향

흥부가는 놀부와 흥부에 대해 이렇게 말하고 있다.

"경상도는 함양이요. 전라도는 운봉인데 운봉 함양 두 어름에 박가 형제 있었으니 놀부는 형이요 그 아우는 흥부였다"

함양에서 가파른 팔량재 고개를 올라서면 해발 500미터의 전라도 운봉고원에 이른다. 전해지길 팔량재 아래 인월면 성산리에 박첨지가 살았다 하고 놀부와 흥부는 그 자식들이다. 형으로부터 내쫓긴 흥부는 아영면 성리로 옮겨 가서 둥지를 틀었다고 한다. 성산리와 성리, 두 마을이 서로 흥부마을이라고 우기는데 지금은 아영면 성리에 흥부가 살았던 것으로 정리되는 듯하다.

마음 착한 흥부는 부러진 제비 다리를 고쳐주고 박씨를 심어 부자가 되었다. 이 소식을 듣고 놀부는 동생을 찾아가 갖은 심술을 다 부리고 금은보화가 가득 담긴 화초장 하나를 얻어냈다.

기쁜 마음으로 화초장을 지고 돌아오는 장면을 보면,

"화초장 화초장 화초장 화초장 화초장 얻었네 얻었네.

화초장 하나를 얻었구나. 얼씨구나 화초장 절씨구나 화초장

도랑 하나를 건너뛰다가 아차 잊었구나.

이것이 무엇이냐. 장은 장인데 모르것다.

잡것이 거꾸로 붙여도 모르겠다.

초장화 화장초 아니여. 장초화 그것도 아니고 ….”

이름을 잊어먹고 기억을 되살리느라고 간장, 고추장, 구들장, 방장, 천장 등 '장' 자가 들어가는 단어들을 나열한다.

필자의 고향은 놀부가 화초장을 지고 자기 집으로 돌아가던 그 중간쯤이었다. 고원지대라 겨울에 춥고 눈도 많이 내렸다. 세수하고 문고리를 잡으면 손가락이 쩍 달라붙는 추위를 어릴 때 이후 겪어보지 못한 것을 보면 꽤 추운 곳이었다. 여름이면 냇가에 나가 목욕하며 헤엄치고 개구리를 잡아 뒷다리 구워 먹고 겨울엔 토끼를 잡는답시고 온산을 쏘다녔다. 그러다 턱밑이 까칠해질 때부터 지게를 지고 형과 함께 땔감을 장만하느라고 산을 오르내렸던 기억이 난다.

고려말 이성계 장군이 왜군을 물리치고 조선 창업의 기틀을 다진 곳은 운봉이었다. 팔량재를 넘어온 왜군과 싸울 때 장군이 중군(中軍)을 매복시켰던 중군리, 달을 끌어들여 밤을 밝히고 싸웠다는 인월(引月), 인월에서 운봉으로 가는 냇가에 있는 피바위, 황산대첩비 등이 모두 이성계 장군의 활약과 관계있는 지명이다. 운봉고원에 사는 사람들은 전라북도 동남쪽 끝자락 고원지대에 자리하고 긴 세월 동안 고향 산천을 지켜왔다.

인월 장날엔 억센 경상도 사투리를 쓰는 장돌뱅이들이 고개를 넘어

모여들었고 두 지역 간에 혼사가 이루어지는 일도 흔했다. 서로 이름을 모르지만 다음 장날에 갚는다며 외상으로 물건을 가져가고, 저번 장날 사 갔던 물건이 몸에 맞지 않는다곤 가져와서 물리고, 일이 있어 다음 장날 갚지 못하면 여러 장도막을 지나 묵은 외상값을 갚기도 하였다. 혹여 외상값을 갚지 못하게 되면 오히려 안달했다.

"아이고, 그 왜 키가 짜리몽땅한 옷장수는 안 왔는가베. 여그서 늘 상 판을 펼치든만. 외상값 또 못 갚것네이, 어쩐디야."

"장인어른 환갑이라꼬 못 온다카데예. 다음 장엔 오지 안캤습니꺼. 보소 아지매, 나온 김에 물 좋은 칼치 한 토막 들여 가이소."

장돌뱅이가 오지 않았으니 다음 장을 기약할 수밖에 없었다. 떠돌이 장사치와 시골 아낙은 서로 이름도 모르고 사는 곳도 모르지만 정직을 바탕으로 신용거래를 하였다. 그야말로 수천 년 동안 이어져 내려온 소박한 우리 민족의 정과 신용을 느낄 수 있는 장터풍경이었다.

바쁜 농사철엔 서로 오가며 일을 도왔다. 논두렁에 앉아 새참을 먹을 때 듣는 경상도 말이 어색하지 않고 귀에 잘 들렸다. 어른들로부터 경상도를 욕하는 말을 들어본 적 없고 인근 경상도 마을을 가더라도 전라도 사람이라고 해서 푸대접받은 기억 또한 없다. 이런 현상은 내가 살았던 고향만 그런 것이 아니고 서로 인접해 있는 구례와 하동, 무주와 김천, 장수와 거창도 마찬가지일 것이다. 직접 부대끼며 사는 사람들은 전라도와 경상도가 이웃일 뿐 특별한 감정이 들지 않는다. 오히려 인접 지역에서 멀어진 곳으로 가면 감정이 유독 드러나는 것을 느낄 수 있다.

마을이 지리산과 멀지 않고 뒷산이 백두대간인 탓에 6.25 전쟁 시기에는 빨치산의 활동이 활발하던 지역이기도 하다. 무장 공비로 불렀던 사람들이 빨치산이란 것을 나중에 알았다. 지금도 고향에 가서 나이 드신 분들과 이야기하면 빨치산 보다는 무장 공비란 말이 자주 튀어나온다. 그만큼 기억이 좋지 않은 탓이다.

객지에 나와서야 고향이 얼마나 산골이었는지 알게 되었다. 어머니는 돌아가시기 전까지 이곳저곳 일을 도와주러 다니셨다. 태어난 마을에서 이웃 마을로 시집을 가고 평생 그곳을 떠나 타향에서 살아본 적이 없는 순박한 농투성이, 닭이 울면 자리에서 일어나 하루를 시작하고 서산으로 해가 넘어간 후에도 호미질을 멈추지 않았던 어머니, 그립고 안타깝고 눈물겨운 어머니의 모습이다. 간혹 어머니의 말씀을 들으면 경상도 함양, 거창, 산청 등지로 일을 다녀오신 말씀을 해주었다. 농촌에 일손이 모자라 한창 바쁠 시기엔 사방에서 사람을 끌어모으기 때문에 여럿이 뭉쳐 다녀왔다는 것이다. 다녀온 이야기를 듣고 있노라면 재미에 푹 빠져 어머니의 수고를 미처 생각지 못했다.

어머니나 비슷한 연배의 어르신들에게 경상도는 그저 이웃한 지방일 뿐 지역감정으로 대하는 곳이 아니었다. 산과 강을 경계로 서로 이웃하고 오순도순 살던 고향 사람들, 그런데 어찌하여 이 나라에 망국적인 지역감정이 똬리를 틀고 국민들을 찢어놓고 있는가. 안타깝기 그지없다.

이제부터 전라도에서 태어나 전라도에 살고 있는 사람으로서 전라도가 안고 있는 문제점을 숨김없이 말해보고자 한다.

2. 차별과 지역 감정

　조선시대 평안도와 함경도 사람을 서북인이라고 불렀다. 조정이 있는 서울에서 보면 서북지역은 오랑캐와 접해 있는 변경으로 인식되었기 때문에 서북인에 대한 차별은 오랫동안 있어 왔다. 그 결과 1811년(순조 11년) 홍경래의 난이 일어나 한바탕 큰 난리를 겪어야 했다. 특정 지역에 대한 차별과 괄시는 반드시 문제를 일으키게 된다는 것을 보여주는 것이다.

　그러나 세상 어느 나라를 가더라도 지역 간 감정과 경쟁이 없는 곳은 없다. 신사의 나라로 알려진 영국은 잉글랜드, 스코틀랜드, 웨일스, 북아일랜드 4개 나라가 연합한 왕국이다. 그래서 United Kingdom이라고 한다. 4개 나라가 연합했으니 어찌 말썽이 없을 것인가. 북아일랜드는 지속적으로 독립을 요구하며 무력투쟁까지도 불사하고, 월드컵에 출전할 때는 잉글랜드팀이 싫어 북아일랜드팀으로 따로 출전한다. 프랑스도 공업이 발전한 북쪽과 농업이 중심인 남쪽의 지역감정이 심하고, 일본은 오사카와 쿄토 사람이 한 상에 앉아 밥도 먹지 않을 정도로 서로를 무시한다.

　지역감정이 잘못 발현되면 나라를 망치지만 서로 인정하고 경쟁하면 건강한 사회를 만드는 긍정적 요인이 될 수 있다. 경상도 보리 문딩이, 전라도 깽깽이, 강원도 감자, 서울 깍쟁이, 충청도 멍청이란 소리를 들을 때 그냥 웃고 넘기면 될 것을 너 죽고 나 죽잔 식으로 멱살을 잡고 덤비니 오히려 그것이 더 문제란 말이다. 쉽게 흥분하고 나서는 것은 피해의식이 있거나 그릇이 작은 탓이라고 볼 수밖에 없다. 필자는 전라도에서 태어나 살고 있는 사람이기 때문에 전라도 사람이 느끼는 억울한 심정과 한을 알고 있다.

　오랫동안 전라도 사람이라는 이유로 당해온 차별은 뼛속 깊이 자리하여 이를 악물고 뛰게 하는 원동력이 되기도 했고 좌절감을 맛보게 했다. 그 원인이 어디에 있을까. 혹자는 농경사회에서 산업사회로 이행되는 과정에서 발생했다, 또는 정치인들이 만들었다, 또는 예전부터 전라도 사람에 대한 편견과 차별이 있었고 특별한 것이 아니라고 한다. 다 일리 있는 말이다. 어느 한 가지만 가지고서 전라도에 대한 편견이 자리했을 리 없기 때문이다.

　돌아보면 일제강점기에도 전라도 사람들은 서울에서 차별을 받았고, 박정희가 대통령으로 나서기 전에도 차별은 있어 왔다. 박정희가 경상도에 공장을 세우고 전라도를 차별하여 지역감정이 생기고 못 살게 된 것이 아니란 말이다. 오래전부터 전라도에 대한 차별이 있었다. 친구와 지인들이 전국으로 흩어져 살고 있는데, 유독 경상도에 사는 사람들 말을 들어보면 하나같이 경상도 말투를 쓰는 것을 발견하게 된다. 갓난아이가 말을 배우기 위해 헤아릴 수 없을 만큼 옹알이하여 배운 말과 어투는 어른이 되어서도 쉽게 바뀌지 않는 법이다.

자기도 모르는 사이에 독특한 사투리가 튀어나오기 마련인데 왜 경상도에 사는 전라도 사람들은 전라도 말투 대신 경상도 말투를 쓰게 되었을까. 반면 전라도에 사는 경상도 사람은 절대 전라도 말투를 흉내 내지 않는다.

이것은 전라도 사람이 자신을 보호하기 위해 자기도 모르는 사이 나타나게 된 방어 작용일 것이다. 누군들 자신의 머릿속 깊숙이 자리하고 있는 고향의 말투를 버리고 싶겠는가. 경상도에서 전라도 사람이라는 것이 드러나면 불이익을 당할 수 있고, 또 실제 그런 경험이 있었기 때문에 말투가 변했을 것이다. 거꾸로 생각하면 경상도 사람이 전라도에서 그 말투를 잃어버리지 않고 쓰는 이유를 추론할 수 있다. 전라도가 경상도만큼 차별이 심하지 않다는 반증일 수 있고 아니면 그만큼 그들의 자존심이 세기 때문일 것이다.

또 포털에서 검색할 수 있는 유명 인사들의 프로필에서도 차이점이 발견된다. 경상도 사람은 자랑스레 고향을 밝히는 데 반해 전라도 출신은 아예 고향을 밝히지 않는 경우가 적지 않다. 밝혀본들 전혀 득될 것이 없기 때문이라고 생각해서다. 우리 사회에서 알게 모르게 행해지는 지역 차별을 느꼈거나 그럴 가능성이 있다고 보지 않는다면 고향을 숨길 이유가 없는 것이다. 본적을 밝힘으로써 받게 되는 불이익을 없애기 위해 여러 가지 제도가 시행되고 있는 이유도 바로 여기에 있다. 전라도에 대한 차별이 존재하는 한 그 피해를 받는 것은 오직 전라도 사람이다. 그 원인을 따져 없애지 않으면 차별의 강도는 더욱 심해질 것이라고 생각한다.

어떻든 전라도 사람이 느끼는 차별은 서운함이 되고 한이 되어 가슴속 깊이 자리하게 되었다. 이런 지역 차별의 서운함과 한에 불을 질러 본격적인 지역감정으로 악화시킨 사람들은 바로 정치인들이었다.

1971년 제7대 대통령 선거에서 공화당 박정희와 신민당 김대중이 맞붙어 접전을 벌였는데 판세가 워낙 치열했던 탓에 지역감정을 부추기는 발언들이 거침없이 쏟아져 나왔다. 이전 6대 대통령 선거에서 박정희와 윤보선이 경쟁했을 때는 지역감정이 터져 나오지 않았다.

박정희는 "야당 후보가 이번 선거를 백제와 신라의 싸움이라고 해서 전라도 사람들이 똘똘 뭉쳤으니 우리도 똘똘 뭉치자."고 경상도의 단합을 호소했고,

김대중은 "호남 사람이 받은 푸대접은 1천 2백 년 전부터이다. 서울 가면 구두닦이나 식모는 모두 전라도 사람이며, 남산에서 돌을 던져 차가 맞으면 경상도요 사람이 맞으면 전라도다."라고 표를 호소했다. 이 밖에도 지역감정에 기대는 발언들이 거침없이 쏟아졌다.

진정으로 경상도 전라도 사람을 위해서 한 말이 아니고 모두 자신의 표를 위한 망국적인 발언이었다. 한때 감정에 휩쓸려 표를 그렇게 주었다 치자. 이제는 박정희도 김대중도 세상에 없다. 사회가 발전되어 선진국 대열에 들어섰다고 남들이 부러워하는 판국에 왜 아직까지 지역감정이 사라지지 않고 있을까.

필자는 그것이 정치인들 때문이라고 생각한다. 전라도 경상도 사람이 서로 놀리는 투로,

"아나, 보리 문딩이 한 잔 받아라."

"전라도 깽깽이가 술도 살 줄 아네."

얼마든지 웃어넘길 수 있고 지역감정을 통해 경쟁하고 사회발전을 위한 원동력으로 삼을 수도 있다는 말이다. 그러나 정치인들은 지역

감정을 자신의 정치 생명 연장의 수단으로 이용한다. 지역감정이 있는 곳은 언제까지나 자신의 텃밭이 되고 볼모로 사로잡을 수 있기 때문이다. 그래서 그들이 말로는 지역감정을 없애자 하지만 속으로는 절대 지역감정이 사라지는 것을 바라지 않는다.

"우리는 저놈들 때문에 못 살았다. 본때를 보여주자."

"저놈들이 뭉치니 우리도 뭉치자."

정치인들은 사람들의 마음속에 분노와 원망을 심어주고 그에 편승하여 표를 끌어모은다. 80년 광주의 시위를 겪고 난 후 이듬해인 81년 3월 실시된 제11대 국회의원 선거에서 당시 여당이던 민주정의당이 제1야당인 민주한국당을 누르고 승리했다. 전남은 민정당 10석 민한당 9석이었고 전북은 민정당 7석 민한당 6석으로 모두 민정당이 승리를 거두었다. 지역구 의석수만 놓고 볼 때 지역감정이 반영되었다고 보기 어렵다. 85년 제12대 국회의원 선거도 마찬가지였다. 야당의 분열이 있었지만 전남북에서 여당인 민정당의 의석이 밀리지 않았다.

그러나 김대중이 평화민주당을 창당하고 나선 88년 제13대 국회의원 선거에서 여당 민정당은 전라도에서 단 한 석도 얻지 못했고 평민당은 광주와 전남북을 모두 싹쓸이하였다. 반대로 경상도에서는 민정당이 승리하고 평민당은 한 석도 얻지 못했다. 제13대 국회의원 선거를 기점으로 지역감정이 정치적으로 고착되어 일명 영남 중심의 보수당은 전라도에서 힘을 쓰지 못하게 되었던 것이다.

그 원인이 어디에 있든 간에 정치인들이 지역을 자신의 정치적 영토로 삼아 수십 년 동안 떵떵거려 왔던 것도 사실이다. 지역민들은 어느새 그들의 정치적 노예가 되어 선거 때만 되면 앞뒤 가리지 않고 표를 몰아주는 악순환을 거듭해왔다. 지역감정을 교묘히 이용하는 정치인들은 행여 사람들이 지역감정으로부터 탈피하고 새 정치인을 찾을까봐 오히려 전전긍긍하였다. 지역과 나라의 발전은 뒷전이고 못 살아도 좋으니 부디 자신의 정치적 생명 연장이 우선이었다. 과연 이것이 건강한 지역감정이라고 할 수 있을까. 오히려 나라를 망치는 길이다.

지역감정의 최대 수혜자는 지역 출신 정치인이고 피해자는 바로 전라도 사람이다. 이제 박정희와 3김이 없으니 지역감정을 이용하는 정치인들에게 더 이상 이용당하지 말아야 할 일이다.

3. 이제 전라도가 변해야 한다.

　전후 사정이 어찌 됐든 간에 이제 전라도가 변해야 한다. 이런 말 하면 왜 우리가 변해야 되느냐고 목에 핏대를 세우는 사람이 있을 줄 안다. 공자는 논어 위령공편 20장에서 말하길,

君子는 求諸己요 小人은 求諸人이니라고 했다. 군자는 문제의 원인을 자기에게서 찾고 소인은 타인에게서 찾는다는 말이다.

　덕을 이룬 군자는 비록 남이 자기를 알아주지 않아도 그것을 병으로 여기지 않고 소인은 도를 어기면서까지 명예와 이를 구한다. 언제까지 남 탓만 하며 지역감정을 확대 재생산하는 정치인들의 놀음판에서 꼭두각시 노릇을 할 것인가. 이제 그럴 필요 없다.

　더 이상 전라도 사람들이 차별받고 있다는 피해의식을 가질 필요 없고 기죽을 필요도 없다. 그냥 인정할 것은 인정하고 고칠 것이 있다면 고쳐나가면 된다. 타지역 사람들은 전라도 사람들에 대해 평하기를 '간사하고 배반을 잘한다.' 는 이미지를 덮어씌운다.

　기분 나쁜 말이지만 타지역 사람들이 이런 생각을 가지게 된 데는

이유가 있을 것이다. 좋지 않은 평가임에 분명하지만 우리 스스로 고쳐나가지 않으면 안 될 것이다. 왜 그런 평가를 하느냐, 눈을 부라리며 싸우자고 나서면 불에 기름 붓는 격일 뿐이다. 사람을 대할 때 신의를 가지고 대하고 의리를 지켜나가는 그런 모습을 보여주면 된다.

우리뿐만 아니라 타지역 사람들도 한두 가지씩 좋지 않은 평가를 받고 있다. 앞서 말했지만 서울 사람은 지나치게 계산적이라 깍쟁이란 말을 듣고, 충청도 사람은 언행이 굼떠 멍청이란 말을 듣고, 경상도 사람은 고집 세고 무뚝뚝하다는 말을 듣지만, 지역적 특징 한두 가지를 말한 것일 뿐 전체가 모두 그렇다는 것이 아니다. 우리 전라도 사람에 대한 그런 평가도 마찬가지다.

전라도에 대한 평가를 다르게 보자. 사람이 너무 똑똑하고 잘 나서 무리 앞에 나서길 좋아하며, 불의를 참지 못하고 대들기 때문에 그것을 시기 질투하는 사람들의 마음이 반영되었을 것이다. 이런 연유로 간사하고 배반을 잘한다는 악평이 나왔을 수도 있다.

예전에 삼성의 법무팀장으로 있던 모 변호사가 삼성이 비자금을 불법으로 조성했다, 경영권을 불법으로 승계했다는 기업 내 비밀이나 다름없는 일을 천주교정의구현사제단과 함께 대통령 선거 전에 폭로하여 큰 파장이 일어난 적이 있었다. 그것을 보고 필자는 답답하고 참담한 마음을 금할 길이 없었다.

그 변호사는 전라도 사람으로 삼성의 법무팀장이란 중책을 맡고 있는 동안 알게 모르게 기업비밀을 많이 취득했을 것이다. 물론 불의를 참지 못하고 밖에다 폭로한 것이겠지만, 그렇지 않아도 삼성이 전라도 사람을 잘 쓰지 않는다더라는 풍문이 떠도는 마당에 굳이 그렇게 해야 했나 싶다.

요즘 고전을 면치 못하고 있는 삼성전자와 9년 동안 법원에 불려 다니고 있는 이재용을 보면 안쓰럽기 짝이 없다. 세계 일류 삼성전자가 무너질 경우 결국 우리 국민들이 피해를 볼 것이기 때문이다. 생각해 보면 아쉬운 점이 많다. 경위야 어찌 됐든 자신이 삼성에 몸담고 있었으면 그 기업을 위해 일해야지 왜 안에서 알게 된 내용을 밖에다 폭로하여 곤경에 처하게 하나. 바로 이러한 점이 전라도 사람을 믿지 못하게 만들고 중책에 기용하지 않는 이유다.

그 변호사는 불의를 폭로하여 속이 시원하고, 사람들은 삼성이 곤경에 처한 것을 두고 고소하다며 박수쳤을지 모르지만, 필자는 그 일 하나로 인해 전라도에서 태어난 수많은 자식들의 길이 막혀버렸다고 생각한다. 적어도 삼성에 입사하기는 전보다 더 어려워졌다고 보는 것이 맞을 것이다.

살아오는 동안 많은 불의와 부정의를 목도했을 텐데 왜 삼성만 곤경에 처하게 만들었을까. 삼성은 대표적인 경상도 기업이고 오랫동안 노조를 인정하지 않아 왔다. 그 대신 다른 기업들이 흉내 내기 어려울 정도로 노동자들의 주머니를 두둑하게 해주었고 복지 또한 최상이었다. 이것이 노동운동이나 좌파적 사회운동을 하는 사람들의 눈에 좋게 보였을 리 없다. 그래서 폭로에 무슨 다른 목적이 있었던 것은 아닐까 하는 궁금증도 든다. 더구나 대표적인 진보 종교인단체로 알려진 정의구현사제단과 함께 한 것은 그런 의심을 짙게 한다.

이런 말을 하면 혹자는 필자에게 불의와 타협하는 인간이란 욕을 할 것이다. 욕해도 할 말은 해야겠다. 떡을 만들다 보면 떡고물이 묻기 마련이고 큰 기업을 유지하려면 경직된 법으로만 해결할 수 없는 일도 있을 것이다. 세상살이가 그렇다. 세상에 옳은 일은 모두 독차지하고 살아가는 것처럼 목소리를 높이는 사람들도 뒤로는 불의를 저지르고 있었던 예가 많다.

위안부 할머니들의 돈을 빼돌려 처벌받은 사람이 있고, 나랏일을 하면서 뒷돈 받고 마치 민주주의를 전세 낸 것처럼 외치고 다니는 사람들조차 보조금을 횡령하는 일이 적지 않다. 이런 일이 일어나는 이유는 본래 사람은 완전하지 못하기 때문이다. 완전하지 못한 사람이 하는 일 또한 완전할 수 없는 것이고 서로 힘을 모아 흠결을 메우는 방향으로 나아가야 한다.

옛말에 도둑에도 의리가 있고 딴꾼에도 꼭지가 있다는 말이 있다. 어떤 무리에 들어가 일하려면 저희들끼리 의리와 질서를 지켜야 하는 법이다. 그것을 지키지 않을 생각이었다면 무엇하러 그 무리에 들어가느냐 하는 의미다. 이런 점에서 삼성 법무팀장으로 일했던 그 변호사의 처신은 경솔했다 보여진다. 자신의 행동 하나 때문에 삼성은 큰 곤경에 처했고, 전라도 출신 아들딸들의 취직 기회를 상당히 제한당했을 것으로 생각되기 때문이다.

고작 그런 일로 취업 장벽을 세우면 되느냐, 따지고 들 사람이 있을지 모르겠는데 입장 바꿔 생각해보자. 내가 기업의 총수라 해도 뒤통수를 사정없이 후려치고 수년 동안 어려움에 빠트린 지역 사람을 쓰고 싶지 않다. 또 언제 배신할지 모르는 사람을 왜 위험을 무릅써가며 채용해야 된단 말인가. 이렇게 크고 작은 일들이 겹치고 쌓여 전라도 사람에 대한 부정적 이미지를 공고하게 만든 것이다. 전라도 사람들이 할 일은 매사 신중하게 처신하고 노력하여 부정적 이미지를 불식하고 정말 좋은 사람들이란 소리를 듣도록 하는 일이다.

생각해보면 전라도의 장점이 얼마나 많은가. 손님을 대접함에 소홀

함이 없고 다양한 음식으로 미각을 돋우고 판소리 등 문화예술이 꽃 피우는 곳이다. 보통 타지역 사람에 대한 평가는 그 지역에 가 살아보지 않고 나그네처럼 떠도는 몇 사람을 접해보거나 군 생활의 경험, 직장 내에서 일해 본 경험을 가지고 내린 것이 대부분이다. 전라도에 와서 사는 경상도 사람이 이곳 사람과 결혼해서 잘살고 있으며, 필자도 경상도에 가면 여러 가지 좋은 점을 발견하고 정을 느끼는 일이 많다. 직접 경험해보지 못한 사람들이 들은 말과, 자신이 겪은 특이한 경험을 가지고 그 지역 사람들에게 악평하는 것일 뿐이다.

아무튼 남 탓하지 말고 전라도가 먼저 변하면 얼마나 좋을까 싶다. 다음 국회의원 선거에서 영남 중심의 보수당 후보가 일을 해보고 싶다고 출사표를 던질 때,

"그동안 얼마나 기다렸는지 모르네. 열심히 해보소."

표를 주어 여러 명 당선시키면 타지역 사람들이 우리 전라도를 나쁘게 볼까 아니면 좋게 볼까. 아마 그동안 오해했다고 머리를 긁적이며 아는 전라도 사람에게 밥이라도 한 끼 산다고 할 것이다. 우리가 변해버리면 만사 해결될 일이다. 이제 집단최면에서 깨어나야 할 때다. 우리만 따돌리고 차별한다는 피해의식에 젖어 있을 필요 없고 그것 때문에 분개해서도 안 된다.

행여 우리보다 경상도가 먼저 변해버리면 낭패 아닌가. 그들이 변하기 전에 우리가 먼저 변해서 성숙한 시민의식, 군자로서의 자세를 보여주어야 자존심을 맘껏 세울 수 있을 것이다.

사실 국회의원과 지방자치단체의 구성을 한쪽 당으로 몽땅 채워놓으니 견제가 제대로 안 되고 고인 물이 썩듯 부작용이 발생하고 있다. 자기들끼리 짝짜꿍 손발을 맞춰 사람들을 우롱한다. 그럼에도 그들이

계속 정치할 수 있는 이유는 그 당에 들어가 사람들의 감정만 살짝 건들어주면 만사 오케이기 때문이다.

전라도에서는 어차피 이쪽 당이 당선될 것이니 당내 경선이 본선보다 더 치열하다. 오죽하면 강아지가 후보로 나서도 저쪽 당을 이길 것이라고 하겠는가. 무조건 저쪽 당에는 표를 주기 싫다는 마음으로 똘똘 뭉쳐 있으니 흠결 있고 무능력한 후보라도 뽑아주는 형편에서 나오는 말이다. 이런 것을 과연 민주주의라고 할 수 있는지 의문이 든다. 이것저것 따지지 말고 다음 선거에서는 이쪽 당 말고 저쪽 당 후보를 뽑아주자. 경상도가 변하든 말든 그건 상관할 바 아니다. 우리가 간단한 방법으로 정신적 우위에 설 수 있는 길이기 때문에 그들이 변하기 전에 우리가 먼저 변하자는 것이다. 전라도에 대한 편견을 한 번에 바꿀 수 있고 경상도 사람들을 두고두고 놀려 줄 수 있는 방법이다.

4. 장세동을 왜 욕하는가.

 사람들이 익히 알고 있듯 장세동은 전두환의 심복이다. 현직에 있을 때는 물론 전두환 전 대통령이 퇴임한 후에도 보좌했으며 변함없는 충성심을 보여주었다. 혹자는 이러한 장세동을 두고 쓸개도 없는 사람이라고 욕하는데 필자의 생각은 다르다.

 그는 전라남도 고흥군에서 태어났다. 육군사관학교 16기로 임관하여 군 생활하는 동안 뛰어난 능력을 인정받았다. 여러 보직을 거쳐 제5공화국 대통령 경호실장으로 임명된 후부터 사람들은 장세동이란 이름에 주목하게 되었다.

 1981년 제3공수특전여단장이란 현역 장군 신분으로 대통령 경호실장에 임명되고 선서할 때 대통령과 경호실장의 역할이 뒤바뀌는 일이 있었다. 임명권자인 대통령이 선서문을 들고 경호실장이 오른손을 들어 선서해야 함에도, 전두환은 선서문을 장세동에게 주어 읽도록 하고 자신이 오른손을 들어 선서했다. 전두환은 자신의 생명을 지켜주는 경호실장을 특별하게 생각했기 때문에 장세동이 읽는 임명 낭독을 들으며 자신이 손을 들고 직접 선서하였던 것이다. 지위고하를 떠나 얼마나 신의로 가득 찬 광경인가. 가슴 뜨거운 남자들이 보여줄 수 있는 장면이라고 생각한다.

예상대로 장세동은 경호실장으로서의 역할에 충실했고 국가안전기획부장에 임명된 후에도 5공화국을 위해 음과 양으로 힘을 쏟았다. 세상이 바뀌어 5공 청문회가 시작되자 그는 다른 사람과 달리 전두환에게 책임을 떠넘기지 않고 '자기가 지시했으며 자신의 책임'이라고 일관했다. 이에 국회의원들이 '대통령 지시'로 했다는 말 좀 하라고 매달릴 지경이었다. 사람들은 장세동의 이런 태도를 보고 의리의 사나이라고 평했다.

도대체 장세동은 왜 의리에 이토록 집착했을까. 필자는 두 가지 이유가 있지 않을까 생각한다.

첫째, 본래 장세동은 의리를 중시했고 전두환에 대한 충성심이 강했다.

둘째, 전라도 사람이 의리 없고 배반을 잘한다는 이미지를 불식시키고 싶었다. 만약 두 번째 이유 때문이라면 우리 전라도 사람들은 장세동을 욕할 것이 아니라 보배처럼 귀히 여겨야 마땅한 일이다. 전두환이 좋은 사람이든 나쁜 사람이든 간에 한때 같은 배를 타고 그를 상관으로 모셨으니 세상이 변했다손 치더라도 쉽게 배반할 수는 없는 일 아닌가. 어떤 사람들은 배반을 밥 먹듯 하고서 하는 말이 불의를 참을 수 없었다거나 공익을 위해서라는 변명을 하지만, 적어도 장세동만큼은 의리를 저버리는 행동을 하지 않았다. 그런 점에서 장세동은 의리의 사나이가 분명하고 전라도 사람에 대한 편견을 불식시키는 데 상당한 공헌을 하였다고 생각된다.

고려의 태조 왕건이 후백제 견훤과 패권을 놓고 경쟁하던 때 대구지역 공산전투에서 후백제군에 포위되어 목숨이 경각에 놓인 일이 있었다. 전투 초반에는 고려군이 승리하는 것 같았으나 전세가 위태롭게 변하고 말았던 것이다. 이때 신숭겸 장군이 나섰다.

"제가 대왕과 외모가 비슷하오니 제가 대왕으로 변장하면 대왕께서는 무사히 탈출하실 수 있을 것입니다."

그는 왕건과 옷을 바꿔 입고 왕건이 타던 백마에 올라 군대를 지휘하였다. 그동안 왕건은 군졸의 복장으로 포위망을 뚫고 무사히 빠져나갈 수 있었다. 결국 신숭겸은 후백제군에게 죽임을 당했다. 자신의 목숨을 바쳐 주군을 구하였으니 의리는 산 같고 죽음은 홍모 같다는 말에 딱 들어맞는 인물이 바로 신숭겸이다. 후에 신숭겸의 소식을 들은 왕건은 목을 놓아 슬퍼하며 애곡하였고 후하게 장사지냈으며 그 자손들에게도 음덕이 미치도록 하였다.

신증동국여지승람은 '신숭겸은 전라도 곡성에서 태어났는데, 왕건이 평산에서 성을 하사했다.' 고 하였으나, 고려사는 '신숭겸은 광해주(光海州, 현재 춘천) 사람이다.' 고 하였다. 그래서 학자들은 전라도 곡성에서 태어나 춘천으로 옮겨간 것으로 추측하고 있다. 곡성 구룡마을에 생가터와 용산재가 있고 태를 묻은 유적이 있으니 전라도 사람이 분명하다고 생각한다.

세상에는 여러 종류의 사람이 있다. 정의를 중시하고 불의에 분연히 저항하는 사람, 한번 맺은 의리는 목숨을 바쳐서라도 지키는 사람, 눈앞의 이익 앞에 의리 따위는 헌신짝처럼 내팽개치는 사람, 자기 혼자 살자고 책임을 떠넘기는 사람이 있다. 사람이 말로는 의리를 말하면서도 실제 위기에 부딪히면 온전히 지켜내기 어려운 것이 사실이다.

이런 면에서 장세동의 의리는 신숭겸의 의리 못지않게 칭송받아야 마땅하다. 전라도 사람들은 옳고 그름을 떠나 배반 대신 의리를 택한 그를 더 이상 욕해서는 안 될 것이다.

5. 나는 보수다

　사회의 정치현상을 설명할 때 흔히 보수와 진보로 나누어 설명하고, 중간에 위치한 사람들을 중도라 부른다. 크게 보아 세 부류인데 보수는 우파로, 진보는 좌파로 바꿔 말할 수 있다. 세분하면 극우, 중도보수, 중도좌파, 극좌로 나눌 수 있겠다.

　사전적 의미로 보수란, 새로운 것이나 변화를 적극적으로 받아들이기보다는 전통적인 것을 옹호하며 유지하려 함이라고 되어 있다. 한마디로 가치 있는 것을 보전하여 지키는 것이다. 진보 좌파는 보수와 반대로 고치고 개혁하는 쪽에 무게중심을 두고 있다.

　그렇다면 보수는 과연 무엇을 보전하여 지킨다는 말일까. 보수주의도 여러 갈래로 나뉘기 때문에 한 가지만 특정하여 '이것이 바로 보수다.' 라고 말하기 어렵지만, 한 민족의 수천 년 역사를 통해 검증되고 지켜야 할 만한 가치가 있는 것이 아닐까 한다.

　일반적으로 적용되는 것들을 보자면 정치적으로는 개인의 자유를 중시하고 민주주의를 추구하며, 사회적으로는 법과 질서, 경제적으로는 자유로운 시장경제, 문화적으로는 전통문화에 집중하는 것이다. 쉽게 말해 아버지, 그 아버지, 그 아버지를 거슬러 올라가 수천 년 동안 우리 문화에 스며들어 있는 전통과 가치를 소중히 여기고 지키려고 하는 것이 보수라고 보면 큰 무리가 없을 것이다. 그리고 어떤 문제가 있을 때 그것을 한 번에 개혁하기보다 충격을 줄여가며 점진적으로 고쳐나가는 것이 보수다. 우리가 살고 있는 이 사회는 익숙하고 이미 검증된 것이기 때문에 급격한 변화는 오히려 혼란을 부추길 가능성이 높다.

  아마 우리가 진보니 좌익이니 하는 말을 접하게 된 시기는 일제강점기 사회주의 운동 때문이었을 것이다. 당시에는 일제에 저항하는 모든 이념을 자세히 살필 겨를 없이 항일과 독립이라는 가치로 동일시하였다. 그래서 무정부주의, 공산주의까지도 일본과 싸운다는 명분 때문에 항일 독립운동의 깃발 아래서 한솥밥을 먹는 경우가 많았다.

  그러나 본래 공산주의 사상은 한 민족의 독립보다는 세계 공산화에 의미를 두고 있는지라 민족주의 운동가들과는 물과 기름처럼 섞일 수 없었다. 공산주의자들이 항일운동을 한 것은 일본 제국주의를 물리치고 이 땅에 공산주의 사회를 만들고자 함이었지, 우리 민족이 독립되어 자유국가를 건설하는 것이 아니었다. 상해 임시정부에서도 숱한 반목과 내부 투쟁이 있었고 이념과 명분을 위해 동포를 살해하는 것도 마다하지 않을 정도였다.

  1917년 러시아에서 볼세비키 혁명이 일어나 공산국가인 러시아 소비에트 공화국이 탄생한 이후 사회주의 이념은 유행처럼 번져나갔다. 일제의 가혹한 통치에 신음하던 조선의 청년들도 거의 대부분 한 번씩 열병을 앓게 되었다. 부자와 빈자가 없이 모두 평등한 세상, 얼마나 좋은 소리인가. 온몸의 피가 설탕물로 변해버릴 정도로 달콤한 소리였다.

많은 사람들이 공산주의 사상에 젖었고 해방 이후에는 자유민주주의를 추구하는 보수 우익과 공산 사회주의를 추구하는 진보 좌익으로 나뉘어 치열한 다툼을 벌였다. 미군정 시기 서울시민의 7할 정도가 공산주의 사상을 호의적으로 생각했을 정도였다. 사회가 혼란하고 못 사는 곳에는 항상 유령처럼 공산주의 사상이 횡행하기 때문이다.

북조선 노동당 김일성과 남조선 노동당 박헌영이 비밀리에 모스크바를 방문하여 스탈린을 만나고 온 후에 한반도 공산화를 위한 6.25 전쟁이 발발하였다는 것은 익히 알고 있는 사실이다. 그들은 민족해방이라는 미사여구로 사람들의 혼을 빼놓고, 공산주의 이념의 실천을 위해서 전쟁까지 불사하였던 것이다.

본래 한반도에서 공산 사회주의의 본거지는 대구와 안동을 중심으로 한 경상도였다. 항일 사회주의 독립운동가들 가운데 다수가 경상도 출신이었고 해방 이후 빨치산 활동을 한 사람들이었다. 항일 무장 단체인 의열단을 창립한 사람 대부분이 경상도 출신이고 잘 알고 있는 김원봉 또한 밀양 사람이다. 러시아 볼세비키 혁명 이후 1925년 창당한 조선공산당의 초대 비서 김재봉은 안동 사람이고, 사회주의에 가까운 무정부주의자 박열은 문경 출신이다.

6.25 전쟁을 전후하여 활동한 빨치산 지도자 상당수가 경상도 출신이었고 1963년 지리산에서 검거된 최후의 여자 빨치산 정순덕도 경상도 사람이었다는 것을 보면 한때 경상도가 공산 사회주의의 온상이

었음을 알 수 있다.

　이렇게 대구와 안동을 중심으로 한 경상도에 공산사회를 꿈꾸는 운동가들이 많았기 때문에 대구는 해방 이후 조선의 모스크바로 불릴 정도였다. 일제강점기에서는 공산주의 운동이 항일 독립운동과 동일시되었기 때문에 그들을 무턱대고 비난할 수 없다. 오히려 환영받는 경우도 있었다.

　그러나 해방 이후부터는 다른 시각으로 볼 필요가 있다. 갑작스럽게 찾아온 독립으로 인해 사회갈등과 불안이 고조되고 불만 세력이 많아지자 공산주의 사상은 더욱 사회를 물들여나갔다. 1946년 10월 1일 공산주의자들이 주도한 대구폭동이 일어난 것은 결코 우연한 일이 아니었다. 공산주의자들이 혁명을 위한 폭동 장소로 조선의 모스크바인 대구를 택한 것이었다.

　반면 전라도는 일제강점기 사회주의 노선을 걸은 운동가가 많지 않았고 해방 이후에도 대구폭동과 같은 사건이 일어나지 않았다. 그만큼 보수적이고 사태를 관망하는 편이었다고 볼 수 있겠다. 현 야당의 뿌리라고 일컬어지는 한민당의 김성수, 송진우가 전라도 사람이고 이들은 자유민주주의에 대한 확고한 믿음으로 공산주의를 반대하였다. 또 신탁통치와 김구의 남북협상을 반대하고, 실행 가능한 지역에서라도 자유 총선거를 실시하여 정부를 수립하는 것에 찬성했던 사람들이다. 한 마디로 대한민국의 건국에 큰 힘을 쏟은 것이다.

　여순 반란사건과 6.25 전쟁 시기에 지리산에서 활동한 빨치산 대부분은 전라도 본토박이가 아니라 군경에 쫓긴 구빨치, 인천상륙작전으로 오도 가도 못하게 된 인민군 출신의 신빨치들이었다. 그들이 물자 수송과 길 안내를 위해 인근 전라도 사람을 잡아갔던 것이지 자발적으로 입산한 사람은 드물었다. 지금도 지리산 인접 마을에 가서 무장 공비로 불렸던 빨치산에 대해 이야기하면 치를 떨며 고개를 절레절레 흔드는 노인들이 많다. 필자의 고향이 지리산 쪽이라 어려서부터 그런 이야기를 많이 듣고 자랐다.

그런데 지금 보면 전라도와 경상도의 입장이 정반대로 바뀐 느낌이다. 공산 사회주의의 온상이라 일컬어졌던 경상도는 보수 쪽에 가깝고, 사회주의 운동이 미약했던 전라도는 오히려 진보 쪽에 가까우니 말이다. 도대체 왜 이런 현상이 생긴 것일까.

밖에서 전라도를 바라볼 때 보수 보다는 진보 또는 좌파로 인식하는 것이 대부분이다. 전라도 지역에서 보수당 후보가 당선되기 어렵다는 것만 봐도 그렇다. 정말 전라도에는 보수주의자가 발붙이기 어려울까. 과연 언제부터 전라도는 왼쪽에 서게 되었을까.

필자는 1988년 실시된 제13대 국회의원 선거부터라고 생각한다. 김대중이 평화민주당을 창당하여 황색 바람을 일으킨 때다. 물론 80년 광주 민주화운동의 여파 아니겠냐고 말하는 사람도 있겠지만, 81년과 85년에 실시된 국회의원 선거에서는 당시 여당이었던 민정당이 밀리지 않고 앞섰기 때문에 전라도 사람들의 정서가 아직 왼쪽으로 기울었다고 보기 어렵다.

김대중의 평화민주당 창당과 더불어 그의 정치적 고난과 역경이 차별받던 전라도 사람들의 마음에 투영되어 한풀이성 몰표가 나오고, 경상도는 또 '우리가 남이가.' 뭉쳐서 민정당에 몰표를 주었던 것이다. 3김은 지역을 볼모 삼아 자신의 정치적 기반을 튼튼하게 만들었고 국민들은 그들의 홍위병이 되어 상대방을 향해 삿대질하고 폄훼하기를 서슴지 않았다.

그리하여 망국적인 지역감정이 과거보다 더욱 공고하게 자리 잡았고 그 후과를 지금까지 치르고 있으니 3김은 지역감정 하나만으로도 민족 앞에 석고대죄를 해야 할 것이다.

이런 과정을 거치면서 당시 집권당과 지도자를 배출했던 경상도는 자연스럽게 보수 우파로, 이에 대항하여 민주화를 외쳤던 전라도는 진보 좌파의 탈을 쓰고 말았다. 본래부터 전라도가 왼쪽에 가까웠던 것은 아니다. 오히려 멀었다. 공산 사회주의의 온상이었던 경상도는 보수로 돌아서고 전라도가 진보 좌파, 혹은 빨갱이로 욕먹는 현실이 너무 억울하고 통탄스럽다.

만일 누군가 나에게,

"전라도에 사는 당신은 보수 우익인가 아니면 진보 좌파인가?"

묻는다면 나는 자신 있게 대답할 것이다.

"나는 보수다."

내 고향의 많은 어르신들과 조상들은 지켜야 할 가치가 있는 전통과 문화를 소중히 생각해온 사람들이었다. 해방 이후 전라도 지역 유력인사들이 주축이 되어 만든 정당도 자유민주주의를 최고의 가치로 여겼으며 전체주의와 공산주의를 반대하였다. 그분들의 피가 내 몸에 흐르는 한 나는 우리 민족의 찬란한 전통과 가치, 자유민주주의를 지키기 위해 기꺼이 보수주의자를 자처할 것이다.

6. 친일 논리 엔간히 우려먹자

    최근 전라북도에서 이상한 일이 있었다. 역대 도지사 가운데 한 명인 임춘성에게서 친일 행적이 발견되었다고 하여 도청에 걸려 있던 사진을 철거했다. 경위를 살펴보면 진보 좌파 단체라 말해지기도 하는 민족문제연구소가 펴낸 친일인명사전에 임춘성의 이름이 등재되어 있고 친일행적이 발견되었기 때문이라고 한다.

    우리 국민치고 친일행위자에 대한 단죄를 마다할 사람은 없을 것이다. 민족정기를 바로 세우고 다시는 그러한 일이 일어나지 않도록 하기 위해 필요한 일이지만 친일 논리를 코에 걸었다 귀에 걸면 안 된다. 당사자와 그것을 목격한 사람들이 이미 세상에 없는 상태에서 상황을 제대로 모르는 후세가 친일파로 단정짓는 것은 신중해야 한다.

    임춘성은 장수군수와 전주시장, 그리고 전라북도 도지사를 지낸 인물이다. 중일전쟁이 한창이던 1940년 장수군수로 재임하고 있었는데 민족문제연구소 전북지부의 말을 빌자면, 중일전쟁에 참전한 일본군을 위해 국방헌금 모집, 출정군인 환송영, 귀환군인 위안회 개최 등 전시업무를 수행한 공로로 총독부의 지나사변 공로자공적조서에 이름이 올랐으므로 친일파라고 한다. 위 공적조서는 총독부가 중일전쟁에 군수품과 국방헌금 등으로 협력한 조선인과 일본인의 공로를 1940년 기록한 것인데, 2006년 국가기록원이 일본으로부터 입수하여 세상에 선보이게 되었다. 이 자료로 인해 임춘성은 친일파란 오명을 쓰고 말았다.

그러나 반민특위가 1948년부터 친일파에 대해 조사했던 것을 보면 임춘성의 이름은 보이지 않는다. 총독부 공적조서에 기재된 사람이 모두 친일파라면 지역에서도 익히 알고 그 악명이 자자했을 텐데 이상한 일이다.

반민특위 전북조사부는 손주탁을 책임자로 하여 정치방면의 친일혐의자를 조사하는 제1조사과, 산업경제방면 제2조사과, 일반사회방면 제3조사과를 구성하고, 각 과에 조사관과 이를 보조하는 서기와 사무원을 기용하였으며 특경대는 혐의자 체포에 나섰다.

조사부가 친일혐의자를 조사하는 방법은 신문과 관보 등 문헌자료를 바탕으로 한 예비조사, 지역민의 투서를 통한 제보, 현지조사였다. 지역신문은 반민족행위자의 처벌을 촉구하며 친일파의 구체적 범주를 제시하였고, 정당은 전북조사부후원회까지 결성하여 활동을 도왔다.

그 결과 49년 4월 초까지 전국 도조사부 가운데 가장 많은 친일파를 체포하는 성과를 거두었다. 중추원 참의, 군수, 도의원, 경찰 사법주임, 순사부장, 순사, 헌병보조원, 면장, 고물상조합장, 친일 밀정 등 다양한 친일혐의자들이 조사받고 체포되었으나, 임춘성은 지역민들에 의해 친일파로 투서함에 제보되지 않았고 조사받지도 않았다. 수십 년이 흐른 지금에 와서 친일파 낙인을 찍는 것은 신중해야 한다. 당사자의 항변과 관련 인물들의 증언을 확보하기 불가능한 상황임을 감안하고, 반민특위가 전북지역의 친일파를 어떻게 판별하고 색출하였는지 살펴볼 필요가 있다.

1937년 수양동우회 사건으로 안창호를 비롯한 지식인들이 대거 검거되자 국내 독립운동은 암흑기로 접어들었다. 일제는 중일전쟁을 위해 관공서, 학교, 기업, 상인, 부녀자들을 닦달하여 국방헌금을 거두었고 소학교 학생들도 코 묻은 돈을 바치는 전시체제였다. 이때 본심과 달리 일제의 요구를 거절하지 못했던 사람이 한둘 아니었을 것이다. 실제 독립운동사를 살펴보면 경찰 신분으로 독립운동가를 도와준 사람이 있는데, 자세한 내막이 알려지지 않아 그 후손은 불명예를 뒤집어쓰고 살기도 했다.

좁은 지역사회에서 친일파의 존재를 누구보다 잘 알았을 반민특위 조사원들과 지역민으로부터 친일파로 지목되지 않았던 사람을 친일파라 규정짓고, 사진을 떼어버리는 것을 보니 의아한 생각이 들 수밖에 없다.

친일파 딱지 붙이기에 신이 난 사람들 눈으로 볼 때, 일제강점기에 기업을 경영하거나 학교를 세우고 언론을 유지하기 위해 어쩔 수 없이 일제에 협력한 사람도 여지없이 친일파가 될 것이다. 그것이 민족의 실력을 키우기 위한 것인지, 자질 있는 학생들을 공부시키기 위한 것인지, 민족언론으로 일제에 대항하기 위한 것이었는지는 알아보지 않는다. 겉으로 드러난 몇 가지 친일 행적만 있으면 그간의 공로는 쓰레기

통에 처박아버리고 '당신은 친일파'라고 딱지를 붙여버린다.

그런데 웃기게도 사실 현재 제1야당의 뿌리는 그들의 시각으로 볼 때 친일파라 불릴 수밖에 없는 지주들과 자본가들이 만든 한민당이다. 호남 지역의 대지주들이 보수 우익의 독립운동가들을 포함해 만든 국민대회준비위원회를 모태로 하여, 고려민주당, 조선민족당, 한국국민당 등과 합당한 것이 바로 한민당이다.

한민당은 미군정에 적극 협력했고 좌파들이 친일파로 지목하여 비판하는 김성수, 윤치영, 한덕수 등이 핵심 멤버였다. 한민당은 미군정의 안정화 정책에 발맞추어 친일 행적이 의심되는 사람까지도 관료로 등용될 수 있도록 도왔다. 그러나 이승만은 한민당의 손을 밀어버리고 독립운동가들을 대거 등용했다.

처음 한민당은 이승만을 지지했지만 자신들의 요구를 거절하고 제 맘대로 정부 구성을 해버리자 속이 뒤틀렸다. 또 그들은 지주와 자본가들이었기 때문에 이승만이 추진하던 농지개혁을 좋게 바라볼 수 없었다.

"내 땅을 농민들에게 나눠준다구?"

지주들 입장에선 환영할 수 없는 일이었다. 북한이 1946년 번갯불에 콩 구워 먹듯 토지개혁을 실시하여 '무상몰수 무상분배'를 시행한 것도 지주들에게 불안감을 증폭시키는 원인이 되었다. 그러나 북한이 지주들에게서 토지를 무상으로 빼앗아 농민들에게 무상으로 분배한다 했지만, 사실상 농민들은 자기 토지를 소유한 것이 아니었고 경작권만 인정받는 정도에 불과했다.

농민들이 땅에 대해 가지는 애착은 상상을 초월한다. 마음대로 팔 수 없고 빌려줄 수 없고 목돈이 필요할 경우 저당 잡힐 수도 없는 땅은 내 땅이 아니다. 기껏 고생하여 곡물을 키워 수확해봤자 나라에 헌납하고 나면 소작농이나 다를 바 없었다.

반면 우리 정부의 개혁은 지주들의 토지를 국가가 사들여서 농민들에게 유상 또는 무상으로 분배하는 것이었다. 그럼에도 지주들은 땅을 내놓기 싫어했고 한민당은 이승만에 대립의 칼날을 세우게 되었다. 다행히 인촌 김성수가 공선사후(公先私後)의 정신으로 한민당원들을 설득하고 중재하여 토지개혁이 원만하게 진행될 수 있었던 것은 다행이다.

아무튼 그때부터 한민당은 야당의 길을 걷게 된 것이다. 이승만이 밀어붙인 토지개혁의 결과로 소작농들은 자기 땅을 갖게 되어 자작농의 비율이 높아졌고, 이는 전쟁의 와중에서도 내 땅을 지켜내기 위해 공산세력에 맞서 싸우게 만드는 원동력이 되었다.

친일 딱지 붙이기 좋아하는 사람들 눈으로 볼 때, 야당의 뿌리가 친일에 연결되어 있는데도 그들은 툭하면 친일 청산을 부르짖고 보수 우익을 토착 왜구니 친일파니 하며 매도한다. 그야말로 지나가던 개가 웃을 일이다. 누가 토착 왜구고 친일파인가. 이미 해방된 지 70년이 되었으므로 친일이냐 아니냐를 두고 다투는 것은 의미 없는 일이다. 더구나 친일 논란을 정치적으로 이용하는 것은 나라를 두 토막 내는 일과 다름없다.

거리를 다녀보라. 경기가 어려운 때임에도 새로 개업하는 술집을 일본식으로 인테리어 해서 개업하는 일이 흔하고 그 숫자가 날로 늘어만 간다. 친일파라면 몸을 부르르 떠는 사람들이 골목에 자리한 왜식 술집에 서슴없이 들어가,

"역시 스시에는 사케가 최고야. 스고이. 다음엔 이자카야로 가자."

외치며 건배한다. 지구가 한 마을처럼 좁아진 세상에서 일본 음식과 술을 먹지 말란 법 없다. 일본에도 우리 음식점이 있을 테니까. 다만 '나는 반일하고 너는 친일한다.'는 식의 양분 논리를 갖지 말자는 말이다. 우리 국민치고 심정적으로 일본 좋아하는 사람이 어디 있는가. 뼛속 깊이 싫어한다. 그러나 국가 이익을 위해서는 서로 경쟁하고 힘을 합칠 때도 있는 법인데 무조건 일본은 싫다, 일본과 협력하는 놈은 친일파다, 토착 왜구다 하며 마치 자신이 독립운동가라도 된 양 행동하는 것은 낯 간지러운 일이다.

지금은 조선총독부가 통치하는 시대도 아니고 학교에서 선생들이 칼을 차고 가르치는 시대도 아니고 순사가 자전거 타고 다니며 매섭게 쏘아보는 시대가 아니다. 왜 국민들을 계속 지나간 물에 젖어 있어야 한다고 강요하는가. 반일 플래카드를 달지 않고 반일을 외치지 않는다고 하여 그 사람이 친일파는 아니다. 오히려 누구보다 더 조국과 민족을 사랑하는 사람이다.

지금은 반일 외친다고 하여 서대문형무소로 끌려가 손톱 아래에 대침을 쑤셔 박히지 않는다. 이렇게 좋은 세상에 말로는 누군들 반일을 외치지 못하겠는가. 입에 거품 물고 나선다 해서 그 사람이 독립운동가가 되는 것도 아니고, 그 시대로 돌아간다면 누구보다 열렬한 친일파로 변신할 사람인지 어떻게 알겠는가. 반일이니 친일이니 하는 친일 논란을 마치 전세라도 낸 양 행동하지 말자. 정치적 의도를 감추고 다른 편을 친일파라고 몰아붙이는 것 자체가 불순하고 볼 성 사납다.

7. 소녀상

전국적으로 대중이 많이 모이는 광장 같은 곳에 소녀상이 있다. 일제강점기에 위안부로 끌려간 우리 조선의 처녀들을 기리는 조각품이다. 소녀상은 국내뿐만 아니라 해외에도 설치되어 여러 문제를 일으키기도 한다. 도대체 소녀상이 무엇이길래 끊임없이 문제가 발생하는지 살펴보자.

일제강점기 위안부 문제의 해결을 주장하며 1992년부터 서울 일본대사관 앞에서 수요시위를 진행해 온 단체는 한국정신대문제대책협의회였다. 일명 정대협이라고 하는 단체가 '정신대 문제'라고 한 것은 정신대에 관해 잘 모르고 있었기 때문이라고 본다. 정신대는 조선여자근로정신대의 줄임말로 돈을 받고 일본의 공장 같은 곳에서 일하는 것을 뜻한다. 물론 남녀가 있은 곳이니 문제가 일어날 소지는 있겠지만 정신대는 본래 그런 의미였단 말이다.

위안부는 군 위안소 또는 일반인을 대상으로 한 위안소에서 성을 파는 여성들이다. 일본인, 조선인, 중국인, 대만인, 동남아인은 물론 심지어 유럽 여성까지 위안부로 일한 경우도 있었다.

아마 정대협이 문제 삼고 싶은 것은 위안부였을 것이다. 시위를 시작하던 초창기에는 개념 정립이 제대로 되지 않아 정신대와 위안부를 싸잡아 한국정신대문제대책협의회로 하지 않았을까 싶다. 지금은 '일본군 성노예제 문제 해결을 위한 정의기억연대(정의연)'로 바뀌었다. 단체의 대표였던 모 국회의원이 할머니들을 보고 들어온 후원금을 횡령하여 사법처리된 바로 그 정의연이다.

아무튼 애매하게 호칭되는 성노예보다 더 정확한 용어는 위안부다. 일제강점기 위안부가 일하는 곳이 위안소였고 위안부를 모집하는 광고도 신문에 났으니 말이다. 이미 여러 학자들에 의해 위안부 연구가 이루어졌다. 강제적이냐 자발적이냐 대가성이냐를 두고 논쟁이 그치질 않아서 말을 꺼내기가 무척 조심스럽다. 더구나 우리 민족의 처녀들이 위안부로 살았다는 것을 들추는 일은 아물었던 상처를 헤집는 것만 같아 마음이 편치 않다. 그러나 언제까지 위안부로 인한 피해의식과 부끄러움에 사로잡혀 있을 것인가. 사실을 제대로 알고 나면 훌훌 털고 일어날 수 있다.

동아일보 1929년 3월 1일자에 보면,
'(중국 하남성 일대의) … 어떤 소촌락에라도 노동자위안소가 없는 곳은 없다.'

여기서 위안소는 정신적 문화적 위안을 위한 곳인지, 아니면 여성 위안부를 두고 성적 욕구를 해결하는 곳이었는지 확인할 길이 없다. 당시에 위안소는 지금의 복지회관이란 뜻도 있고, 가정은 밖에서 일하고 온 가족이 휴식하는 위안소라는 표현도 있고, 부락민들이 일하고 휴식하는 부락민위안소, 관광객이 쉬는 온천위안소도 있었다. 위안소는 가족 또는 노동자의 휴식처, 복지회관, 마을회관이란 의미로 쓰였다.

　문제는 위안소에서 여성 위안부를 두는 경우다. 역시 동아일보에서 중일전쟁 후 상해 홍구 일대를 보고 쓴 칼럼을 보면 다음과 같다 (동아일보 1938. 6. 24. 3면).

　'… 이번 사변 바람에 조선인 중에는 수천 원 내지 수만 원을 잡은 사람이 제법 있었다. 대개 육해군위안소영업이 아니면 연초장사를 한 것이었다. 그래 남이 사용하던 것이나마 중고품의 자가용 자동차를 가진 사람이 많다.'

　기자는 사변 이후 상해에 있는 조선인들이 궁금하여 간 모양이다. 당시 상해조선민회가 결성되어 있었고 일본군이 상해를 점령함에 따라 조선인들이 배 한 척이 들어올 때마다 오륙백 명씩 쏟아져 들어온다는 자랑스런 소식을 전하기도 한다. 그곳에서 일본 육해군위안소를 운영하던 사람이 누구였는가. 조선인이다. 그 조선인이 조선 처녀를 강제로 끌고 갔을까 아니면 빚에 쪼들린 부모에게 돈을 주고 데려갔을까. 화류계에 있던 여자가 돈을 벌기 위해 위안부로 자발적으로 갔다는 증언도 있다.

　필자는 일본에게 면죄부를 주기 위해 이런 말을 하는 것이 아니다. 사실을 사실대로 알리는 것뿐이다. 위안소는 군을 대상으로 하거나 민간인을 대상으로 하는 경우가 있었다. 기사에 나온 육해군위안소는 군이 민간인에게 영업권을 준 형태다. 그리고 연초장사는 아편장사를 뜻한다.

북지전선을 둘러보고 쓴 '따뜻해서 좋았다' 는 조선일보 칼럼을 보자(조선일보, 1999. 1.5. 9면).

'… 정월에 조선이나 다름없이 그곳에서도 정월 음식을 먹었지마는 아무 오락시설이 없는 터이므로 우리는 기껏해야 위안을 구하려는 곳이 소위 군위안소였다. 즉 알기 쉽게 말하자면 창기를 찾아 놀러 가는 것쯤이었다. 이 군위안소야말로 그곳에 있어서는 아무 데도 비할 데 없는 우리들의 유일한 위안장소였다.'

위안소에는 창기처럼 남자들을 성적으로 위안해주고 돈을 받는 여성들이 있었다는 말이다. 지금 시각으로 당시를 판단하면 곤란하다. 현재와 과거는 의식수준과 생활수준이 다르고 사회의 발달 정도에 차이가 있기 때문에 지금 야만스럽게 보이는 것이 당시에는 허용되었을 수도 있다.

성매매특별법으로 단속하기 전, 불과 얼마 전까지만 해도 기차역 주변에 사창가가 있었다는 것을 상기해보면 이해하기 쉬울 것이다. 넥타이를 맨 신사, 노동자, 홀아비, 노총각, 휴가군인 등 남자들이 풀 방구리에 생쥐 드나들 듯했고, 몸뚱이 하나로 먹고사는 매춘부들이 적잖았다. 성을 상품화해서 매매하는 것을 금기시하고 강력하게 단속하기 시작한 것은 얼마 되지도 않는다.

다음은 만주국으로 진출하는 조선인들이 잘 되기를 바라는 마음에서 대책을 제안하는 조선일보의 기사다(조선일보. 1940. 1. 5.).

'… 그들이 아편장사를 한다, 위안소를 한다 시비만 할 것이 아니라 그들로 하여금 정당한 직업을 갖게 하고 정당한 생활을 하도록 길을 열어주어야겠다.

기자는 조선인들이 만주국에서 자리 잡기 위해서는 강력한 보도기관과 금융기관시설이 급선무임을 말한다. 역시 중국에 진출한 조선인들이 손쉽게 돈 벌 수 있는 방법 가운데 아편 장사와 위안소 영업이 빠지지 않았음을 알 수 있다. 왜 조선인들은 위안소 영업과 아편 장사를 하는가 한탄하는 그런 종류의 글은 한두 편이 아니다.

위안부를 공개 모집하는 광고도 있었다. 1944년 7월 24일 경성일보에 실린 광고는 아래와 같다.

위안부지급대모집(위안부를 급히 대모집한다는 뜻)
연령 : 17세 이상 30세까지
근선(근무지) : 후방 □□부대 위안부
월수 : 300원 이상(전차 3000원까지 가능)
　　　 오전 8시부터 오후 10시 본인 래담
　　　 경성부 중구 신정 4-20 전화 동⑤1613

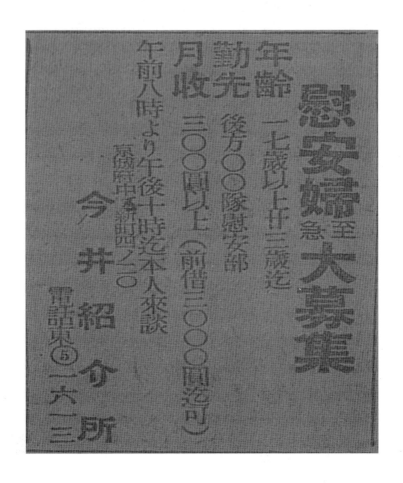

慰安婦 至急 大募集

年齢 一七歳以上廿三歳迄

勤先 後方〇〇隊慰安部

月收 三〇〇圓以上（前借三〇〇〇圓迄可）

午前八時より午後十時迄本人來談

募集原中本紹介所へ

今井紹介所

電話本（⑤）二六一三

　당시 군청서기 월급이 100원 정도 하던 때에 그 세 배 이상의 월급을 받고, 미리 당겨쓸 수 있는 돈이 무려 3천 원이나 되었으니 먹고 살길이 막막했던 조선 사람들 눈이 뒤집혔을 수 있겠다는 생각이 든다. 그럼 위안부 모집을 어떤 자가 했을까.

　아래 1944년 10월 27일자 매일신보 광고를 보면 나온다.

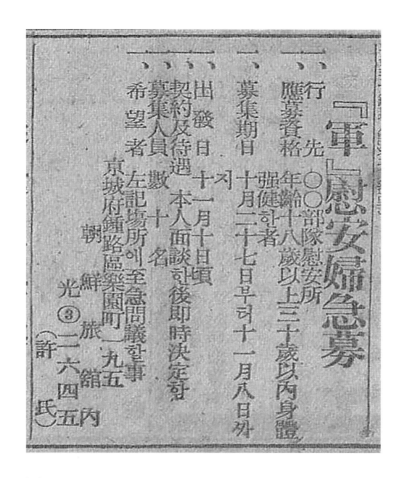

군위안부 급모

행선지 : □□부대 위안소

지원자격 : 연령 18세 이상 30세 이내 신체 강건한 여성

모집기일 : 10월 27일부터 11월 8일까지

계약급대우 : 본인 면접 후 즉시 결정

모집인원 : 수십 명, 희망자 좌기 장소에 지급 간의할 것(도착하여 질문하라는 뜻)

경성부 종로구 낙원정 195번지, 조선여관내 광3-263호, 허씨

광고를 보고 조선여관 263호실에 묵고 있는 허씨를 찾으면 된다는 말이다. 위에서 살펴본 중국 탐방 기사와 위안부 모집 광고를 보면 조선인이 위안소를 운영했다는 것을 알 수 있다. 일본군은 위안소를 직접 운영하기보다 민간인에게 위탁 운영하는 경우가 대부분이었다. 전쟁에 신경 쓰기에도 바쁜 와중에 위안부들까지 챙길 수는 없는 노릇이었기 때문이다. 일부 못 된 조선인의 입장에서는 전쟁의 위험성이 있긴 해도 위안부를 둔 위안소를 운영함으로써 큰돈을 벌 수 있는 기회이기도 했다.

여기까지 살펴보면 일제강점기 머나먼 이국 전선에 위안소가 있었고 위안부가 일했다는 것을 알 수 있다. 만일 우리에게 힘이 있었다면 나라를 빼앗기지 않았을 것이고 전선까지 우리 처녀들이 나갈 일이 없었을 것이다. 자발적으로 나갔든 비자발적으로 나갔든 간에 나라 없는 백성의 치욕스런 과거라는 것은 부정하기 어렵다.

이제 소녀상으로 돌아오자. 소녀상은 수요집회 1,000회째인 2011년 12월 14일 서울 일본 대사관 앞에 처음 세워졌다. 김서경·김운성 부부 작가는 소녀들이 끌려가던 당시를 되새기기 위해 소녀상을 디자인하고 정대협과 협의하여 청동상을 제작했다. 그 후에 성금을 모아 전국 각지에 세우고 외국에도 세워나가기 시작했다. 평화의 소녀상은 일본의 잔혹한 전쟁범죄를 알리고 그들의 사과를 요구하는 의미로 받아들여졌다.

그런데 시간이 흐를수록 소녀상은 단순한 조각품 이상의 존재로 자리하기 시작했다. 공공장소에 떡하니 자리한 소녀상, 누구도 소녀상을 함부로 대할 수 없고 애잔하거나 성스러운 눈빛으로 바라보길 은연중에 강요당하고 있다. 만일 소녀상을 훼손하거나 오염시키는 행위를 하면 고발당할 것이다.

필자는 솔직하게 말하여 소녀상이 부담스럽다. 일부 단체에서 만들기 시작한 소녀상을 누구 허락으로 전국 각지에 설치하고 국민들에게 편향된 역사의식을 가지라, 흘러간 물에 계속 젖어 있으라고 강요하는가. 위안부는 우리가 자랑할 일이 아니라 부끄러운 역사다. 전술했듯이 우리뿐 아니라 중국, 대만, 동남아, 심지어 유럽 여자들도 위안부로 일했는데 왜 우리만 세상 시끄럽게 호들갑 떨어야 되는가.

이런 말 하면 필자를 친일파, 민족반역자라고 욕할지도 모르지만 할 말은 해야겠다. 우리가 못나고 힘이 없고 나라를 빼앗긴 탓에 발생한 일이다. 그랬기 때문에 우리 남자들은 위안부로 간 조선의 처녀들에게 죽을 때까지 미안한 마음을 가질 것이다. 돈을 벌러 갔던 말던, 자발적이던 말던, 부모가 팔았던 말던 따질 필요 없이 일본인의 성 의식과 다른 우리들로선 미안한 일임에 틀림없다.

그렇다고 해서 언제까지나 흘러간 과거로부터 한 발짝도 앞으로 나아가지 말고 일본에게 적개심을 가져야 한다고 강요할 수 없는 일이다. 우리가 반대할 것은 일본 제국주의이지 지금 민주국가 일본이 되어선 안 된다. 싫든 좋든 일본은 우리 이웃으로서 협력할 것이 많다. 더구나 두 나라의 공통된 가치인 자유민주주의를 발전시키는 것이야말로 세계평화에 이바지하는 일이 될 것이다. 우리가 일본과 계속 적대시하고 틀어지는 것은 국익에 도움되는 일이 아니다. 역사를 잊지 말되 미래를 위해 손잡아야 하는 것이다.

김대중 전 대통령도 이러한 사실을 정확히 인식하였기 때문에 한일 국교정상화 시위가 극심하던 때 홀로 용기를 내서 찬성했고, 1998년 김대중 – 오부치 공동선언을 통해 한일 양국 간 불행한 역사를 극복하고 미래 지향적인 관계를 발전시키기로 하였던 것이다. 만일 김대중이 일본의 저속한 문화의 확산을 두려워한 나머지 문화개방을 하지 않았더라면 오늘날 일본에 한류 열풍이 불지 않았을 것이다. 일본 주부들이 욘사마의 흔적을 찾아 남이섬을 찾아오는 것을 보면 격세지감을 느끼게 된다.

그럼에도 불구하고 계속 소녀상을 세우고 반일을 외치며 선동하는 사람들에게 혹시 다른 정치적 의도가 있는 것은 아닌지 의문이 든다. 위안부 할머니들을 보고 들어온 후원금을 빼돌리고 단체의 대표로 활동한 경력을 기반으로 국회의원까지 해 먹는 것을 보면 의문이 확신으로 바뀐다. 처음에는 순수한 의도로 시작했을지 몰라도 시간이 지남에 따라 반일 운동이 직업으로 변한 것 같다. 그들의 입장에서 볼 때 국민들이 독립운동한다는 착각으로부터 절대 깨어나면 안 될 것이다. 언제라도 그럴듯한 이슈가 있을 때는 반일 운동에 동참하게 만들도록 하는 상징적 존재가 바로 소녀상이다.

소녀상을 가지고 반일을 선동하는 사람들의 속을 들여다보면 저급한 진영논리가 구렁이처럼 똬리를 틀고 있다. 소녀상에 찬성하지 않고 반일을 말하지 않는 사람들을 죄다 토착 왜구로 몰아버리기 일쑤다. 어디 진영논리뿐인가. 어떤 반일 단체에서는 친북 활동으로 물의를 빚은 인사까지 발견된다. 그들은 한일관계가 개선되어 서로 협력하는 것을 극구 반대하고 사람들의 가슴 속에 적개심을 심어주고 끝없이 미워하라고 요구한다. 반일을 위한 반일을 하고 국민들의 머리에 일본은 일본제국주의, 미국은 미국제국주의라는 인식을 심어주고 싶은 것처럼 보인다. 그야말로 운동을 위한 운동, 즉 직업운동가들에 다름없다.

어쩌면 일본에 대한 사과 요구는 핑계일 뿐이고 행여 국민들이 일본과 화해하고 미래로 나아갈까 봐 두려운 것인지도 모른다. 그래서 한일 정부가 어떤 합의안을 가져오더라도 상을 엎어버리고 앵무새처럼 일본의 사과만을 요구한다. 직업적 운동가에게 미래는 보이지 않을 것이다. 아니 보기도 싫을 것이다. 보수 정권을 비판하는 각종 시위 현장에서 그 얼굴들이 빠지지 않는 것을 보면 분명 정치적 의도가 있어 보인다. 북한이 외치는 반미, 반일과 같은 맥락은 아닌지 의심스럽기조차 하다.

소녀상은 상징적인 조각상에 불과할 따름이지 목 좋은 공공장소를 차지하고 신성시되어야 할 이유가 없다. 아픈 상처를 계속 긁고 헤집어서 국민들을 침울하게 만들 뿐이다. 이제 소녀상은 철거되어야 한다. 자랑스러운 역사가 아니기 때문에 동네방네 떠들고 다닐 일이 아니란 말이다. 울분을 참고 다시는 이런 일이 생기지 않도록 이를 지긋이 악물어야 한다.

전라도에서 먼저 소녀상 철거를 주장하고 나선다면 많은 사람들의 인식을 바꾸고 박수받을 수 있을 것이다.

8. 국가유공자는 자랑스럽다.

　국가유공자는 조국을 위해 공헌하거나 희생한 사람이다. 그 종류가 많아 일일이 거론하기 어렵지만 중요한 것은 나라를 위한 공헌을 했는가, 희생했는가의 여부이며 그 인정에 있어 국민적 공감대를 이루어야 할 것은 두말할 나위도 없다. 유공자로 인정받기 위해서는 아래와 같은 절차를 거쳐야 한다.

⑴ 신청인이 주소지 관할 보훈청에 등록신청서를 제출
⑵ 보훈청은 군 본부, 경찰청, 연금공단 등에 요건확인 의뢰
⑶ 군 본부, 경찰청, 연금공단 등은 국가보훈처에 요건확인 통보
⑷ 국가보훈처는 보훈심사위원회에 보훈심사 의뢰
⑸ 보훈심사위원회는 해당 보훈청에 심의결과 통보
⑹ 보훈청은 신청인에게 행정처분
　이런 절차를 모두 소화하여 유공자로 인정받기까지 몇 년이 걸리기도 하고 번번이 심의에서 탈락하여 눈물을 흘리는 후손들도 많다.

유공자로 인정받는 것은 생각보다 어렵고 까다로운 일이다. 그러므로 국가유공자가 된다는 것은 명예롭고 보람 있는 일이다. 한 개인의 일생과 공훈을 나라가 공식적으로 인정해주는 것이니 얼마나 자랑스러운 일인가.

나라를 위해 목숨 바치거나 다친 분들을 찾아 감사드리고 그 공훈에 보답하는 것은 후손들의 당연한 의무라고 할 것이다. 보훈의 방법은 보상금 지급, 수당 지급, 학비 지원, 취업 지원, 의료 지원, 대부 지원, 양로 지원 등이 있다. 모두 국민의 세금으로 행해지는 일이다. 그래서 유공자 선정은 공정해야 한다.

일제에 대항하여 독립운동에 헌신한 독립유공자는 2024년 11월 현재 18,172명이다. 35년간의 식민 통치는 물론 그 이전인 구한말부터 국권 회복을 위해 노력하신 분들까지 모두 포함한 숫자다.

본적지로 볼 때 경상도가 3,975명(21.87%)로 1위, 전라도가 2,669명(14.69%)로 2위다. 역시 두 지역은 독립유공자를 놓고도 치열한 경쟁을 벌이고 있음을 알 수 있다. 전라도 사람으로서 경상도에 경의를 표하고 싶다. 목숨을 아끼지 아니하고 독립운동을 하신 분들 덕분에 오늘날 우리 후손들이 번영할 수 있는 것이다.

그런데 5.18 민주유공자의 숫자가 4,300명을 훌쩍 넘어 계속 늘어나고 있다는 소리를 들으면 뭔가 이상하다는 느낌을 지울 수가 없다. 유공자 되기가 얼마나 어려운데, 광주 민주화운동 과정에서 사망하거나 부상한 숫자는 이미 다 나와 있는데, 설혹 훗날 관련성이 드러날 수 있다는 것을 고려해도 고개를 갸웃거릴 수밖에 없는 것이다. 왜 이런 현상이 계속되고 있을까.

그것은 바로 인우보증(隣友保證) 때문이다. 인우보증은 다른 사람의 어떤 법률적 행동에 대해 보증을 서주는 것으로서, 예를 들어 출생신고를 할 때 병원이 아닌 집에서 아이를 출산했을 경우 두 사람이 보증을 서주면 된다.

"저 아낙이 애 낳았다는 것을 나와 이장이 보증한당께."

유공자가 되는 과정에도 인우보증을 거친 예가 많다. 일제에 항거하여 상해에서 독립운동을 비밀리에 했던 분의 후손이 유공자 신청을 할 때 자료를 찾기 어려울 것은 당연하다. 그럴 경우 함께 활동했던 독립유공자나 관계인의 인우보증을 받는 것이다.

하지만 어떤 제도든 그것을 악용하는 사람은 있기 마련이다. 5.18 민주유공자 선정에도 인우보증이 많이 사용되었고 그것 때문에 유공자 숫자가 계속 늘어난다는 지적이 있다. 한 마디로 악용하는 사람이 있다는 소리다. 이것은 숭고한 국가유공자의 명예에 먹칠하는 것으로 절대 있어서는 안 될 행위다. 만일 이런 부정한 방법으로 유공자가 된 사람이 있다면 재심사를 통해 탈락시켜야 할 것이다.

유공자는 개인과 그 후손은 물론 같은 곳에 살고 있는 사람들에게까지도 무척 자랑스러운 일로서 널리 알리고 선양해야 한다. 그렇게 함으로써 나라 사랑의 정신을 계속 계승해나갈 것 아닌가.

그런데 왜 5.18 민주유공자의 정확한 숫자와 명단을 밝히지 않는지 아무리 해도 이해할 수가 없다. 감출 것도 없고 꺼릴 것도 없다. 떳떳하게 밝히고 혹시 문제가 있는 유공자가 있을 경우 재심사를 통해 구제하거나 탈락시키면 될 일이다. 오히려 이것이 민주유공자의 위상을 높이고 공정성 시비로부터 벗어나는 길이 된다. 이것을 덮어두고 밝히지 않으니 더욱 의혹이 커지고 전체 유공자에 대한 존경과 위상이 손상되고 있다.

더는 방치하지 말고 이제 전라도 사람들이 앞장서서 명단을 모두 공개하라고 요구하자. 부도덕한 사람들이 사는 곳으로 손가락질받는 현실을 우리 스스로 타개해야 한다.

9. 민주주의를 누릴 자격

　민주주의를 풀이하면 나라의 주권이 어느 개인이나 집단에 있지 아니하고 국가를 구성하는 모든 국민에게 있다는 뜻이다. 과거 우리 정치 역사를 보면 주권이 국민에게 있지 않다는 생각에서 숱한 민주화 요구가 있었고 그 진통도 상당했다. 지금에 이르러 어느 누구도 우리나라가 민주화되지 않았다고 쉽게 말하기 어려울 것이다. 선진 외국에서도 우리나라처럼 민주화를 이룬 나라를 찾아보기 힘들 정도로 우리는 민주화를 이루어냈다. 어떤 점에서 보면 민주주의가 지나쳐 과잉이라는 말까지 나오고 있으니 말이다. 그럼에도 사회 곳곳에서 민주주의를 외치는 일이 사라지지 않고 있다. 왜 그럴까.

　필자가 보기에 객관적 민주주의를 달성했지만 주관적 민주주의는 아직도 완성되지 않았다고 여기기 때문이라고 본다. 아무리 제도적 절차적 형식적으로 민주주의를 완성했다 해도, 개인이 만족하지 못하기 때문에 계속 민주화를 요구하는 것이다. 예를 들어 대통령 선거에서 직접 투표하여 대통령을 뽑았다 치자. 객관적으로 볼 때 아무런 문제가 없다. 싫든 좋든 그 결과에 승복하고 임기 동안 잘하는지 지켜보고 못한다 싶으면 다음 선거에서 다른 정당 후보자로 바꾸면 된다.

여기에는 결과에 대한 승복의 원리가 우선 작동되어야 한다. 자신의 판단만이 옳기 때문에 다른 결과가 나올 경우 절대 승복할 수 없다는 생각으로 선거를 하면 안 된다. 민주주의는 승복이 기본 원리 가운데 하나다. 승복하지 못하는 사람은 민주주의를 논할 자격이 없는 것이다. 내가 지지하는 후보를 다른 사람도 지지하리란 보장이 어디 있는가.

요즘 돌아가는 상황을 보면 한탄만 나온다. 국가 원수인 대통령 탄핵을 너무도 쉽게 요구하고 관철시키려 노력하고 있으니 말이다. 문제의 시발점은 노무현 전 대통령에 대한 탄핵 요구로부터 시작되었다. 그 이전엔 대통령을 탄핵시키려고 헌법재판소에 탄핵 소추한 경우가 없었다. 노무현은 탄핵이 기각되었지만 박근혜 전 대통령은 탄핵되고 말았다. 결과가 어찌 됐든 간에 국민이 직접 투표하여 뽑은 대통령을 중간에 끌어내린다는 것은 불행한 일이다.

탄핵을 옹호하는 사람들이 가져다 쓰는 논리의 근거를 보면 맹자와 다산 정약용이 있다. 맹자는 지금으로부터 약 2,400년 전 고대 중국 춘추전국시대에 천하를 주유하며 왕도정치를 주장한 사람이다. 맹자 양혜왕 하편에 제나라 선왕과 나눈 대화가 있다.

제나라 선왕이 물었다.

"탕(湯)이 걸(桀)을 내쫓고, 무왕(武王)이 주(紂)를 정벌한 일이 있소?"

맹자가 답했다.

"그렇게 전하고 있습니다."

"신하가 임금을 죽이는 것이 가능하오?"

"인을 해치는 것을 일러 적(賊)이라 하고, 의를 해치는 것을 일러 잔(殘)이라 하며, 잔적(殘賊)을 일삼는 사람을 일부(一夫)라 이릅니다. 저는 일부(一夫)에 불과한 주(紂)를 목 베었다고 들었으나 임금을 시해했다는 말은 듣지 못했습니다."

전설 속 중국의 고대 왕조 하(夏)나라의 마지막 왕이었던 걸(桀)은 포악하여 백성의 민심을 잃었다. 하(夏)는 천자국으로 영토 안에 많은 제후국을 거느리고 있었다. 그러므로 하나라와 제후국은 임금과 신하의 관계가 성립되는 것이다. 상(商)은 제후국 가운데 하나였고 상나라의 왕이었던 탕(湯)이 천자인 걸(桀)을 내쫓은 것은 신하가 임금을 내쫓은 것과 같다. 상은 은(殷)이라고도 한다.

하(夏)나라 다음에 들어선 왕조가 상(商)이었고 상나라의 마지막 천자는 주(紂)였다. 상나라도 하나라와 마찬가지로 많은 제후국이 있었는데 산시성 쪽에 자리한 주나라 무왕이 주(紂)를 정벌하여 무너뜨리고 새로운 왕조를 열었다.

맹자가 활동하던 시대는 주나라의 힘이 빠져 명목상 천자국의 지위를 가지고 있었을 뿐 진나라, 한나라, 위나라, 조나라, 제나라, 초나라등 제후국들이 군웅할거하며 자웅을 겨루던 혼란기였다. 제나라 선왕 또한 천하를 갖고자 하는 야심이 있었기 때문에 맹자에게 물어본 것이다. 그 속마음은,

"제후국인 제나라 군주에 불과한 내가 천자국인 주나라를 정벌하는 것이 가능합니까? 나도 한 번 천자를 해보고 싶소만."

하는 것이었다. 이에 대해 맹자는 그것이 가능하다는 말을 한 셈이다. 그런데 어떤 사람은 이것을 다르게 해석하여 백성의 인심을 잃은 지도자를 탄핵할 수 있다는 논리적 근거로 삼는다. 과연 그럴까.

전설 속 왕조 하나라, 상나라, 주나라가 망한 것은 제후국의 탄핵에 의한 것이 아니라 역성혁명(易姓革命) 때문이었다. 조선 태조 이성계가 고려를 무너뜨리고 새 왕조를 연 것이나 마찬가지다. 누가 이성계가 고려 공양왕을 탄핵했다고 말하는가. 아무도 그렇게 말하지 않는다. 맹자를 오해하고 고대 왕조의 역성혁명을 끌어다 탄핵의 논리적 바탕으로 삼는 것은 사실을 오도하고 국민들의 눈과 귀를 가리는 행동이다. 만일 맹자가 만고의 진리라면 맹자가 제나라 선왕에게 한 다음 말은 어떻게 생각해야 될까.

제 선왕이 물었다.
"이웃 나라와 교류하는 데는 어떤 도리가 있소?"
맹자가 답했다.
"큰 나라가 작은 나라를 존중하는 것은 하늘의 도리를 즐기는 것이며, 작은 나라가 큰 나라를 섬기는 것은 하늘의 도리를 두려워하는 것입니다. 하늘의 도리를 즐기는 자는 천하를 보전할 수 있고, 하늘의 도리를 두려워하는 자는 그 나라를 보전할 수 있습니다."

맹자는 외교의 근본이 큰 나라가 작은 나라를 너그러이 대하고, 작은 나라는 큰 나라를 섬기는 것이라고 했다. 이런 사상 때문에 우리는 오랫동안 중국을 사대(事大)했던 것이다. 사대주의. 과거에는 중국을 중심으로 한 사대외교가 질서였다.

맹자는 고전으로서 인간의 도리에 관해 많은 시사점을 주고 있지만 현시대와 맞지 않은 구절도 있다. 마치 모든 내용을 만고의 진리처럼 여기고 왕조의 역성혁명에 관한 것을 탄핵의 논리로 끌어다 쓰는 것은 대표적인 아전인수라고 볼 만하다.

다산 정약용의 탕론(湯論)도 마찬가지다. 탄핵을 옹호하는 사람들은 탕론 후반부에 나온 말을 가져와 대통령 탄핵의 논거로 삼는다.

"천자는 어찌하여 있게 되었는가. 문득 하늘이 천자를 내려 세웠는가. 갑자기 땅에서 솟아올라 천자가 되었는가. 5개 가(家)가 인(鄰)이 되고 5개 가에서 장으로 추대한 사람이 인장이 되며, 5개 린(鄰)이 리(里)가 되고 5개 린에서 추대한 장으로 추대한 자가 이장이 된다. 5개 비(鄙, 약 20리 마을)가 현(縣)이 되고 5개 비에서 장으로 추대한 사람이 현장이 되는데, 여러 현장이 함께 추대한 자가 제후가 되고 여러 제후가 함께 추대한 자가 천자가 되는 것이다. 천자는 대중이 추대하는 것이다.

무릇 대중이 추대하여 되었다면 역시 대중이 그를 추대하지 않으면 될 수가 없는 것이다. 고로 5개 가의 의견이 맞지 않으면 5개 가가 의논하여 인장을 바꾸고, 5개 린의 의견이 맞지 않으면 25개 가가 논의하여 이장을 바꾼다. 9개 후(侯. 제후)와 8백(伯, 州의 장)이 논의하여 천자를 바꾸는 것이다. 9개 후와 8개 백이 천자를 바꿈은 5개 가가 인장을 바꾸고 25개 가가 이장을 바꿈과 같으니 어느 누가 신하가 군주를 정벌하는 일이라고 말할손가."

제후들이 천자를 바꾸듯이 대통령 또한 바꿀 수 있다는 일명 탄핵의 정당성을 옹호하는 논리로 가져다 쓰는 말이다. 그러나 이는 잘못 이해한 것이다.

중국에서 제후들이 뜻을 모아 천자를 추대했던 시기는 삼황오제(三皇五帝)라 불리는 전설 속 고대 사회였다. 요나라 순임금, 우임금을 예로 들 수 있다. 추대하는 것을 선양제라 하는데 하나라의 우임금이 자리를 아들에게 물려줌으로써 선양제는 없어지고 왕위 상속제가 자리하게 되었다.

도대체 언제 적 이야기를 가져다 현대 사회의 임기제 대통령 탄핵의 논거로 써먹는지 이해할 수가 없다. 대통령은 그 자리를 자식에게 물려주지 않고 5년 동안 책임정치를 구현한다. 국민들은 임기 동안 지켜보고 뜻이 맞지 않으면 다음 선거에서 다른 정당 후보로 교체할 수 있다. 이것이야말로 다산 정약용이 말한 탕론에 적합하지 않은가. 5년 동안 펼친 국정이 국민들로부터 신임받지 못하면 다음 선거에서 탄핵되는 것이다. 집권정당이 바뀐다.

그런데 5년을 기다리지 못하고 내 마음에 들지 않으니 끌어내려야 한다, 그것을 맹자와 정약용이 이미 말했다고 말하는 것은 대단히 잘못 이해한 것이고 알고도 그렇게 말한다면 선동이다. 고대에는 임금을 뽑는 선거제가 없고 임기도 없었다. 대를 이어 자자손손 왕위가 계승되기 때문에 이를 바꾸는 것은 탄핵이 아니라 역성혁명밖에 없었던 것이다.

이제 보수와 진보를 막론하고 어떤 사람이 대통령이 되든 다수 국민의 지지를 받아 당선된 것이 분명하므로 임기 동안 지켜보고 뜻에 맞지 않을 경우 다음 선거에서 심판하면 된다. 5년을 기다리지 못하고 조급증을 내어 중간에 끌어내리게 되면 사회는 혼란을 거듭할 수밖에 없다. 선거의 기본은 결과에 대한 승복이다. 승복할 줄 모르는 마음으로 선거에 참여한다면 그것은 민주주의를 누릴 자격이 없는 것이다.

10. 전두환을 그만 욕하자.

국민들이 함부로 대하는 인물을 꼽으라면 전두환도 순위에 들어갈 것이다. 나라를 팔아먹었다는 이완용처럼 앞뒤 따져보지 않고 무조건 나쁜 사람으로 욕한다. 이런 분위기에서 전두환에 대해 다른 이야기를 하는 것은 무척 조심스러운 일이다. 그러나 사실을 사실대로 말하고 의견을 들어봐야 한다. 도대체 전두환이 무슨 잘못을 했길래 죽어서까지 원하는 곳에 묻히지 못하고 있는지 궁금하다.

전두환이 가장 욕을 먹는 이유는,

첫째, 군사쿠데타의 주역

둘째, 학살자라는 이미지 때문이다.

만약 그가 대통령이 되지 않았더라면 이런 욕을 먹지 않을 것이다. 정승화 후임으로 육군참모총장에 임명된 이희성은 이렇게 말했다.

"광주가 수습되고 전두환 장군이 대통령이 되었기 때문이다."

전두환이 대통령이 되었기 때문에 온갖 비난과 욕을 뒤집어썼다는 말이다. 많은 사람들이 죽고 다친 광주에서 그 일에 대해 아무도 책임지는 사람이 없다는 것은 가슴 통탄할 일이다. 누구든 한 사람을 지목하여 원흉으로 만들어야 속이 풀리고 일 처리에 속도가 붙는 것이다. 1923년 일본 관동대지진 때 불안해하는 민심을 돌리기 위해, 조선인이 우물에 독을 탔다, 폭동을 일으켰다, 불을 지른다는 유언비어를 퍼트려 아무 죄도 없던 수천의 조선인들이 살해되었다. 또 독일 히틀러는 사회통합을 위해 유대인을 적으로 돌리고 전쟁 중에 무려 600만명을 학살했다. 이런 예가 어찌 전두환에게 해당할 수 있는가 라고 항변하는 사람도 있을 줄 안다. 필자가 보기에 어떤 대상을 적으로 삼아 그쪽으로 방향을 돌리는 점에 있어서는 큰 차이가 없다고 생각한다. 전두환에게 가해지는 두 가지 평가에 대해 살펴보기로 하자.

이상한 군사쿠데타

전두환이 일으켰다는 군사쿠데타는 12·12사태를 말한다. 1979년 전두환을 중심으로 한 신군부 세력이 군사쿠데타를 일으켜 정권을 찬탈했다는 것이다. 전두환이 국민들에게 알려진 계기는 박정희 대통령 시해사건을 수사하는 합동수사본부장을 맡아 중간 수사결과를 발표했던 1979년 10월 28일이었다.

많고 많은 사람 가운데 왜 하필이면 전두환이 합동수사본부장을 맡게 되었을까. 그것은 당시 계엄법 때문이었다. 박정희 대통령이 김재규가 쏜 총탄을 맞고 서거한 이후 제주도를 제외하고 전국에 계엄령이 내려졌고, 합동수사본부장은 당시 국군보안사령관이 맡도록 되어 있었다. 그해 3월 전두환은 국군보안사령관에 임명되었으므로 계엄법령에 따라 합동수사본부장을 맡았던 것이지 본인이 원해서 맡은 것이 아니었다.

합동수사본부에서 수사를 해보니 시해사건이 벌어졌던 궁정동 안가 본관 건물에 정승화 육군참모총장이 대기하고 있었다는 사실이 밝혀졌다. 대통령 시해장소와 불과 50미터밖에 떨어지지 않은 곳이었다. 김재규는 차지철 경호실장으로부터 만찬을 준비하라는 연락을 받은 후 정승화를 궁정동으로 불렀고 중앙정보부 김정섭 차장보에게 대접하라고 지시했다.

대통령과 식사 도중 김재규는 자리를 빠져나와 와이셔츠 바람으로 정승화를 만났고 잠시 후 총성이 울렸던 것이다. 사건이 벌어진 이후에는 김재규가 허겁지겁 달려와서 정승화와 같은 차를 타고 육군본부 지하 벙커로 갔다. 김재규는 최규하 국무총리 등 각료들을 불러 계엄령을 논의하는 과정에서도 대통령 서거를 숨겼고 정승화 또한 자신이 궁정동에 있었다는 사실을 밝히지 않았다.

상식적으로 한번 생각해볼 필요가 있다. 어떤 살인사건 현장에 우연히 있었든 불러서 갔든 간에 수사기관에서 그를 조사하는 것은 당연한 일이다. 만약 사건 현장에 있었던 사람을 조사하지 않는다면 오히려 직무유기가 될 것이다.

합동수사본부는 정승화에 대한 수사 필요성을 느끼고 수사관을 보내 진술서를 받기로 했다. 그 과정에서 정승화는 무척 고압적인 자세로 수사에 비협조적으로 응했다. 막강한 계엄사령관이 되었으니 누구도 그를 함부로 할 수 없었다. 이러는 사이 시간은 흘러 정승화 입맛대로 육군본부 인사가 이뤄졌고, 군이 정치에 관여하지 않고 사태가 수습되면 본연의 임무로 돌아갈 것이란 말과는 달리 정치성 발언이 계속되었다.

김종필은 부패하고 김영삼은 무능하고 김대중은 용공혐의가 있기 때문에 모두 대통령 자격이 없다는 둥, 만약 군의 지지를 받지 못하는 사람이 대통령이 된다면 쿠데타를 일으켜서라도 막을 것이란 회견까지 하였다.

　합수부는 이런 앞뒤 상황을 잴 필요 없이 시해사건을 완결짓기 위해서 현장에 있던 사람들을 빠짐없이 수사하고 한 점 의혹도 없이 사실을 밝혀야 할 책무가 있었다. 결국 합수부는 정승화 육군참모총장을 임의동행 형식으로 연행하여 수사하겠다는 생각을 갖게 되었다. 12월 12일 저녁, 합수부 수사관과 헌병대가 한남동 육군참모총장 공관으로 출동하였다. 정승화는 연행을 거부하며 호통쳤고 이 과정에서 총격전이 일어나 부상자가 발생했다. 당시 공관 외곽 경비는 해병대가 담당하고 있었다. 정승화가 연행된 후 빈 공관을 경비하던 육군 헌병대 박윤관 일병은 해병대가 쏜 총을 맞고 사망했다. 첫 번째 사망자였다.

　수사관들이 정승화를 연행하는 것과 동시에 전두환은 최규하 대통령에게 재가를 받으려고 했다. 어떤 사람은 육군참모총장 겸 계엄사령관의 부하인 합동수사본부장이 대통령 재가도 없이 정승화를 연행했으므로 불법적이고 하극상이라고 한다. 그러나 이는 사실을 제대로 알지 못하고 하는 말이다.

　합동수사본부는 대통령 시해사건을 누구의 간섭도 받지 않고 수사할 수 있는 권한을 부여받았다. 수사 필요성이 있으면 수사하는 것이다. 장성급 인사를 연행함에 있어 대통령의 재가가 꼭 필요한 것도 아니었다. 그런데 왜 전두환은 재가를 받으러 갔을까. 그것은 막강한 계엄사령관을 연행하는 것이니만큼 대통령에게 알리고 재가받는 것이

도리라고 생각했기 때문이다. 불법적인 것이 아님에도 도리상 그렇게 한 것뿐이었다. 그러므로 재가 없이 연행했다는 것은 시비거리가 되지 못한다.

문제는 재가 과정에서 발생했다. 최규하는 외교관으로 공직생활을 해온 사람이라 본국 또는 상부로부터의 지시와 훈령에 따라 행동하는 데 익숙했다. 한마디로 절차를 따지는 관료주의적인 습관이 몸에 밴 사람이었단 말이다. 최규하는 감히 별 두 개짜리 보안사령관이 재가를 요청하는 것이 불쾌했을 것이다. 그는 국무위원인 국방부장관의 검토를 거쳐야 한다고 고집했다.

국방부 장관 공관은 육군참모총장 공관과 가까웠다. 국방부 장관은 총소리가 울리자마자 아내와 함께 담을 넘어 단국대학교 캠퍼스로 피해버렸다. 아무리 국방부 장관을 찾으려 해도 찾을 수가 없었고 최규하의 재가가 미뤄졌다.

이런 와중에 육군본부는 정승화가 납치되었다 생각하고 비상을 걸었으며 수도경비사령관 장태완은 분개했다. 육군본부측 지휘부는 수경사로 자리를 옮기고 정승화를 구출하기 위해 군을 동원하기 시작했다. 이에 맞서 수경사 30경비단에 모여 있던 합수부측 장성들도 군을 동원하여 서울에서 대규모 충돌이 벌어질 위기에 처했다. 얼마 지나지 않아 정승화가 합수부에 연행되었다는 것이 밝혀졌지만 장태완은 끝까지 포기하지 않았다.

국군보안사령부의 주요 임무 중 하나는 대전복(對顚覆) 임무다. 군부를 관찰하여 쿠데타 음모를 사전에 적발하고 대처하는 것이다. 국방부 장관이 군부대 출동을 금지했음에도 장태완을 중심으로 한 육본측이 정승화 구출을 위해 행동에 나서자, 보안사령부는 이를 반란으로 규정하고 대전복 임무 수행을 시작했다. 먼저 9공수여단을 동원한 정병주 특전사령관을 체포하고 장태완 수도경비사령관을 체포했다. 이 과정에서 특전사령부에 있던 김오랑 소령, 국방부 헌병 정선엽 병장이 사망해서 총 3명의 사망자가 발생했다. 이튿날 새벽 전두환 합동수사본부장이 국방부 지하에 숨어 있던 국방부 장관을 대동하고 최규하 대통령을 찾아가 재가를 받았다. 이로써 12·12사태는 종결되었다.

쿠데타는 군이 무력을 동원하여 기습적으로 정권을 탈취하는 것을 말한다. 과연 전두환을 중심으로 한 합수부측이 쿠데타를 일으켰는가. 12·12사태가 종결된 후 최규하 대통령은 그 직에서 축출되지 않았고 제4공화국은 계속 기능을 발휘했다. 12·12사태가 군사반란이고 쿠데타였다면 전두환이 최규하를 몰아내고 그 자리를 차지해야 맞는데 그런 일은 발생하지 않았단 말이다. 여전히 대통령은 최규하였고 전두환은 보안사령관에 불과했다.

그런데 김영삼 정부 들어 역사 바로 세우기 사업을 거치면서 12·12사태는 군사반란으로 둔갑하고 말았다. 즉, 전두환과 신군부 세력이 정권을 찬탈하기 위해 일으킨 군사반란이란 뜻이었다. 대법원도 그렇게 판결하여 지금은 12·12 군사반란으로 통칭되고 있다.

이런 쿠데타가 어딨느냐는 비판을 의식했는지 단계적 쿠데타, 다단계 쿠데타, 실질적 쿠데타란 듣도 보도 못한 용어까지 동원되었다. 즉, 일거에 정부를 전복하고 정권을 획득하지 않았지만 그 음모가 장시간에 걸쳐 단계적으로 진행되었으므로 '단계적 쿠데타'라는 것이다. 그러나 세상에 이런 쿠데타는 없다. 마루 밑에서 낮잠 자던 강아지가 웃을 일이다.

대통령 시해사건을 수사해야 할 합동수사본부가 사건 현장에 와 대기하고 있었던 정승화를 수사하지 말았어야 한단 말인지 의문이 든다. 무슨 이유로 시해현장에 있었고 시해범 김재규와 같은 차를 타고 가며 무슨 의논을 했으며, 왜 사실을 감추고 계엄사령관으로 임명되었는지 밝혀야 하는 것이다. 만약 전두환이 개인적 친분관계를 들어 수사를 뭉갰다면 그것이야말로 직무유기이며 고발대상이 됐을 것이다. 우리는 좌고우면하지 않고 직무에 충실했던 전두환을 욕할 것이 아니라 오히려 잘했다고 칭찬해주어야 한다.

아무튼 법원은 12·12사태를 소급적으로 적용하여 12·12 군사반란으로 보았다. 12·12사태가 정승화 육군참모총장을 수사상 필요에 의해 연행하려다 우발적으로 발생한 충돌인지, 아니면 전두환과 신군부가 치밀하게 계획하여 일으킨 군사반란이었는지는 법원의 판결과 별도로 훗날 역사가 재평가해 줄 것이라고 생각한다.

광주와 전두환

다음으로 전두환이 과연 학살자인가 하는 부분이다. 사람들은 80년 5.18 광주 민주화 시위에 공수부대를 동원하여 무고한 시민을 학살했으므로 학살자라고 한다. 전두환이 그것을 지시했다는 것이다.

최규하 대통령의 제4공화국이 출범한 이후, 김종필은 유신체제를 부정했고 김영삼은 야당 지도자로서 차기 대권은 자신에게 유리할 것으로 믿었다. 김대중은 정치활동이 재개되었지만 신민당에 들어가서는 김영삼과 경쟁하기 어렵다고 느꼈기 때문에 입당을 포기하고 제도 정치권 밖에 있던 재야와 손잡고 국민연합을 결성하였다.

3김은 서로에게 질세라 경쟁적으로 정부를 비판하며 학생시위를 부추겼다. 특히 김영삼과 김대중은 툭하면 중대 결단을 하겠다고 정부를 밀어붙였다. 80년 봄의 상황은 민주화의 봄이라기보다는 시위의 봄, 데모의 봄이었다고 보는 것이 정확할 것이다.

당시 상황은 오일쇼크로 물가가 급등하고 경기침체의 파도가 밀려와 공장은 문을 닫고 실업률이 높아가고 있었다. 대통령이 시해되는 등 사회가 매우 불안정했다.

80년 4월 24일, 강원도 사북에서 광부들이 철도를 점거하고 시위를 벌여 경찰관 1명이 사망하는 사북사태가 있었고, 5월 16일, 서울에서 시위를 막던 전경대원 1명이 시위대가 탈취하여 돌진한 버스에 치여 죽고 5명이 부상당한 사건도 있었다. 계엄철폐와 정치일정 단축, 정치범 석방, 정부 주도 개헌작업 포기 등을 요구하는 학생시위는 5월 중순까지 무려 2,000회 이상 발생하여 극도의 혼란에 빠져들었다.

최규하는 79년 12월 6일 제10대 대통령으로 당선된 후에, 자신은 과도정부를 이끄는 사람으로 조속한 시일 내 헌법을 개정하여 대통령을 선출하고 자신은 임기 전이라도 물러날 뜻을 수차례 밝혔다. 약 1년 정도만 기다리면 새로운 정부가 출범할 수 있을 것으로 전망되었다. 그러나 3김은 기다리지 않았다. 아니 조바심 때문에 참을 수가 없었던 것이다.

공화당 김종필, 신민당 김영삼, 국민연합 김대중은 최규하를 불신하고 무시하며 정치일정 단축과 정부에서 헌법 개정을 주도하지 말 것을 요구했다. 정치인뿐만 아니라 학생들도 거리로 나와 연일 시위에 열을 올렸다.

나라 경제가 어려워지자 최규하 대통령은 중동으로 떠났다. 외교관의 경험을 살려 석유를 구하고자 5월 10일부터 순방에 나섰던 것이다. 이 와중에도 나라 사정을 아랑곳하지 않고 시위는 계속되었다. 서울 역 앞에 수십만 시위대가 집결하고 경찰이 죽는 등 상황이 악화되자 최규하는 5월 16일 밤 일정을 당겨 급거 귀국하였고, 제주도를 제외하고 내려졌던 계엄을 전국 계엄으로 확대하는 등 시국 안정에 나섰다.

80년 5월 18일 0시를 기해 비상계엄 선포 지역이 전국 일원으로 확대되었다. 이로써 모든 정치활동과 정치 목적의 집회 및 시위가 금지되고 대학에 휴교령이 내려졌다. 전국 92개 주요 대학과 주요 보안 목표시설에 계엄군이 배치되었다. 전북 익산에 위치한 제7공수여단 병력이 광주 전남대와 조선대에 주둔하고 학생들의 출입을 통제하였다.

5월 18일 오전 전남대 교문 앞에서 학생과 공수부대원의 충돌이 시내로 확산되어 대규모 시위로 번져갔고, 시민과 계엄군이 죽고 다치는 사태에 이르렀다. 급기야 총이 발사되고 시민들이 무장하고 서로 총질 해대는 끔찍한 사건이 바로 광주에서 벌어졌던 일이다.

이때 전두환은 무엇을 하고 있었을까. 그는 80년 3월 중장으로 진급한 후에 계속 보안사령관직을 수행했고 4월 14일부터 중앙정보부장 서리를 겸직하고 있었다. 최규하 대통령은 김재규 중앙정보부장의 범행으로 인해 위축되고 혼란에 빠진 정보부를 추스르기 위한 조치로 전두환을 겸직 발령했던 것이다.

당시는 전국 계엄이 내려진 상황이었다. 계엄사령관은 이희성 육군 참모총장이었다. 그는 육사 8기로 전남 계엄분소장인 윤흥정 전투교육사령관과 동기였고, 광주에서 실제 계엄군에 대한 지휘권이 있었던 사람은 정웅 31사단장이었다.

전남대와 조선대에 배치된 제7공수여단은 31사단에 작전 배속되었기 때문에 정웅 사단장의 지휘를 받았다. 군대를 다녀온 사람이라면 아는 사실이겠지만, 내 부대가 어떤 부대로 배속되면 그 부대장의 지휘를 받는 것이다. 시위 초기 공수부대는 31사단에 배속되어 정웅 사단장의 지휘 아래 시위 진압에 나섰다. 광주에 대한 계엄군의 지휘체계는 아래와 같다.

이희성 계엄사령관 - 윤흥정 전남 계엄분소장 - 정웅 31사단장

이러한 지휘체계에 만약 다른 사람이 끼어든다면 지휘체계를 문란시킨 책임을 지고 군법회의에 회부 될 것이다. 그런데 사람들은 이 같은 군의 체계를 무시하고 지휘권이 2원화 되었을 것이라고 주장한다. 말인즉슨 공수부대는 위 지휘체계를 따르지 않고 전두환과 신군부의 지휘를 따로 받아 폭력적인 시위 진압에 나섰다는 말이다. 그 말이 사실인지 아닌지는 이미 청문회와 재판을 통해 대부분 드러났다. 전두환이 막후에서 군의 지휘권을 2원화하여 공수부대에게 폭력적 진압을 명하고 총을 쏘라는 명령을 했다는 증거는 발견되지 않았다.

오히려 시위 초기 정웅 31사단장이 배속된 공수부대에게 강경 진압을 명령하고 바둑판식으로 병력을 배치하여 시위대를 체포하라는 명령을 내렸다. 회의에 참석했던 공수부대 지휘관이 소수의 병력으로 불가능하다는 의견을 내고 불만을 토로하는 일까지 있을 정도였다. 시위를 진압할 때는 시위대가 도망갈 퇴로를 열어두고 진압하는 법인데, 죽을 각오로 시위주동자들을 추격해서 체포하라고 하니 그 부담이 클 수밖에 없었다. 쫓아버리면 될 일을 괜히 추격해서 체포하라고 하는 바람에 시민 학생과의 충돌이 커졌다.

엄정한 비상계엄의 상황 속에서 전두환 보안사령관이 계엄사령관으로부터 일선 사단장까지 수직 하달되는 지휘체계에 슬며시 끼어들어 공수부대를 따로 지휘할 수 있었을까. 만약 그럴 수 있다, 그랬을 것이라고 생각하는 것이야말로 군의 지휘체계를 전혀 모르고 상상해보는 공상에 불과할 뿐이다.

이에 대해 이희성 계엄사령관은 훗날 5.18 민주화운동 30주년을 맞아 조선일보와 가진 인터뷰에서 검찰에 진술했던 것을 번복하고 이렇게 말했다.

"전두환은 새카만 후배였고, 내게 형님 형님하며 어려워했소. 나를 뛰어넘어 감히 월권을 해? 내 성격을 알고 이런 관계만 알아도, 그런 소리가 안 나옵니다. 전두환은 밝은 사람이지. 음습하지 않아요. 몰래 그렇게 하는 스타일이 아니오. 내 단호히 얘기하오. 광주에 관한 한 전두환 책임은 없소."

계엄사령관이었던 이희성 육군참모총장은 전두환보다 일곱 살 많고 군경력도 견줄 바가 못 될 정도로 대선배였다. 성격이 깐깐하고 대쪽 같아서 원칙을 중시하는 스타일이었다. 전두환이 남몰래 계엄사령관의 지휘체계에 끼어들어 공수부대를 자기 마음대로 움직이는 일은 절대 있을 수 없다는 말을 한 것이다.

광주에서의 무력 시위가 진압되고 난 후에도 최규하 정부는 도대체 왜 이런 일이 일어났는지 이해할 수 없었다. 그리하여 상황이 진정된 80년 6월 5일 이광노 장군을 단장으로 한 정부합동조사단을 현지로 파견했다.

이광노는 육사 10기생으로 황해도 벽산 출신이다. 최규하 대통령은 '출신 지역에 대한 선입견 없이 진상과 책임소재를 철저히 밝혀 달라.'고 당부했다. 그만큼 광주에서는 경상도에 대한 반감이 거셌기 때문에 어느 한쪽으로 치우칠 가능성이 없는 인물을 단장으로 임명했던 것이다. 시위가 진압된 지 겨우 8일 만에 정부 합동조사단이 파견되었으므로 생생한 기록을 남길 수 있었다.

이광노 장군을 중심으로 한 조사단은 6월 5일부터 11일까지 일주일간 현지 조사를 하고 대통령에게 '광주사태 진상보고서'를 제출했다. 이것이 광주를 조사하고 남긴 가장 최초의 보고서이다. 일반 수사에서도 오염되지 않은 초기 진술이 가장 중요하게 여겨지듯, 이광노 장군의 진상보고서는 누구의 눈치도 보지 않고 현지에서 조사한 결과를 담았다고 볼 수 있다.

합동조사단은 초기 진압작선에 심각한 과오가 있었음을 밝혔고, 현지 지휘관이었던 윤흥정 전투교육사령관과 정웅 31사단장을 군법회의에 회부할 것을 건의했다. 그러나 이희성 계엄사령관의 생각은 달랐다. 현지에서 고생한 지휘관에게 책임을 묻기 어렵다는 이유로 반대하여 실제 군법회의에 회부되지는 않았다. 어쩌면 윤흥정과 육사 동기생이었기 때문인지도 모른다.

도대체 광주에 전두환이 개입하여 강경 진압을 지시한 흔적이 어디에 있는가. 혹시 있을지 모를 북한의 개입과 간첩들의 활동을 경계하기 위해서 현지 정보를 수집하였을 수는 있다. 그것은 국군보안사령관과 중앙정보부장서리의 직책에서 당연히 해야 할 일이므로 비난하기 어렵다.

전두환은 일관되게 자신은 광주에 연관성이 없으며 강경 진압과 학살을 지시하지 않았다고 주장해왔다. 반대 측에서 수십 년 동안 전두환에게 책임을 묻기 위해 노력했지만 확실한 증거를 찾아내지 못했다. 그럼에도 불구하고 사람들은 전두환이 본래 악한 사람이기 때문에 충분히 지휘권을 2원화하여 발포를 명령했을 것이다, 그래야만 스토리가 맞아 들어간다고 생각하는 듯하다. 사실과 별개로 그냥 그렇게 믿는다면 필자는 그것을 희망사항이라고 말할 수밖에 없다.

결론적으로 광주와 전두환의 연관성은 없다고 봄이 타당하고 전두환을 가리켜 학살자, 살인마라고 부르는 것에 대해서는 다시 생각해 볼 일이다. 이제 그를 욕하는 것을 멈추고 경제발전과 사회개방 등 여러 가지 공로를 재평가할 때다.

지금으로선 상상하기 힘들겠지만 80년대 중반 이후, 대학생들이 졸업하기 전임에도 기업들로부터 제발 입사해달라는 입사 원서가 쇄도하였던 시절이 있었다. 학생들은 입맛에 맞는 회사를 골라 4학년 2학기에 바로 출근하는 예도 적잖았다. 만년 적자가 흑자로 바뀌고 30% 가까이 폭등했던 물가가 잡혀 경제 재도약의 기틀을 마련했다. 국민들은 노력의 재미를 맛보았고 사회에 중산층이 형성됨으로써 비로소 민주주의를 실현할 수 있는 여력이 생기기 시작했다. 그때가 바로 전두환 시대였다.

물론 전두환의 과(過)도 있지만 공(功)을 너무 도외시하는 것 같아 하는 말이다.

11. 약무호남시무국가(若無湖南是無國家)

충무공 이순신 장군이 한 말씀이다.

"만약 호남이 없으면 이는 나라가 없는 것이다."

이 글귀는 호남 사람들의 자부심이 가득 담겨있는 말로써 전주에 복원돼있는 전라감영 앞을 비롯 전라도 여러 곳에 커다란 비석으로 세워져 있다. 호남 사람들이 무척 자랑스러워할 글귀임은 분명하다. 하지만 이순신 장군이 이 말을 하게 된 배경과 앞뒤 문맥을 살피지 않고 일부 글귀만 똑 떼어내어 전라도가 최고인 것처럼 우쭐대는 것은 다른 지역 사람들에게 비아냥을 들을 수 있으므로 주의할 필요가 있다.

위 글귀는 이순신 장군이 영암 사람 현덕승과 주고받은 서찰에 나와 있는 말로 알려져 있다. 현덕승은 1590년(선조 23) 증광시 을과(乙科) 1위로 급제하였고, 임진왜란 당시에는 이순신 장군에게 전쟁물자를 제공하는 등 수군을 도왔다. 승문원 저작과 울산 판관을 거쳐 사헌부 지평까지 이르렀던 인물이다.

1593년(선조 26년) 7월 16일 이순신 장군이 보낸 답장에 이런 말이 있다.

"竊想湖南國家之保障 若無湖南是無國家 是以昨日進陣于閑山島以爲
遮海路之計 (절상호남국가지보장 약무호남시무국가 시이작일진진우한산도
이위저해로지계)
　가만히 생각해보건대 호남은 국가의 뒷받침으로 만약 호남이 없다
면 무릇 국가가 없게 되는 것입니다. 이런 까닭에 어제 진을 한산도로
옮겼고 이로써 바닷길을 막을 계획입니다."

　당시 전란의 상황을 보자. 한 해 전인 1592년(선조 25, 임진년) 봄바람
이 완연하던 4월 13일 부산에 상륙한 왜군은 거침없이 진군하여 불과
20일 만에 한양을 접수하였다. 그리고 두 달이 지나자 조선은 전라도
와 평안도 일부를 제외하고 모두 왜군의 수중에 들어가고 말았다. 선
조는 궁을 버리고 의주로 몽진실에 올랐다.
　일본 수군은 옥포해전, 당포해전, 한산도해전, 부산포해전 등에서 이
순신 장군에게 패했으나 여전히 경상도 해안을 점령하고 전라도 진출
을 꾀하고 있었다. 이를 막기 위해 이순신은 본영을 한산도로 옮기고
군수물자를 제공해준 현덕승에게 편지를 보냈던 것이다. 그러므로 편
지의 내용은 조선의 대부분이 왜군의 수중으로 떨어진 상황에서 자
신이 맡고 있는 전라좌수영과 전라도의 중요성을 말한 것이다.
　전라도 해안을 지키고 있는 전라좌수사 이순신, 전라우수사 이억기
가 패할 경우 왜군은 충청도를 거쳐 압록강 하구까지 밀고 올라갈 수
있었다. 그러므로 이순신 장군 입장에서 현재 전라도는 조선 수군의
최후 보루로써 전쟁 수행에 중요한 곳이므로 반드시 지켜내겠다는 다

짐이었던 것이다.

이원익(1792-1854)이 편찬한 동사약(東史約) 상권 임진편은 이렇게 말하고 있다.

"舜臣每戰勝 輒戒諸將曰 狃勝必驕諸將愼之 國家軍儲皆靠湖南 若無湖南是無國家也. (순신매전승 첩계제장왈 뉴승필교제장신지 국가군저계고 호남 약무호남시무국가야)

순신이 매양 전승하므로 문득 여러 장수를 경계하여 가로되, 승리에 친압하면 반드시 교만해기 쉬우니 제장들은 그것을 삼가라. 국가의 군사력이 다 호남에 기대고 있어 만약 호남이 없다면 곧 국가도 없을 것이다."

이순신 장군은 휘하 장수들이 왜군을 연거푸 물리치고 승리에 도취한 나머지 교만함에 빠질까 두려웠다. 장수로서 가장 경계해야 할 부분이 바로 적을 가벼이 보는 것이기 때문이다. 그래서 호남 방위의 중요성과 정신무장을 강조했던 것이다.

6.25 전쟁 당시 북한군에 밀려 낙동강 이남을 제외하고 전국이 적의 수중으로 들어갔을 때를 상기하면 이해하기 쉬울 것이다. 만약 낙동강 전선이 무너졌다면 대한민국이 존속할 수 있었을까. 부산 경남은 곧 나라의 전부나 마찬가지였다. 그때 국군은 낙동강 전선을 지켜야 나라가 있다는 생각으로 죽음을 각오하고 싸웠다. 조선왕조실록 선조 30년 9월 20일자 기사에 아래와 같은 내용이 있다.

"然其小邦形勢所在 則全羅慶尙二道最爲關重 蓋慶尙門戶而全羅府藏

也. 無慶尙則無全羅 無全羅則雖有他道 小邦終無所資以爲根本之計. 斯乃賊所必爭 而我所以守之. (연기소방형세소재 즉전라경상이도최위관중 개경상문호이전라부장야. 무경상즉무전라 무전라즉수유타도 소방종무소자이위근본지계. 사내적소필쟁 이아소이수지)

그러나 우리의 형세를 보자면 전라 경상 2도가 가장 중요하니 경상도는 문호이고 전라도는 부장(창고)이기 때문이오. 경상도가 없다면 전라도도 없고, 전라도가 없다면 비록 다른 도가 있더라도 끝내 바탕으로써 근본 삼을 만한 계책이 없게 됩니다. 이는 왜적이 반드시 싸워 이기려는 까닭이요 우리가 그곳을 지키려는 이유올시다."

조선에 원군을 보내온 명나라에게 조선의 남도, 즉 경상도와 전라도가 왜 중요한가에 대해 설명하고 있는 장면이다. 경상도가 없으면 전라도도 없다? 누군가 만약 이 구절만 가지고 경상도가 더 중요하고 제일이라는 말을 한다면 동의할 수 있을까. 동의하기 어려울 것이다. 글의 앞뒤 문맥을 잘 살펴 해석해야 할 일이다.

이순신 장군의 말처럼 임진왜란 때 전라도가 보전되었기 때문에 나라가 있게 되었다는 말은 절대 틀린 말이 아니고, 군민(軍民) 합심하여 왜적을 물리친 것은 자랑할 만하다. 그것을 인정해주어야 한다. 언제? 임진왜란 때의 일이다.

전라도는 그때의 일을 잊지 않고 나라의 중심이 되도록 노력하고 있으니 가상한 일이요 칭찬받아 마땅한 일이라고 할 것이다. 다만, 약무호남시무국가의 뜻을 오해하여 전라도가 곧 나라다, 우리가 하는 것은 모두 옳다는 교만에 빠지는 것은 삼가고 경계하자.

12. 훈요십조(訓要十條)

고려 태조 왕건이 남겼다고 전해지는 훈요십조는 오랫동안 전라도 사람에게 왜곡된 굴레를 씌웠다. 지금도 사람들은 이야기하다가 훈요십조를 들먹인다.

"오죽하면 왕건이 훈요십조에 전라도 사람을 조심하라고 했겠는가."

전라도는 배역의 땅이므로 차별받아 마땅하다는 그런 뉘앙스로 자못 의기양양하기까지 하다. 과연 그러한지 살펴보자.

고려사에 태조 왕건은 죽기 한 달 전인 943년 음력 4월 내전에서 박술희를 불러 직접 훈요십조를 내려주면서 말하였다고 전한다.

"… 이에 훈요를 지어 후세에 전하노니, 바라건대 밤낮으로 펼쳐보아 길이 귀감으로 삼으라. … 여덟째, 차현 이남과 공주강 밖은 산형과 지세가 모두 배역으로 달리며 인심 또한 그러하다. 그 아래 주군인은 조정에 참여하거나 왕후 또는 외척과 혼인하여 나라의 정사를 잡게 되면 국가에 변란을 일으킬 수도 있고 통합당한 원한을 품고 왕실을 침범하여 난을 일으킬 수도 있다. 또 일찍이 관청에 예속된 노비와 진(津)·역(驛)의 잡척(雜尺)이 권세가에게 투탁하여 신분을 옮기거나 역을 면제받기도 할 것이며, 왕후나 궁원에 빌붙어 간교한 말로 권력을 희롱하고 정사를 어지럽게 하여 재앙에 이르게 하는 자가 반드시 있을 것이다. 비록 양민이라 하더라도 마땅히 그를 관직에 올려 일을 맡겨서는 안 된다. … 십훈의 끝은 모두 '마음속에 이를 간직하라' 는 네 글자로 맺었는데, 후대의 왕은 이를 서로 전하여 보배로 삼았다."

왕건이 죽기 전에 노망이 들지 않고서야 한 나라의 임금이 어찌 지역을 차별하는 유훈을 남길 수 있겠는지 의문이 들 수밖에 없다. 왕건은 후삼국 통일의 과정에서 후백제 견훤에게 죽을 뻔한 일도 있었지만 전라도의 도움을 크게 받았던 것도 사실이다. 가장 대표적인 것이 공산 전투에서 위기에 처한 왕건을 살리느라고 전라도 출신 신숭겸 장군이 옷을 바꿔입자고 하여 구사일생으로 겨우 목숨을 구한 일이다.

훈요십조는 여러 면에서 의문점이 제기되고 있다. 필자는 여기서,

첫째, 후대에 의해 훈요십조가 조작되었을 가능성
둘째, 차현이남과 공주강 밖은 어디인가.
셋째, 해석의 문제만을 살펴보기로 한다.

훈요십조의 발견 경위가 이상하다.

훈요십조의 조목에 대하여 조작되었을 것이란 주장을 처음 한 사람은 일본 역사학자 이마니시 류(今西龍)다. 그는 1906년부터 조선에서 고고학 연구를 하였고 경성제국대학의 교수였으며 총독부 조선사편

수회 회원이기도 했다. 썩 달갑지 않은 인물이지만 그가 일본인이라고 하여 배척할 것이 아니라 학문적 성과를 검토하는 것도 의미 있다고 본다. 훈요십조는 사람들의 관심 사항이므로 언제가 됐든 반드시 문제가 제기되었을 것이다.

위 고려사에 나와 있듯이 왕건은 훈요십조를 내리면서 '마음속에 이를 간직하라.'고 하였으므로, 박술희는 왕실에 전하고 후세 왕들은 이를 밤낮으로 펼쳐보고 전하여 보배로 삼았다. 한 마디로 소중한 왕실 문서였다.

그런데 고려사와 고려사절요에 보면, 소중히 간직하여야 할 태조의 신서훈요(信書訓要)가 1010년(현종 원년) 개경까지 쳐들어온 거란의 침입으로 인해 소실되고 말았다. 왕과 조정은 전후 복구에 바빠 정신이 없고 훈요십조의 내용도 차츰 머릿속에서 사라졌을 수 있다. 사라진 문서가 된 것이다.

훈요십조는 병란의 와중에 사라졌다가 최제안이 죽은 최항의 집에서 우연히 발견하여 다시 세상에 모습을 드러냈다. 이를 두고 어떤 사람은 신라계인 최제안이 후백제계를 견제하기 위해 내용을 조작했을 가능성이 있다고 주장한다.

반대편에서는 병란으로 소실된 역사서를 편찬하기 위해 1013년 최항을 감수국사(監修國史)로 김심언을 수국사(修國史)로, 또 황주량과 최충을 수찬관(修撰官)으로 삼아 실록을 편찬하게 하였는데, 1024년 최항이 죽는 바람에 그 책임을 진 최제안이 사료수집을 위해 최항의 집을 찾아갔다가 우연히 발견했을 것이라고 한다.

최항이 왕실 문서를 사사로이 자기 집에 보관한 것이 이상하다는 의문에 대해서는 주요 건물이 병란 때 불타버렸으므로 주요 사료를 임시로 보관하고 있다가 죽어버리지 않았겠느냐고 한다. 일견 그럴 듯하지만 추측일 뿐이다.

일단 최제안은 사서 편찬에 관여하였다는 기록이 없다. 병란으로 타버린 궁궐이 완공된 것은 1014년 초이고, 최항이 죽은 것은 그로부터 10년 뒤인 1024년이므로 그때까지 왕실 문서를 개인적으로 보관할 이유가 없다.

최항이 1013년 역사서를 편찬하는 감수국사가 된 것은 사실이나 1016년에 내사시랑평정사로 자리를 옮겼고 그 후로는 실록 편찬에 관여하지 않았다. 정상적인 관료라면 역사 편찬을 위해 자기 집에 임시로 보관하고 있던 문서일지라도 후임자 또는 관련 부서에 반납했을 것이다. 훈요십조처럼 중요한 왕실 문서라면 더욱 그래야 한다.

더욱이 1024년 그의 병이 위독해지자 현종이 친히 찾아가 문병하였을 때도 집에 있는 훈요십조를 바치지 않았다. 만일 최항이 사람을 못 알아볼 징도라면 왕이 문병을 가지 않았을 것이다. 최항의 정신이 아직 온전했을 것으로 짐작할 수 있다. 그럼에도 최항은 훈요십조를 바치지 않았다. 그 아들 최유부 또한 문병 온 왕에게 훈요십조의 존재 유무에 대해서 말하지 않고 바치지도 않았다. 왕실 문서를 신하가 보관하고 있는 것 자체가 불경스러운 일이기 때문에 왕이 왔을 때 진상하는 것은 문병에 대한 적절한 보답이 될 것이다. 양보하여 최항이 병으로 인해 훈요십조를 떠올릴 겨를이 없었다 치자.

1013년 역사서 편찬을 위해 수국사로 기용되었던 김심언은 이듬해 1014년 8월 서경유수로 나갔고, 1024년 12월 수찬관이었던 황주량은 어사중승으로, 최충은 중추직학사로 자리를 옮겼다. 최항은 물론 그 아래서 역사 편찬을 담당했던 사람들이 모두 내직 또는 외직으로 자리를 옮겼다는 것은 사서 편찬이 어느 정도 완결되었다는 것을 의미한다.

그런데 중추사, 호부상서, 이부상서, 시중 등 사서 편찬과 관련 없는 직을 맡고 있던 최제안이 최항의 집을 방문했다가 우연히 훈요십조를 발견하고 그것을 임금께 바쳤다? 뭔가 이상하다. 고려사 최제안전을 보면 상황을 이렇게 전하고 있다.

"처음 태조의 신서훈요(信書訓要)를 전쟁으로 불타서 잃게 되었는데, 최제안이 최항의 집에서 얻어 간직하여 두었다가 조정에 바치니, 이로 인하여 세상에 전하게 되었다."

최항에 집에서 얻은 훈요십조를 또 '간직하여 두었다가' 때를 봐서 조정에 바쳤단 말인가. 얻었으면 기쁜 마음으로 당장 조정에 바쳐야 옳지 않은가. 그런데 고려사를 수정한 고려사절요는 간직하여 두었다는 표현을 뺐다.

아무튼 최항은 왕실 문서 훈요십조를 사사로이 집에 보관하고, 최제안은 최항이 죽은 후에 집을 방문했다가 우연히 그것을 발견한다. 보통사람이라면 중요한 훈요십조를 발견했으니 먼지만 대강 털고 품에 안은 채 임금께 달려갔을 것이다. 하지만 최제안은 자기 집에 소중히 간직하여 두었다가 나중에야 조정에 바쳤다. 이런 이유 때문에 훈요십조의 발견 경위가 이상하다고 하는 것이다.

내용상으로도 1조, 2조, 6조가 부처의 덕, 사원 창건, 연등회와 팔관회를 말하고 있어 독실하게 불교를 믿었던 최항과의 연관성이 진하게 보인다. 고려사에서 말하길, 최항은 과거에 급제한 유학자였으나 불교에 대한 신앙심이 지나쳐 황룡사 탑을 수리할 것을 요청하였고, 몸소 감독하며 농사일에 바쁜 백성들에게 피해를 입혔다. 또 자신의 집에도 불경과 불상을 모셔두고 승려처럼 살았고, 마침내 집을 희사하여 사원으로 삼았을 정도였다고 한다.

차현이 차령인가.

차현(車峴)의 위치를 두고 학자들은 보통 천안에서 공주로 내려가는 길에 있는 차령(車嶺)을 말한다. 훈요십조에 차현이남, 공주강 밖이라고 기록되어 있으므로 위치를 특정하는 것이 중요하다.

보통 현(峴)은 야트막한 구릉을 넘나드는 고개로 대현동, 아현동, 황토현이 이에 해당한다. 령(嶺)은 험준한 산악을 넘는 고개로서 대관령, 한계령, 진부령, 추풍령, 미시령, 차령, 육십령과 같이 가는 길에 도적떼를 만나지나 않을까 걱정되는 높고 깊은 산을 넘는 고개다.

훈요에서 車峴以南이라고 했으니 차현의 위치를 알아보자. 차령(車嶺)을 치현(車峴)으로 보기도 하는데 이것은 잘못 알고 있는 것이다. 현과 령의 차이 때문에 맞지 않다.

필자가 서울대 규장각 한국학 연구원에 등재된 고지도 수십 종류를 살펴본 결과 차령을 차현으로 표기한 것은 여덟 번이었고(관동지도,조선지도(효종~숙종대 간행) 동국지도, 조선지도첩, 팔도지도,동국여도, 동국여지도,신증동국여지승람), 다른 16개 고지도에서는 차현을 신창현에 있는 고개로 표기했다(대동방여전도, 동국여지도, 비변사인방지도, 광여도, 여지도, 조선지도(년대 미상), 지승, 팔도군현지도, 해동지도, 호서지도, 조선팔도지도, 1872년 지방지도, 대동여지도(김정호), 동여도(김정호), 청구도(김정호), 청구요람(김정호)).

현재 아산시 서쪽 신창면 지역이다. 옛날엔 서울로 가는 거경대로(距京大路)가 지나는 곳이었고 야트막한 차현(車峴)을 넘어 경기도로 들어갔다. 오늘날과 달리 과거엔 길이 한번 생기면 천재지변으로 없어지지 않는 한 수천 년 동안 사용했다. 그러므로 태조 왕건이 가르킨 차현은 바로 신창현에 있었던 차현을 뜻하는 것이다.

이 지역에선 차현을 수리가 날아다니는 수리 고개, 또는 수레가 넘어 다니는 수레 고개로 불러왔다. 수리와 수레를 한자로 표기하는 과정에서 車로 훈차되어 車峴 또는 독수리를 뜻하는 취치(鷲峙)가 되었다. 그래서 신창현 지도에 나와 있는 차현(車峴)이나 취치(鷲峙)는 모두 같은 곳을 가르키는 명칭이다. 고산자 김정호도 대동여지도, 동여도, 청구도, 청구요람에서 차현을 신창과 온양 사이에 있는 고개로 표기하고 있다. 군사적 목적으로 작성되어 정확도가 뛰어난 비변사인방안지도에도 물론 그렇게 되어 있다.

어떤 사람은 충북 음성에도 차현이 있다고 하는데 고지도 어느 곳에도 표기되어 있지 않는 것을 볼 때 선조들의 인식은 낮았던 것으로 보인다. 결국 훈요십조가 가르키는 차현은 신창현에 있던 차현이라고 할 수 있다.

그럼 공주강은 어디일까. 공주강은 이름에서 알 수 있듯 공주에서 부르는 금강의 별칭이다. 공주에서는 공주강 또는 웅진강, 부여에서는 백마강, 강경 군산과 같은 하류에서는 고성진강으로 불렀다. 호수처럼 잔잔하다 하여 호강(湖江)으로도 불렀고 지금은 물결이 비단결같이 아름답다는 뜻을 가진 금강(錦江)으로 부른다.

해석의 문제

車峴以南 公州江外 山形地勢 並趨背逆 人心亦然
(차현이남 공주강외 산형지세 병추배역 인심역연)

　차현 이남은 앞서 살펴본 대로 신창현에 있는 차현으로부터 남쪽을 가리킨다. 만약 태조 왕건이 차현 이남의 후백제 지역 사람 모두를 등용치 말라고 훈시할 생각이었다면,
'차현 이남'이란 글귀만 가지고도 뜻이 완성된다. 바꿔 써보자.

車峴以南 山形地勢 並趨背逆 人心亦然
(차현 이남은 산의 모양과 지세가 모두 배역으로 달리고 인심 또한 그러하다.)

　이렇게 쓰는 것이 자연스럽기 때문에 훨씬 아래 있는 공주강을 굳이 집어넣을 필요가 없다. 오히려 뜻이 혼동될 뿐이다. 그럼에도 왜 '공주강외'를 넣었을까. 이는 차령 이남에 있는 모든 지역을 가르키는 것이 아니라 특정 지역을 말하고자 했기 때문이다.
　公州江外에서 外는 성벽 또는 강과 같은 행정의 경계를 이루는 안쪽과 바깥쪽을 구분하기 위해 사용하는 단어다. 성내 성외에서 쓰이는 內外의 용도를 보면 알 수 있다. 그러므로 '공주강외'라는 뜻은, 백제의 수도이기도 했던 공주를 휘감아 흐르는 공주강 바깥을 말한다. 안과 밖의 주체는 공주가 되는 것이지 임금이 있는 수도가 아니다. 임금이 먼 곳의 행정구역을 말할 때는 동서남북의 방위개념을 사용한다.

양보하여 태조 왕건의 입장에서 바라봐야 된다는 주장을 수용하더라도, '공주강외'라는 말보다 '공주강이남' 또는 '공주강남'으로 표기해야 맞는 것이다. 그래야 '차현이남'에서 쓰인 방위개념과 맞아떨어지고 용례 또한 일관성 있는 것이다.

그런데 '공주강외'라고 했으니 안과 밖을 구분짓는 주체는 백제의 고도 공주가 되는 것이다. 공주강 아래 공주가 있으므로, 공주에서 바라볼 때 공주강 밖은 공주를 포함 아래쪽에 있는 전라도 지역이 아니고, 강 건너 북쪽이다.

'차현이남'의 주요 지역은 홍성, 예산, 공주, 청주, 청양, 보령, 부여, 논산, 서천이고, '공주강외'의 지역도 마찬가지다. 태조 왕건은 차현이남과 공주강 바깥에 있는 위 지역을 지칭해서 조심하면 좋겠다는 말을 한 것이다. 충청도 사람들에게 무척 죄송스런 말이지만 훈요의 글을 풀이해보면 그렇다. 오랫동안 전라도 사람들이 훈요십조 때문에 속앓이를 해왔으니 필자의 주장쯤 재미삼아 들어주면 좋겠다.

충청도 사람들은 웃고 넘길 배포가 있을 줄로 믿는다.

태봉을 세웠던 궁예, 그리고 충청도 호족의 배반 등으로 왕건이 고생한 것을 살펴보면 왜 차현 이남과 공주강 바깥 지역을 콕 짚어서 말했는지 이해할 수 있다. 왕건이 통일 대업을 완성하고 2년째에 접어들었던 때에도 청주가 진심으로 귀부하지 않고 기회만 엿보며 온갖 유언비어가 자주 일어나므로, 왕이 직접 행차하여 위무하고 사태를 진정시킨 일이 있을 정도였다. 어떤 면으로 보면 한 나라를 창건한 임금이 죽기 전까지 서운한 마음을 풀지 못하고 뒤끝을 남기고 있다는 점에서 웃음이 나오기도 한다.

전라도를 비하하는 사람들이 말하는 대로 차현 이남과 공주강 바깥 지역은 후백제가 통치했던 지역, 그중에서도 전라도를 지칭한다고 보는 것은 아무리 생각해도 이해하기 어렵다.

왕건은 고려를 중심으로 하여 신라, 후백제를 한 나라로 통일했다. 흔히 솥(鼎)을 한 나라의 왕실을 뜻하는 말로 쓰는데, 고려를 떠받치고 있는 세 개의 다리는 고려계, 신라계, 후백제계였다. 이 가운데 후백제계를 등용하지 말고 배척하라 했다고? 그럴 경우 솥이 넘어지게 된다. 왕건이 바보가 아닌 바에야 이런 말을 할 리가 없는 것이다. 대왕의 풍모도 아니다.

훈요십조는 태조 왕건이 왕실 문서로 남겼다는 것 외 그 내용이 정확하게 알려지지 않고 있었는데, 8대 현종에 이르러 신하 최제안이 죽은 최항의 집에서 우연히 발견하여 간직하고 있다가 진상했다는 점은 내용의 진위에 심각한 문제를 제기한다. 설혹 그것이 사실이라 해도 '차현이남과 공주강외'는 후백제가 일어났던 충청도와 전라도 전 지역을 말하는 것이 아니라, 신창현에 있는 차현이남과 공주에서 바라본 공주강 북쪽의 일부 지역을 가르킨다는 것을 알 수 있다. 그것도 왕건이 느낀 개인적 서운함 때문이지 만고불변의 진리는 아니다. 이제 훈요십조를 가지고 전라도 사람을 폄훼해서는 안 되고, 전라도 사람들도 마음속에 자리하고 있던 부담을 깨끗이 털어버려야 한다.

13. 가짜 뉴스에는 목적이 있다.

삼국유사에 서동이 선화공주와 결혼하는 이야기가 있다. 신라 진평왕의 셋째 딸 선화공주가 아름답기 이를 데 없다는 말을 듣고 서동이 머리를 깎고 신라 서울로 가서 아이들에게 마를 주며 노래를 부르게 하였다. 선화공주님이 밤마다 서동을 찾아가 자고 온다는 해괴한 내용으로 듣는 이마다 말초신경을 자극받았다.

동요가 서울 장안에 널리 퍼지고 궁궐 안까지 들려오자 백관들이 임금에게 상주하여 공주를 먼 곳으로 귀양 보내도록 만들었다. 왕후는 귀양 가는 딸을 위해 순금 한 말을 주어 노자로 쓰게 했다. 공주가 장차 귀양지에 도착하려는데 갑자기 서동이 나타나 절하면서 앞으로 자기가 모시겠다고 말했다. 공주는 그가 어디서 왔는지 알지 못했지만 믿고 좋아했다. 나중에 둘이 몰래 정을 통하고 난 후에야 공주는 그가 서동임을 알았고 동요의 영험을 믿었다.

이는 대표적인 가짜 뉴스라 할 것이다. 서동이 퍼트린 가짜 뉴스에 선동된 사람은 주로 아이들이었다. 어른들은 말도 안 되는 소리라고 손을 내저으며 입단속했을 것이다. 그러나 아이들은 어리고 아직 세상 물정을 잘 모르기 때문에 마를 얻어먹는 재미에 빠져 서동이 가르쳐준 대로 노래를 불렀던 것이다.

고려사를 보면 태조 이성계가 창왕 원년(1388), 우왕과 김저의 난을 진압한 후에 내세운 폐가입진(廢假立眞)이 나온다. 이성계는 흥국사에 병사들과 정몽주, 조준, 성석린, 정도전 등 사람들을 모아놓고 말했다.

"우왕과 창왕은 본래 왕씨가 아니므로, 종사(宗社)를 받들 수가 없다. 또 천자의 명이 있었으니, 가짜를 폐하고 진짜를 세워야만 한다."

이성계는 실권을 장악하고 우왕을 강릉으로, 창왕을 강화도로 내쫓았는데 그 이유로 제시한 것이 바로 우창비왕설(禑昌非王說)이었다.

즉, 우왕과 창왕은 왕씨가 아니라 신돈의 자식이므로 왕조를 계승할 수 없다는 말이었다. 요즘처럼 유전자 검사를 통해 과학적으로 증명할 수 없었던 시대에 이런 해괴한 소문이 놀면 그렇지 않다는 것을 입증하기 어려웠다. 결국 왕씨가 세운 고려는 공양왕을 마지막으로 이씨 조선으로 넘어가고 말았다. 우왕과 창왕이 신돈의 자식인지 아닌지 알 수 없지만 고려 왕조의 정통성에 심대한 타격을 가함으로써 소기의 목적을 달성한 것만은 틀림없다.

이런 전적 때문이었을까. 이성계도 가짜 뉴스 때문에 곤욕을 치렀다. 조선을 건국한 지 3년째 되던 1394년, 명나라 사신 황영기가 내보인 축문에 조선왕조의 정통성을 뒤흔드는 말이 있었던 것이다. 명은 이성계를 '옛날 고려 신하 이인임의 후사 이성계'라고 하여 깎아내렸는데, 일의 발단은 이렇다.

고려말 이성계가 공양왕을 세우고 실권을 잡자 이를 못마땅하게 여

긴 두 사람, 윤이와 이초가 명나라의 도읍이었던 남경에서 주원장에게,

"고려 공양왕과 이인임의 후사 이성계가 군대를 움직여 명나라를 범하려 하고 있으니 군대를 동원하여 고려를 혼내 달라."

간곡히 건의했던 것이다. 명은 이들의 말이 거짓이라고 판단하여 오히려 유배시켜버렸다. 이인임은 이성계의 정적으로 유배지에서 목숨을 잃은 인물이다. 명도 이를 알고 있었기 때문에 윤이와 이초의 말을 믿지 않았던 것이다.

그런데 조선이 세워지고 난 후에 사신이 내보인 축문에 '이인임의 후사 이성계'라고 되어 있었으니 이성계는 칼을 물고 토할 노릇이었다. 명이 아무것도 모른 채 가짜 뉴스를 이용한 이유는 조선이 무주공산이나 다름없던 요동을 정벌하지나 않을까 하는 조바심 때문이었다.

이에 이성계는 자신이 이인임의 아들이 아니란 점, 음이 같아도 동일 성씨가 아니란 점, 조상은 본래 조선의 후예란 점, 여진족이 아니란 점을 구구절절 해명할 수밖에 없었다. 아무튼 명은 이성계의 가계(家系)를 흔듦으로써 조선이 요동 정벌에 나설 수 없도록 만드는 목표를 달성할 수 있었다.

이 밖에도 중종 때 남곤이 주초위왕(走肖爲王)이란 참설을 내세워 조광조를 숙청하는 기묘사화를 일으켰고, 선조 때는 서인들이 목자망정읍흥(木子亡奠邑興)이란 참설을 이용해서 정여립과 동인들을 숙청하는 기축옥사를 일으켰다. 비단 우리뿐만 아니라 다른 나라에도 가짜 뉴스를 퍼트리고 이용하여 정치적 목적을 달성한 사례가 많다.

프랑스 소녀 잔다르크는 백년전쟁에서 큰 공을 세워 성녀로 일컬어

졌던 인물이다. 잔다르크의 공 때문에 황태자 샤를은 황제에 오를 수 있었지만, 잔다르크는 얼마 지나지 않아 영국의 포로가 되었고 종교 재판에서 마녀로 몰렸다. 당시엔 카톨릭의 예배방식을 인정하지 않고 성경대로 예배를 드리다가 마녀로 몰려 죽은 사람이 많았다. 샤를 황제는 잔다르크가 마녀가 아니란 사실을 알고도 행여 그녀가 돌아오면 자신의 위상이 깎일까 걱정한 나머지 영국에게 몸값을 지불하지 않고 죽도록 내버려 두었다. 결국 잔다르크는 마녀라는 오명을 벗지 못하고 형장의 이슬로 사라졌다.

사회가 발전하고 대중의 교육 수준이 높아지면 가짜 뉴스가 맥을 못 출까. 천만의 말씀이다. 인터넷으로 개인이 뉴스를 생산하고 방송하는 오늘날 가짜 뉴스는 더욱 기승을 부리고 있다. 물론 모든 가짜 뉴스는 불쏘시개 역할을 하는 그럴듯한 팩트를 제시한다. 그러나 팩트가 있다 하더라도 전체를 보면 잘 포장된 유언비어에 불과한 경우가 많다. 이에 적절히 대처하지 못하면 피해자가 늘고 사회는 건강함을 잃게 될 것이다. 대중을 현혹하는 가짜 뉴스에 대한 일벌백계의 처벌이 필요하다.

조선은 유언비어를 퍼트려 민심을 현혹한 자에 대해 엄중한 형벌을 내렸고 심한 경우 능지처참에 처했다.

선거를 앞두고 무차별적으로 살포되는 가짜 뉴스, 물리적으로 이의 사실 여부를 확인하기 힘든 시점에 여러 언론이 동원되어 가짜 뉴스를 확대 재생산한다. 나중에 그것이 허위로 드러난다 해도 결과를 뒤집을 수 없기 때문에 한번 가짜 뉴스의 맛을 본 사람들은 그 유혹을 뿌리치기 힘들다. 제보를 받았다거나 자기들끼리 공작하여 만든 녹취록, 주술 등 그 수법은 지극히 자극적이고 선동적이다. 정치에 무관심한 대중이라도 그런 뉴스에 접하면 귀가 솔깃해지고 자기도 모르는 사이 관심을 가지게 되는 것이다.

이런 가짜 뉴스는 단순히 선거 결과를 바꾸는 것뿐만 아니라 나라의 흥망을 결정짓기도 한다. 법을 정비하고 처벌을 강화하여 우리 사회에 가짜 뉴스가 발 붙이지 못하도록 만들어야 한다. 진실은 선전 선동이 필요 없다. 가짜 뉴스를 살포하는 세력들이 내세우는 논리 자체가 진실하지 않기 때문에 끊임없이 선전하고 선동하는 것이다. 더는 가짜 뉴스에 휘둘리지 말자.

朝鮮獨立新聞

社告

제 2 부

社長　男益善

14. 선전 선동

나치 독일 선전 선동의 귀재 괴벨스는 이렇게 말했다.

"거리를 정복할 수 있다면 대중을 정복할 수 있다. 그리고 대중을 정복하는 자는 국가를 정복한다."

대중들은 논리보다 감성적인 선동에 취약하다. 그 예가 반유대주의였다. 제1차대전 패전으로 인해 독일 국민들은 자신감을 잃고 침울함에 빠졌다. 막대한 전쟁배상금과 경기침체, 거리엔 실업자가 넘쳐나고 국민들은 정부를 원망했다. 여기저기 우후죽순격으로 각종 정당이 생겨나 국론은 갈기갈기 찢겼다.

이때 히틀러는 어려움의 원인을 유대인에게 돌리는 선동을 함으로써 정치적 목적을 달성해나갔다. 대중이 한번 선동되면 그것을 깨트리기 쉽지 않다. 나치의 선전상 괴벨스는 이것을 꿰뚫고 있었다.

"선동은 문장 한 줄로 가능하지만 그것을 반박하려면 수십 장의 문서와 증거가 필요하다."

나중에 자신이 선동당했음을 알게 된다 하더라도 이미 때는 늦는다. 선동에 취약한 사람들은 교육 수준이 낮고, 연령이 어리며, 사회에 불만이 많은 사람들로 알려져 있지만 꼭 그런 것만도 아니다. 지식 수준이 높고 나이가 많아도 자신의 정치적 성향에 따라 자발적으로 선동당하기도 한다. 나치 괴벨스의 선전은 독일 국민에게 먹혀들어 반유대주의 선동에 성공하였고, 민족우월주의를 내세운 제2차대전으로 이어졌으며 결국 600만 명 이상의 유대인이 처참하게 학살되었다.

모택동은 국민당을 대만으로 내쫓고 중국을 차지한 다음 1958년부터 5년간 대약진운동을 벌였다. 미국과 체제경쟁을 하던 소련을 보고 자신들도 경제 사회적 개발을 통해 미국과 영국을 따라잡겠다는 야심 찬 운동이었다.

七年超英 十五年赶美(칠년초영 십오년간미)
7년 안에 영국을 초월하고, 15년 안에 미국을 따라잡는다.

자기 형편을 살피지 않은 채 터무니없는 계획을 세워놓고 이를 수행하느라고 괴상한 정책을 잇달아 내놓았다. 대표적인 것이 토법고로, 제사해, 심경밀식이다.

토법고로(土法高爐)는 모택동의 철강생산 명령에 따라 중국 전역 농촌까지 각 인민공사 뒤뜰마다 만들었던 용광로다. 인민들은 생산 할당량을 채우기 위해 굴러다니는 쇠 쪼가리, 냄비, 자전거를 비롯 나중에는 농기구까지 집어넣었고 이를 녹이기 위해 닥치는 대로 산림을 벌목해서 땔감을 마련했다. 철기시대도 아닌 현대에 이런 일이 벌어졌다는 것이 우스꽝스럽지만 당시에는 공산당의 선전이 먹혀들어 반발할 수가 없었다. 결국 토법고로 운동으로 철을 생산해봤자 질이 낮아 사용하기 어려웠고 산림만 황폐화시키는 결과를 가져왔다.

제사해운동(除四害運動)은 말 그대로 해로운 네 가지를 없애는 것이다. 모택동의 지시 아래 전국농업발전강요(全國農業發展綱要)를 만들었다. 제27항을 보면,

"4가지 해로움을 없앤다. 1956년부터 각각 5년, 7년, 혹은 12년 내에 모든 지방에서 쥐, 참새, 파리, 모기를 절멸시킨다."

는 목표를 세우고 구체적으로 실행해나갔다. 농촌에서는 어른 아이 할 것 없이 모두 동원되어 참새가 잠시도 앉아 쉬지 못하도록 소동을 피워 탈진시켰다. 이렇게 잡아낸 참새를 수레에 싣고 거리 축제를 벌이기도 했다.

그러나 제사해운동은 어느 일면만 보고 벌인 것으로 전문가의 과학적 진단이나 검토가 없었다. 곡식 몇 알 쪼아먹는 참새가 밉다고 모두 때려잡고 나자 농사에 유해한 황충과 같은 벌레가 더욱 번성하여 곧 대흉년이 들고 말았다. 3년 대기근의 결과 중국 당국의 공식 발표로만 2천만 명 이상, 학계 추산 최대 6천만 명이 굶어 죽었고 심지어 배고픔을 이기지 못한 나머지 사람이 사람을 잡아먹는 식인 행위까지 벌어졌다.

심경밀식(深耕密植)은, 작물은 다른 동무와 함께 잘 자라며, 함께 성장하면서 더 편안할 것이다는 해괴한 논리로 밀어붙인 농법이었다. 땅을 깊이 갈고 작물을 빽빽하게 심으면 수확량이 늘어날 것이라는 생각과 달리, 공기 유통을 방해받고 병충해 발생이 늘어 흉년이 들고 말았다. 북한의 주체 농법도 비슷한 결과를 낳았다.

모택동이 추진했던 대약진운동은 실패로 끝나고 수천만 명의 사람들만 굶어 죽고 말았다. 그 뒤를 이은 유소기가 모택동의 노선을 비판

하고 등소평과 함께 실용주의 노선을 걸었다. 그 결과 경제는 빠르게 회복되었지만 모택동이 이를 두고 볼 리 없었다. 모택동은 사회에 대한 불만이 많았던 학생들을 이용하여 자신의 정적들을 수정주의자로 매도하며 처치해나갔다. 그 선봉에 섰던 학생들을 홍위병이라 부른다.

1966년부터 10년 동안 홍위병들이 날뛰며 자기를 가르치던 스승을 모욕하고 죽였다. 칭화대에서는 아인쉬타인의 상대성이론을 가르쳤다는 이유로 물리학과 학생들이 교수를 때려죽였다. 이뿐만 아니라 낡은 상, 낡은 문화, 낡은 풍습, 낡은 관습을 타파하고 혁명적인 새로운 문화를 건설한다는 명분으로 찬란했던 수천 년 문화유산을 때려 부수고, 고전 등 서책을 불살랐으며, 궁중요리를 전수하고 있던 요리사를 죽이고, 사회 전반을 공포 속으로 몰아갔다.

운동의 앞에 선 것은 어린 학생들이었다. 그들은 아직 경험이 일천하고 배움이 짧았지만 열정만은 누구보다 앞섰다. 모택동은 이를 교묘하게 이용하여 학생들을 자신의 홍위병으로 내세웠고 정치적 목표를 달성했다.

선전과 선동이 제대로 먹혀들었던 대표적인 사건이라 할 것이다. 그러나 중국은 홍위병이 눈에 핏발을 세우고 설쳤던 문화대혁명으로 인해 문화 경제적 후퇴를 맛보고, 세상 멍청한 운동이었음을 절감해야 했다. 아직도 비웃음의 대상이 되고 있다.

중국이 모택동을 옹위하고자 문화대혁명이란 광란의 파티를 벌이고 있을 때, 우리나라는 한일국교정상화로 경제개발자금과 기술을 어느 정도 확보하고 경제개발에 박차를 가하여 중국을 앞지를 수 있었다. 수천 년 세월 동안 중국의 변방국으로 조공을 바쳐왔던 우리가 드디어 중국을 추월하고 격차를 두었다는 것은 감격스러운 일이다.

만약 일각의 주장대로 박정희의 한일국교정상화를 반대하고 연일 시위를 거듭했다면 오늘날 우리가 있을지 상상하기 어렵다. 많은 정치인들이 박정희를 성토하고 반대할 때 김대중은 나라의 미래를 위해 한일국교정상화를 지지하고 나섰다. 덕분에 사쿠라, 친일파라는 소리를 들었지만 그가 보였던 행동은 용기있는 것이었다.

　우리 사회에는 선전 선동이 없는가. 선전은 어떤 집단의 주의나 주장, 사물의 존재, 효능 따위를 많은 사람이 알고 이해하도록 잘 설명하여 널리 알리는 일이다. 정부나 정당이 정책을 알리고 기업이 상품과 행사를 광고하고 홍보하는 것은 순기능에 속한다고 볼 수 있다. 반면 대중을 자극해 견해나 감정을 자신들에게 유리하게 끌어오는 프로파간다는 역기능에 속할 것이다.

　특히 극우든 극좌든 간에 이념적으로 치우친 집단, 그리고 선전의 가치를 높이 평가하고 적극적으로 활용하는 공산주의 국가에서는 선전을 담당하는 부서가 반드시 있다. 6.25 전쟁 당시 지리산에서 활동하던 빨치산들은 전기도 없고 물자가 부족한 그 어려움 속에서도 등사기를 이용해 선전물을 만들고 투쟁 동력을 끌어올리는 데 힘을 쏟았다. 뱀사골 계곡 천년송이 있는 와운마을로 가는 길 중간에 있는 석실이 그 흔적 가운데 하나다.

　작금을 돌아보건대 우리 사회에 선동을 위한 선전 활동이 활발하게 펼쳐지고 있음을 알 수 있다. 국민의 교육 수준이 높아지고 지적 향상을 이루어 쉽게 선동당하지 않을 것처럼 보이지만 현실은 다르다. 논리적 설득이 감성적 선동을 이기기 어려운 탓이다.

　멀리 바라볼 것도 없이 광우병, 사드, 후쿠시마 원전수 등 여러 선전 선동이 있었고 효과를 본 것도 분명 있다. 미국 미친 소를 먹으면 뇌에 구멍이 송송 뚫린다, 사드 전자파에 튀겨진다, 후쿠시마 원전수에 오염된 방사능 때문에 우리 수역에 있는 물고기가 오염된다는 선동은 이미 과학적으로 근거 없음이 증명되었다. 그럼에도 선동에 나섰던 세력은 사과하지 않는다. 그들은 과학적이고 논리적인 토론을 바라는 것이 아니라 그저 대중을 선동하여 정치적 목표를 달성하는 것이 더 중요하기 때문이다. 지금은 아마 다른 선동거리를 찾고 있을 것이다.

문제는 대중이다. 언제까지 선동당할 것인가. 대중 스스로 똑똑하다고 생각하겠지만 거짓에 선동당하는 한 우매한 대중일 뿐이다. 낡은 이념 따위에 매몰되어 대중이 변하고 깨우치는 것을 바라지 않는 세력에게 더 선동당하지 않기 위해서는, 대중이 각성하여 선동한 자들에게 그 책임을 반드시 물어야 한다.

15. 고향을 떠나는 청년들

저출산과 도시집중 현상으로 인해 지역이 소멸할 수 있다는 위기감이 높아지고 있다. 전라도는 이미 오래전부터 이런 상황에 처해 있었다. 너른 평야를 가진 전라도, 나라의 곳간 역할을 하지만 타지역과 비교해볼 때 상대적으로 공업시설이 부족하다. 그만큼 일자리가 적어 전라도에서 태어난 청년들은 서울로, 경기로, 부산으로 떠난다. 뒤늦게 지방자치단체가 나서 그들을 붙잡아두려 하지만 혼인 뒤에 병풍 치는 격이다. 떠날 사람은 다 떠났고 지금도 보따리를 싸고 있다.

산업혁명 이후 농업사회가 공업사회로 전환되는 과정에서 어떤 나라든지 탈농촌 현상을 겪어야 했다. 세계의 공장이라 일컫는 중국도 농촌에서 도시로 간 농민공의 숫자가 엄청나고 사회문제를 야기하고 있다. 우리만 겪는 문제가 아니라 해도 전라도의 경우 유독 그 정도가 심하다.

전라도는 예로부터 농사할 만한 땅이 넓어 나라의 곳간 노릇을 톡톡히 해왔다. 그러나 일제강점기부터 조선에 이식된 공업화는 전라도

보다 다른 지역에 집중되었다. 특히 1962년부터 시작된 경제개발 5개년계획은 탈농촌 현상을 가속화 했다. 누군가 전라도를 따돌리기 위해 일부러 그랬다고 보는 것은 지나친 억측이다.

미국에서 남북전쟁이 일어난 원인 가운데 하나는 농업 중심의 남부에서 필요한 노예를 공업이 발달했던 북부에서 폐지하려고 하였기 때문에 일어난 것이다. 북부는 남부의 노예를 해방하면 부족한 공장 노동자를 확보할 수 있다고 보았다.

프랑스도 남부는 농업이 발달하고 북부는 공업이 발달했다. 일본은 남부 해안가를 중심으로 한신, 기타큐슈, 게이힌 공업지역이 생겼고 동해와 접해 있는 곳은 주쿄 공업지역이다. 이처럼 각 나라는 실정에 맞는 산업을 육성하고 발전시켜 왔다.

그렇다고 해서 문제가 없는 것은 아니다. 공업지역은 인구가 많고 소득수준이 높지만 농업지역은 인구가 줄어들고 소득 또한 낮은 경우가 대부분이다. 프랑스는 도농 격차를 해소하기 위해 인구가 많고 소득이 높은 도시 지역에서 사회보험료와 소득세, 법인세를 많이 걷는다. 정부는 징수금을 사회로 환원하여 도농 격차를 줄여나간다.

또 시장에서 거래되지 않는 일자리, 즉 정부가 지원하는 일자리를 낙후된 지역에 많이 창출하여 인구를 유입하고 소득격차를 줄여나가고 있다. 6차산업이 발전하고 있는 지금에 와서는 농업이 중심이 된 지역도 공해를 유발하는 굴뚝산업 대신에 스마트 공장이 들어설 수 있다는 새로운 가능성을 보이고 있다.

근대화 과정에서 전라도가 낙후된 것은 사실이다. 그렇다고 이것을 남 탓만 하고 있어선 안 된다. 세계의 산업화 조류가 그러했다는 것을 인정한다면 꼭 전라도이기 때문에 소외되고 차별받았다는 논리가 성립하지 않는다. 전라도 사람 스스로 기업들이 찾아올 만한 여건을 조성하는 데 얼마나 노력을 기울였는지 돌아볼 일이다.

어떤 사람은 삼성이 전라도에 공장을 짓지 않고 경상도와 다른 지역에만 지었기 때문에 싫다고 한다. 삼성은 이윤을 쫓는 기업이기 때문에 여건이 좋은 곳에 공장을 지을 것이다. 과거엔 전라도의 인프라가 부족하여 공장을 지을 수 없었다 하더라도 중국과 교역이 늘어나 서해안 시대가 개막된 후에는 왜 짓지 않았을까. 삼성이 전라도에 대해 가진 배타적 감정 때문에 마음이 내키지 않았을 수 있다.

다른 지역 사람들이 전라도의 이념적 성향을 왼쪽으로 보는 한 기업 유치는 어려울 수밖에 없다. 극심한 노사분규를 감수하면서까지 어느 누가 기업활동을 할 것인가. 더구나 기업의 핵심 사항까지 알고 있는 전라도 출신 담당자가 그것을 온 세상에 까발리면서 뒤통수를 치는데 무엇이 예뻐서 공장을 지을 것인가 이 말이다.

지역소멸의 위기 속에서 오죽하면 전북 부안 군수가 방사성 폐기물 처리장소 유치에 나섰을까 싶다. 필자는 물론 방폐장을 유치하는 것이 옳으냐 그르냐에 대한 말을 하고자 함은 아니다.

2003년 부안 군수는 다른 지역에서 반대하여 마땅한 장소를 찾지 못하고 있던 방폐장을 바다 건너 위도에 유치함으로써 지역발전을 꾀하려고 했다. 하지만 일방적 추진이며 심각한 환경 문제를 일으킨다고 주장하는 반대 측이 집단행동에 나서 유치하지 못했다. 육지도 아닌 바다 건너 위도에 건설하자는 것에 사람들이 죽자고 달려들었다. 정작 위도 주민 다수는 건설에 찬성했던 것으로 알려지고 있다.

소동 끝에 결국 경주에 방폐장을 건설하는 것으로 마무리되었다. 경주는 병원, 발전소 등에서 사용한 방사성 장갑이나 부품 등을 보관하는 방폐장 건설을 유치하는 대가로 막대한 발전기금과 국책사업 시행을 이끌어냈다. 신라의 고도 경주도 관광객이 줄고 지역소멸의 위기감을 느끼고 있기는 마찬가지였다. 그 타개책으로 한껏 몸값이 오른 방폐장을 유치하여 지역발전의 동력으로 삼고자 했던 것이다.

사회운동을 직업으로 삼는 사람들은 지역이 발전되든 말든 큰 관심이 없고, 오히려 지역이 낙후되고 못 살아야 지속적인 투쟁과 운동을 해나갈 건수가 생긴다고 생각하는 듯하다. 낙후되고 차별받는 지역, 그 서운함과 원망을 사회운동으로 이끌 수 있기 때문이다. 또 선거철이 되면 불만에 가득 찬 지역민들이 한쪽으로 쏠린 투표를 하게 함으로써 수십 년이 지나도 변치 않는 공고한 정치적 기반을 유지할 수도 있다. 그야말로 악순환의 연속이다.

이런 일이 있었다. 진보 좌파 교육감으로 평가받던 전북 교육감이 삼성전자에 학생들을 취업시키지 말자 하고, 삼성이 제공하는 '삼성 드림 클래스' 교육사업을 거부한 일 때문에 지역이 시끄러웠다.

방학 기간을 이용해 전국 중학생들이 대학생들의 과외를 받고 여러 프로그램에 참여하는 것이 삼성전자가 지원하는 사업의 내용이었다. 대학생들에 대한 과외비를 삼성이 지원하니 지역 학생들은 공짜로 참여하는 것인데 교육감은 자신의 이념을 잣대로 사업을 재단했다. 전북의 학생들은 교육청이 공식적으로 반대 입장을 내놓음에 따라 개별적으로 신청할 수밖에 없었고 그 숫자는 보나 마나 다른 지역보다 적었을 것이다. 다른 곳은 교육청이 나서서 한 명이라도 더 보내려고 애썼을 테니까.

진보적 성향을 가진 교육감이라 하더라도 한 지역의 교육을 책임진

자리에 오르면 더는 이념에 좌우되어선 안 된다. 어찌 됐든 학생들을 잘 교육시켜서 삼성과 같은 기업에 한 명이라도 더 취업시키려고 노력해야 정상일 것이다. 내 자식과 같은 청년 학생들이 가장 선망하는 삼성에 입사하도록 하기 위해 때론 고개를 숙일 수도 있어야 한다.

그런데 이념에 치우친 교육감은 자기가 앞장서서 학생들을 삼성에 취업시키지 말자고 선동한다. 지역에서는 그것을 딱히 문제 삼는 것 같지 않고, 당사자도 어차피 다음 선거에서 또 밀어줄 것으로 생각해서 그러는지 오히려 뭐가 문제냐는 식이다. 이유가 무엇이든 이런 사람을 지지하고 뽑아준 전라도 사람이 문제이지 남 탓할 필요 없다.

삼성도 속마음은 전라도에 공장을 세우고 싶을 것이다. 노동력을 제공하는 배후도시가 많지 않다는 단점이 있지만 돈을 벌 수 있다면 허허벌판이라도 사람들이 모여들 테니 사실 단점이라 할 수 없다. 다른 지역보다 땅값이 저렴하고 대규모로 조성된 미분양 공단이 많으며 기업에 대한 지원도 꽤 쏠쏠하다는 것을 알면 공장을 세우지 않을 이유가 없다.

그런데, 삼성에 과거 노동조합이 없고 노동권을 보장하지 않았기 때문에 난 반댈세, 이런 이념적 논리로 무장한 사람들이 기를 쓰고 반대하고 나서지 않는단 보장이 어디 있는가. 분명 반대하고 나설 것이니 삼성은 그것이 두렵고 싫은 것이다.

"삼성 그까짓 거 없어도 지금까지 잘 살아왔다. 차라리 못 살지언정 삼성 유치는 결사 반대한다. 그냥 이대로 살다 죽으련다."

이런 사람들이 문제다. 삼성에 학생들 취업시키지 말라고 당부하는 사람들이 공장 유치를 찬성하고 나설 것이라고 기대한다면 그건 소가 웃을 일이다. 이 와중에 전라도에서 태어난 청년들은 먹고 살 일자리가 없어 계속 고향을 떠나고 있다. 노인들과 공무원들만 남아서 좋았던 시절을 회상한다. 누구 책임인가.

첫째, 산업구조의 변화에 따른 현상이었고,

둘째, 전라도 사람들의 치우친 이념적 성향 때문이다.

과거 전라도에 공장을 설립하는 것이 여건에 맞지 않았더라도, 이제 시대가 변하고 있기 때문에 전라도 사람들이 다른 지역보다 기업에 우호적이고 배타적이지 않다면 기업들은 제 발로 찾아올 것이다. 기업인들이 발붙이지 못하고 꺼리게 만든 책임은 전라도 사람들 자신에게 있다는 것을 인정하고 넘어가야 한다. 떠난 자식들이 일자리가 넘쳐나는 고향으로 돌아오도록 만들자.

16. 당쟁은 지금도 진행 중이다.

조선시대의 당쟁은 임금을 정점으로 하여 그 아래 신하들이 비공식 정파인 붕당을 이루어 정치적으로 대립했지만, 지금은 민주적 정당이 대통령과 국회의원 후보를 내고 다른 당과 경쟁하므로 수면 아래 존재했던 당파가 공식화된 것이라 볼 수 있다.

당쟁으로 인해 4대 사화와 몇 차례 옥사가 일어났는데 가장 많은 희생자를 낸 것은 기축옥사였다. 당시 집권 세력이던 동인과 이에 대항한 서인의 싸움은 임진왜란이 일어나기 3년 전에 정여립의 모반사건을 빌미로 불붙었다. 그 결과 사건의 주모자로 지목된 정여립과 많은 사람들이 죽거나 유배를 가게 되었다.

정여립은 전주 사람으로 홍문관 수찬을 지내고 선조의 눈 밖에 나서 낙향한 이후 대동계를 만들었다. 대동계는 매월 한 번씩 모여 활을 쏘고 정여립의 강론을 들었으며 음식과 술을 나눠 먹는 등 우의를 다졌다. 1587년 전라도 남해안으로 왜구가 침범하여 분탕질하는 정해왜변이 일어나자 전주부윤 남언경이 정여립에게 도움을 요청하였다.

이때 정여립은 대동계 무사들을 보내 왜구를 토벌시킬 정도로 계의 힘을 인정받고 있었다.

그러나 정여립이 역모를 꾀하고 있다는 고변이 조정에 접수된 후에 정세는 급변하였다. 동인들은 정여립이 올라와서 사실을 말해줄 것으로 기대했지만 토벌대에 쫓기다 진안 죽도에서 죽고 말았다. 선조는 서인이던 정철에게 위관을 맡기고 사건조사를 맡겼다. 이 과정에서 무려 1천여 명의 선비들이 죽고 말았는데 정여립이 실제 군사를 동원한 흔적도 없고 역모 고변도 허술하기 짝이 없었다. 고변만 있었을 뿐 구체적 정황증거가 발견되지 않았던 것이다.

임진왜란을 불과 3년 앞두고 조선 팔도를 들쑤셔서 말깨나 한다는 선비를 잡아 죽였으니 민심이 안정될 리 없었다. 다시 말해 인재의 씨를 말리다시피 나라의 힘을 스스로 소진하고 흉흉한 민심 속에서 임진왜란을 맞이한 것이다. 제대로 싸울 수 있겠는가. 부산포에 상륙한 왜군은 한양 도성까시 20일 만에 도달했다. 신립 장군의 저항을 빼면 사실상 무저항으로 훤히 트인 길을 봄바람 쏘이며 부지런히 걸었다는 표현이 맞을 것이다.

당쟁의 산물이 사화(士禍)와 숱한 옥사다. 상대를 굴복시키지 못하면 내가 죽기 때문에 죽음을 각오하고 나서야 했다. 조선에 과거 급제자는 넘쳐나고 관직은 제한적이었기 때문에 상대를 철저하게 짓밟아 놓아야 자기편 사람들이 부귀영화를 누릴 수 있었다.

그래서 모함과 중상모략이 판치게 되었고 조선은 내부로부터 곪고 썩어들어가서 결국 망하는 결과를 낳고 말았다. 나라를 살리는 당쟁을 한 것이 아니라 상대의 발목을 잡고 끌어내리는 당쟁을 했기 때문이다. 외적이 아무리 나라를 멸망시키려 하더라도 국민들 정신이 살아 있다면 쉽지 않을 것이다. 온갖 부정부패와 탐관오리들의 전횡에 못 견딘 백성들은 차라리 나라가 망하기를 바랐을지도 모른다.

1910년 한일병합이 되었을 때 팔도가 조용했던 이유다. 총칼 들고 분연히 일어나 일제와 맞서 싸우는 사람이 없었다. 어떤 사람은 말하길, 일본이 대한제국을 멸망시킨 것은 맞지만 어떤 점에서 스스로 자살했다고 보는 편이 옳다고 한다. 일본은 다 죽어가는 조선의 명줄을 끊어주었을 뿐이란 말이다.

대한민국 건국 이후 우리 정치를 보면 당쟁이 아직도 지속되고 있음을 알 수 있다. 오히려 시간이 갈수록 심해지는 느낌이다. 전두환 대통령 이후 5년 단임제가 시행되어 자유 우파와 진보 좌파가 번갈아 대통령을 내기도 한다. 외형적으로 보면 아무런 문제가 없고 아름다워 보이는 민주정치인데 그 속을 들여다보면 꼭 그렇지도 않다.

당선된 대통령이 임기 동안 나라를 발전시키도록 일단 믿어주고, 그렇지 않다고 판단되면 다음 선거에서 바꾸면 된다. 임기제가 없었던 왕조시대와 달리 임기제는 일종의 탄핵제도라고 봐도 무방하다. 그런데 그 5년을 참지 못해서 당선되자마자 어떻게든 탄핵할 빌미를 찾기 위해 노력한다. 이것을 과연 민주주의라고 할 수 있을까. 선거 결과에 승복하지 못하고 도중에 끌어내려야겠다는 생각을 가지고 있다면 민주주의를 논할 자격이 없는 것이다. 한 마디로 자기 마음에 들어야 민주주의라고 생각하는 주관적 민주주의일 뿐이다.

우리 당이 비록 선거에 졌지만 다음에는 우리가 더 잘 할 수 있다는 것을 보여주자는 생각을 하는 것이 아니라, 저쪽 당이 잘하지 못하도록 발목을 잡아 사회를 혼란 속으로 밀어 넣자는 생각을 가지고 있는 듯하다. 그렇지 않고서야 나라 꼴이 이처럼 혼란스럽지 않을 것이다. 세계는 자국의 이익을 위해 치열한 경쟁을 하고 곳곳에서 전쟁이 벌어지고 있다.

이런 와중에 우리는 상대 당이 잘하는 꼴은 도저히 볼 수 없다는 듯 끌어내리고 있으니 답답한 노릇이다. 마치 통 속의 게를 보는 것처럼 안타깝다. 다른 게가 통 밖으로 나가는 것을 용납하지 못하고 끌어내리는 게, 결국 그들은 통을 탈출하지 못하고 모두 죽고 만다.

정당의 목표는 정권 창출에 있다. 정권을 잡아 그들끼리 자리를 나눠 앉으며 잘 먹고 잘살자는 것이 아니라 나라와 국민을 위해 정권을 잡는 것이다. 그런 목표는 각 정당의 강령에 수록되어 있다.

그런데 왜 이다지도 혼란스러운지 한탄스럽다. 우리가 제대로 처신하지 못하고 계속 상대를 끌어내리는 싸움을 한다면 다른 나라로부터 민족성이 본래 그렇다는 비웃음을 살 것이다. 지역으로 나눠서 다투고, 이념으로 다투고, 학벌로 다투고, 남녀로 다투고, 빈부로 다투고, 종교로 다투고, 세대를 나누어 다투고, 심지어 개를 가지고도 다툰다. 다툼과 논쟁이 사회발전을 위하고 건강한 것이라면 얼마나 좋을까.

사회가 이렇게 된 원인은 우리 자신에게 있다. 우리가 그런 정치인을 뽑아서 국회로 보내고, 나라를 살리는 당쟁이 아니라 망하는 당쟁을 하도록 만든 것이다. 그야말로 '초당 삼간이 다 타도 빈대 죽는 것만 시원하다.'는 속담이 딱 들어맞는 격이다. 정치인의 수준은 곧 국민의 수준이다. 똑똑한 국민들 앞에서 정치인이 거짓말과 교묘한 술수를 부릴 수는 없는 일이다. 그랬다간 다음 선거에서 낙선할 테니까.

이제 국민들이 지역으로 나눠 다투지 말고 썩은 정치인을 도려내자. 전라도 사람도 대한민국 국민이고, 경상도 사람도 대한민국 국민이다. 작은 것을 지키려다 큰 것을 잃게 된다. 필자는 경상도 사람들이 먼저 변하는 모습은 자존심 상해서 못 보겠다. 전라도가 먼저 변해서 지역주의에 기댄 정치인, 썩은 정치인을 더는 뽑아주지 말고 상대 당 후보가 좋은 일꾼이라면 그를 뽑아주어서,

"역시 전라도 사람들이 앞서가네."

칭송 좀 들어보자. 이렇게 되면 어딜 가든 전라도 사람이 차별받지 않고 환영받게 될 것이다.

17. 태극기는 휘날리지 않는다.

국경일에 태극기를 내거는 집이 과거보다 확연하게 줄었다. 누구는 국경일이라고 해서 일제히 태극기를 내거는 것이 바로 전체주의적 사고방식이라고 한다. 나름대로 일리 있지만 꼭 그래서인 것만은 아닌 듯하다. 전체주의보다 개인주의가 극도로 발달한 미국은 왜 성조기를 내건 집이 많을까. 그들은 성조기를 사랑한다. 그들보다 나라 사랑의 마음이 뒤질 리 없는 우리 국민들에게 태극기를 사랑하느냐고 물어보자. 아마 태극기가 왜 우리 국기가 되어야 하느냐는 뜻밖의 답을 듣게 될지도 모른다. 바로 이 부분을 이야기하고 싶다.

태극기 사랑이 식은 이유는, 태극기를 만든 인물로 알려진 박영효가 훗날 친일행위를 했으므로 왠지 꺼림칙하게 느껴지고 태극기의 정체성까지도 의심하게 되었기 때문이다. 태극기와 친일파 박영효를 연결시킴으로써 집요하게 정체성 문제를 파고든 세력은 다름 아닌 진보좌파 쪽 사람들이었다. 과연 어디까지 사실일까.

우리가 국기의 필요성을 인식하게 된 것은 미국과 수호통상조약을 맺을 때였다. 1882년 5월 22일 조미수호통상조약을 체결한 후에 우리 측 전권부사 김홍집은 청나라 외교관 마건충과 마주 앉았다(고종시대사 11. 고종19년(1882년) 4월 6일(음, 양력 5월 22일)).

마건충은 조선이 미국과 조약을 체결할 수 있도록 청나라 입장에서 실무적인 것을 많이 도운 사람이다. 그가 말했다.

"지금 한 가지 일을 알리니 귀국은 먼 곳의 사람에게 보이기 위해 국기가 없어서는 안 됩니다. 지난번 이응준(李應浚)이 국기의 형식을 소매에 넣고 도착하였는데 일본과 조선의 국기 형식이 서로 섞였으니 도대체 어떻게 된 것입니까? 지난번에 황 참찬이 귀국하여 당연히 중국의 용기(龍旗)를 사용해야 한다고 저에게 보여주었으나 역시 편하지 않은 것 같습니다."

"이 논의가 진실로 그렇다면 다시 밝은 가르침을 바랍니다."

황 참찬은 조선책략을 써서 조선의 외교 방향을 제시한 황준헌을 말한다. 그가 일본에 있을 때인 1880년 일본을 방문한 수신사 김홍집에게 조선책략을 주었다. 황준헌은 여전히 조선을 청의 속방이라고 생각하여 그들이 사용하는 용기를 국기로 써야 한다고 여겼던 것이다. 마건충과 김홍집은 왕의 입는 복식, 어떤 색을 숭상하는지 등에 대해 의견을 나누었다. 중요한 것은, '지난번 이응준이 국기의 형식을 소매에 넣고 도착하였는데 일본과 조선의 국기 형식이 서로 섞였더라.'는 부분이다.

지난번은, 5월 11일 조약체결의 전권을 위임받은 신헌과 김홍집, 그리고 신헌의 아들 신석희와 손자 신덕균이 공식적으로 미국 군함을 방문할 때 통역 이응준이 이들을 수행했던 것을 말한다. 이응준은 역관으로서 각국의 사정에 대해 누구보다 잘 알고 있었다.

미 해군은 수병들을 도열시켜서 조선의 협상단을 맞이했고 예포까지 울렸다. 식사를 마친 후에 신헌과 김홍집은 미국 협상대표 슈펠트의 정중한 영접을 받았다. 공식적으로 양국 대표단이 마주 앉기 전 이응준이 소매 속에 소중히 간직하고 있다가 꺼낸 것이 바로 조선의 국기였다. 양국의 국기를 테이블 위에 놓고 대표단이 협상을 시작한다는 관례를 알고 있었던 것이다.

마건충은 이응준이 꺼낸 국기가 마음에 들지 않았다. 그 이유는 조선이 중국의 속방이라는 생각을 가지고 있기 때문이었다. 황준헌이 중국의 용기를 쓰라고 했던 것도 같은 이유에서였다.

그러나 미국의 생각은 달랐다. 조선을 독립국으로 인정하여 맺는 조약에 청국의 국기를 사용할 수 없었다. 미국 대표단은 조선에 독자적인 국기가 있어야 한다고 말했고 전권을 가진 신헌과 김홍집의 지시에 따라 국기를 만들었던 것이다. 여기서 통역관 이응준이 국기를 직접 그려 가지고 왔는지, 소매에서 꺼내기만 했는지는 알 수 없다. 분명한 것은 미국과 수호통상조약을 맺을 당시 우리 대표단이 국기를 제작했고 그것을 공식적으로 사용했다는 점이다.

혹시 청나라 사람 마건충이 보기엔 백색 바탕에 그린 동그란 원이 태양을 상징하는 일본 국기와 비슷하다고 여겨졌을지도 모른다. 조선이 중국의 영향에서 벗어나 일본과 가까워지는 것은 아닐까 하는 의심도 들었을 것이다. 그래서 김홍집에게 국기를 새로 만들어보라고 권유했던 것이다.

마건충이 말했다.

"깃발의 형식은 의논하여 정하였으니 모두 북양대신에게 자문을 보내는 것이 타당할 것입니다."

북양대신은 청의 실권자 이홍장이다. 두 달 후 임오군란이 일어나고 그 배후로 의심받는 흥선대원군을 납치해서 청으로 끌어가도록 지시한 인물이다. 그에게 자문을 구해 조선의 국기를 만들자는 말에 대해 김홍집은 한 걸음 뺐다.

"오히려 상세하게 상의하여 정해야 하니 천천히 자문으로 요청하는 것이 좋습니다."

외교에서 사용되는 언사는 상당히 정중하고 예의 있는 표현을 쓴다. 그런 점에서 김홍집의 말은 사실상 거절이라고 봐도 좋을 것이다. 미국과의 조약체결에 독자적 국기를 사용한 이상 중국을 따를 필요가 없었다. 조선의 개국이 일본보다 늦기는 했지만 청에 영선사를 보내 신무기를 비롯한 서구문물을 접하도록 했고, 일본에 수신사를 보내 앞선 제도와 발전상을 보고 오도록 했다. 이런 형편에 조선이 독자적 국기의 필요성을 몰랐을 리 없다.

슈펠트 제독은 청의 북양대신 이홍장이 '조선은 청의 속국'이란 말을 조약문에 넣을 것을 집요하게 요구했지만 거부했다. 그래서 슈펠트 제독은 청과 일본을 오가며 조선의 특수한 형편을 알아보고 조약을 체결할 때,

"조약체결 시에는 양국의 국기가 필요하니 조선도 국기를 만드는 것이 좋겠다."

고 말한 것이다. 국기는 단순한 깃발이 아니라 한 나라의 자주성을 대외적으로 나타내는 상징이다.

해군은 깃발을 중요하게 생각한다. 군함은 한 나라 영토로 인정받기 때문에 자국 국기를 게양하고 항해하며 불의의 사건이 발생할 경우 국기 게양 여부를 문제 삼기도 한다. 투묘할 때, 항해할 때, 정박할

때, 훈련 중일 때 게양하는 깃발이 서로 다르다. 군함은 배에 깃발을 관리하는 사람이 따로 있고 상황에 맞는 깃발을 게양함으로써 자신의 의사를 표시한다.

1875년(고종 12) 일본 운양호가 접근하여 병력을 상륙시키자 강화도 초지진에 있던 조선군이 대응하고 나섰다. 양측의 포격전과 육상전투로 조선군은 35명이 전사하고 16명이 포로로 잡혔지만 일본은 경상자 2명만 냈을 뿐 피해가 없었다. 그럼에도 일본은 전권대신을 보내서 항의하고 나섰다.

"운양함에 있는 세 개의 돛에는 다 국기를 달아서 우리나라의 배라는 것을 표시하였는데 어째서 알지 못하였다고 말합니까?"

"그때 배에 달았던 깃발은 바로 누런색 깃발이었으므로 다른 나라의 배인 줄 알았기 때문입니다. 설령 귀국의 깃발이었다고 하더라도 방어하는 군사는 혹 모를 수도 있습니다."

"본국 깃발의 표시는 무슨 색이라는 것을 벌써 알렸는데 무엇 때문에 연해의 각지에 관문(關文)으로 알려주지 않았습니까?"

일본은 운양호 사건의 책임을 조선에 떠넘기고 이듬해 강화도 조약을 체결할 것을 강요했다. 이처럼 바다를 항행하는 군함과 상선에게 있어 국기는 매우 중요한 것이다.

미 해군 슈펠트 제독은 조선이 내건 국기를 스케치하여 본국에 보고하도록 했다. 조미조약이 체결되고 불과 두 달 후인 1882년 7월 19일 미 상원은 해군성(Navy Department)이 발간한 '해양 국가들의 깃발(Flags of Maritime Nations)'이란 책자를 3천 부 제작하여 각 기관에 배부하기로 결의했다.

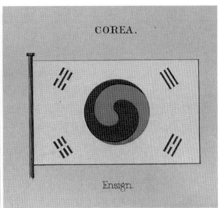

　바로 이 책자에 청나라 용기와 함께 조선의 국기가 수록되어 있는데 괘의 좌우가 바뀌긴 했어도 태극무늬와 4괘는 태극기의 원형이라고 볼 수 있을 것이다.

　이태진 서울대 명예교수는 워싱턴 국회도서관에 소장되어 있던 슈펠트 문서 상자 속에서 역관 이응준이 소매 속에 소중히 간직하고 있다가 꺼낸 태극기의 원형을 찾아내고 학계에 보고했다. 정리하자면 태극기는 1882년 5월 22일 조미조약 체결에 사용되었고, 두 달 후인 7월 19일 미 해군성이 발간한 책자에 수록되었다는 것을 알 수 있다. 그러므로 1882년 8월 수신사로 파견된 박영효가 태극기를 처음 그려서 사용했다는 말은 재검토해볼 여지가 있다.

　"수신사 박영효가 일본으로 향하던 중 명치환 선상에서 그 선장 영국인과 상의하고 각국의 국기를 참고하여 태극기 대중소 3본을 만들고 그 소본과 함께 국기를 새로 제작한 사실을 군국기무처에 보고하

다." (고종시대사 2집. 고종 19년 8월 22일)

당시 우리 정부는 국기를 공식적으로 제정한 일이 없었기 때문에 통일된 국기의 모양이 없었다. 1883년 태극기를 국기로 제정하고 공포했지만 그 형태를 제대로 알고 있는 사람이 드물었다. 그래서 1919년 3.1 운동 때 쓰인 태극기도 제각각이었던 것이다.

박영효는 공식 외교사절의 입장에서 석 달 전 체결된 조미조약에 사용된 국기의 형태를 알고 있었을 것이다. 다만 그것을 그대로 사용해도 좋을지 몰랐기 때문에, 각국의 국기에 대해 해박한 지식을 가지고 있는 영국 영사 아스톤, 영국인 선장과 상의해서 국기를 손 본 것이었다.

이응준의 태극기와 박영효의 태극기는 괘의 위치에서 약간의 차이만 보이고 있을 뿐 보고 베꼈다고 생각해도 좋을 정도로 흡사하다. 다시 말해 1882년 5월 이응준의 태극기가 조미조약에 사용되고, 7월 미 해군성 책자에 수록되었으며, 8월 박영효의 태극기가 수신사에 사용되었던 것이다. 박영효가 태극기를 처음 만들었다고 보기 어렵다.

중요한 것은 누가 태극기를 만들었느냐가 아니다. 백 보 양보해서 설령 박영효가 태극기를 만들었다손 쳐도 그때 그는 개화파였다. 조선을 시급히 개화시켜 문명국으로 만들어야겠다는 신념에 가득 차 있었던 사람이었다. 문제 삼을 필요가 없다는 말이다.

그리고 태극기는 독립운동의 상징이었다. 3.1 운동 때 독립을 소망하는 조선인들이 전국에 태극기 물결을 만들었다. 윤봉길 의사는 태극기 앞에서 수류탄을 들고 목숨 바칠 것을 맹세했다. 조국이 광복되었을 때 사람들은 태극기를 흔들며 목이 터져라 대한독립 만세를 외쳤다.

해방 후 1946년 2월 북한에 들어선 북조선인민위원회는 사실상 정부와 다름없었다. 그들도 1948년 7월 태극기를 폐지하고 인공기로 교체할 때까지 태극기를 국기로 사용했다. 다시 말해 북한은 태극기에 무슨 문제가 있어 교체한 것이 아니라 공산국가로서 붉은 별이 들어간 새로운 국기가 필요했기 때문에 인공기를 내세운 것뿐이다.

그리고 6.25 전쟁이 터졌을 때도 적을 물리친 고지에 태극기를 게양했고 죽은 전우에게 태극기를 덮었다. 민주화 시위 과정에서 태극기는 대열의 앞에 섰고 희생자가 생기면 태극기로 그를 추모했다. 태극기는 단순한 국기가 아니라 우리 민족의 독립과 전쟁, 그리고 민주화 투쟁 과정을 모두 담고 있는 민족혼이요 정체성이다.

그런데 사회 일각에서 태극기와 친일파 박영효를 연결하여 정체성을 흔들고 국민들의 마음을 분열시키고 있다. 국민들이 친일에 대해 알레르기적 반응을 보인다는 것을 알고 교묘하게 조합해서 대한민국의 상징인 태극기를 흔들고 정체성에 혼란을 불러일으키는 것이다. 태극기가 아닌 한반도기를 달자는 사람도 있는 것을 보면, 그들의 선동이 어느 정도 먹혀들어서 국경일에 태극기를 게양하는 집이 줄어들고 있다고 봐야 한다.

전라도는 나라 사랑의 정신이 투철한 지방이다. 다른 지역에 앞서 태극기 게양 운동을 벌이면 그동안 전라도에 덧칠해진 좌파의 이미지를 상당 부분 퇴색시킬 수 있으리라고 생각한다. 앞장서서 태극기를 달고 전라도 전역에 태극기가 휘날리도록 만들자. 그 감동적인 태극기의 물결과 바람은 전국과 해외로 번져나갈 것이다.

18. 애국가와 임을 위한 행진곡

    광복절은 일본의 식민치하에서 해방된 날로 한민족이라면 누구를 막론하고 뜨거운 포옹을 하며 기뻐하는 날이다. 광복에는 좌도 없고 우도 없다. 그저 한마음으로 경축하고 즐거워하면 되는 것이다.

    그런데 어찌 된 일인지 광복절 경축행사장에서 '임을 위한 행진곡'이란 노래를 제창하고 이를 부르지 않는다고 하여 문제 삼는 일이 벌어졌다. 한발 더 나아가 어떤 행사장에서는 애국가 대신에 임을 위한 행진곡을 부를 것이라 하고, 심지어 이 노래를 새로운 국가로 삼아야 한다는 주장까지 나왔다. 도대체 애국가에 무슨 문제가 있기에 자신 있게 부르지 못하는 것인지 알아볼 필요가 있다.

    애국가는 안익태가 작곡한 것인데 친일인명사전에 등재된 친일행위자라는 주장 때문에 그 불똥이 애국가로 튀고 말았다. 친일이라고 하면 진저리를 치게 되는 국민정서상 왠지 애국가가 오염된 듯한 느낌을 가진 사람도 적잖을 것이다. 한 마디로 애국가의 순결성이 크게 훼손받게 되었다는 말이다.

생각해 보자. 친일이란 도대체 무엇인가? 이에 대한 명확한 기준 없이 범위를 확장시키면 그 시대를 살았던 사람치고 친일행위자란 굴레를 쉽게 벗지 못할 것이다. 해방 후 친일 반민족행위자를 처벌하기 위하여 만든 법이 반민족행위처벌법이다. 법이 제정된 1948년은 해방된 지 불과 3년밖에 되지 않았으므로 저간의 사정을 훤히 알고 있을 때였다. 누가 친일판지 누가 반민족행위자인지 감추려야 감출 수가 없었다.

그러므로 반민족 친일행위자의 범위는 반민특위에서 정한 것을 따르는 것이 가장 무난하다고 할 것이다. 더구나 반민특위활동을 적극적으로 벌인 의원들 중 몇 명은 나중에 남로당으로부터 공작금을 받고 프락치 활동을 했다는 혐의로 기소된 사람까지 포함되어 있었고, 주로 소장파 의원들이 중심을 이루었기 때문에 친일 반민족행위자 처벌에 적극적이었다. 그들이 어떤 사람을 반민족 친일행위자로 지목하지 않았다면, 그 사람은 친일파가 아니라고 봐도 무방하다. 사정을 잘 모르는 후세 사람들이 친일파 딱지 붙이는 것을 극도로 조심해야 된다는 말이다.

반민특위는 전국적인 조사를 통해 친일 반민족행위자를 색출하였는데 작곡가 안익태는 그에 해당하지 않았다. 오히려 애국적 독립운동에 나선 인물이었다. 그는 1906년 평양에서 태어나 일찍 개화되었던 부친의 영향으로 12세부터 서양 음악과 바이올린을 접할 수 있었다. 일본과 미국에서 음악 교육을 받고 바이올린은 물론 작곡과 지휘까지 할 수 있게 되었다. 당시 조선인으로서 구미까지 가서 음악 활동을 하며 명성을 떨치는 안익태는 민족의 자랑이었다.

독립운동에는 여러 가지 방법이 있다. 무조건 총을 들고 나가는 방

전라도가 변해야 나라가 산다

법, 그리고 자신이 가진 직업과 재능에 따라 다양한 방법으로 직접 운동하거나 지원하는 것이다. 기업인은 민족자본을 일궈 운동자금을 대고, 체육인은 열심히 운동하여 그 이름을 떨치고, 예술인은 한민족의 예술성을 드높이고, 농부는 열심히 일해 처자식을 건강하게 부양하고, 종교인은 조선인의 정신이 일본의 신도에 물들지 않도록 계몽하고, 학생은 열심히 공부하여 민족적 자질을 기르는 것 또한 바로 애국이요 독립운동이라고 할 것이다.

꼭 총칼을 들고 적과 싸워야만 독립운동이 아니다. 무력투쟁은 속이 시원할지 모르나 일회성으로 끝나기 쉽고 적의 보복으로 인한 피해도 상당하기 때문에 불필요한 무력투쟁은 오히려 투쟁동력만 소진시킬 뿐이다. 그래서 도산 안창호는 틈날 때마다 "힘을 기르소서, 실력을 키우소서." 목이 터지도록 외쳤던 것이다. 어느 한 가지 분야에서 일본인을 압도하는 능력을 갖추어 조선의 기개를 떨치는 것도 독립운동이다. 무수히 많은 조선의 민중이 묵묵히 제 역할을 해내지 못한다면 독립운동은 공염불에 지나지 않고 총칼을 마련할 자금도 나오지 않는다.

안익태는 음악인으로서 국제무대에 조선인의 명성을 떨쳤고 애국가를 작곡하여 바침으로써 독립운동을 하였다. 독립운동가들은 애국가를 부르며 눈물을 적셨고 비장한 마음으로 항일운동에 나섰다. 1938년 스페인 바르셀로나에서 초연된 '코리아 환상곡'은 세계적으로 알려져 있지 않았던 한국 음악의 정서를 잘 표현한 곡으로 큰 주목을 받았다. 합창은 대부분 우리말로 부르도록 할 만큼 안익태는 단순한 음악인이 아니라 한민족의 자긍심을 대표하는 예술가였다.

'조선이 낳은 세계적 작곡가겸 지휘자'

이것이 당대 조선인들이 바라보는 안익태였다. 그는 일본에게 핍박받던 조선인들에게 희망이 되고 자부심을 갖게 만들었다.

안익태는 작곡하거나 오케스트라를 지휘할 때 민족의 정체성을 잃지 않았고 한국의 전통 음악과 정서를 유럽인들에게 소개하는 데 노력을 기울였다.

일제는 문화예술인들이 독립운동에 끼치는 영향을 익히 알고 있었기 때문에 조선의 문화예술이 대중에게 퍼지지 못하도록 제한하고 차단하였다. 특히 안익태의 애국가가 조선인들의 마음을 움직이고 뭉치게 만드는 원동력이라 보고, 그가 작곡한 대한애국가를 불허가 출판물로 분류하였다(경성지방법원 검사국문서. 조선출판경찰월보 제91호. 불허가 출판물 목록(3월분). 1936년(소화 11)).

이에 대항하여 우리 임시정부는 1940년 국무회의에서 안익태 작곡 애국가를 정식으로 사용하기로 의결하였다. 해방 전부터 좌우를 아우르는 국가(國歌)로 널리 알려진 애국가, 만일 안익태가 친일파라면 임시정부가 애국가를 국가로 채택했을 리 없다.

그러나 남북이 분단되고 남쪽에 대한민국, 북쪽에 조선인민공화국이 들어섬으로써 애국가는 대한민국에서만 불리는 국가가 되고 말았다. 북한은 해방된 후에도 2년 넘게 애국가를 잘 부르다가 1947년 북조선인민위원회에서 조선민주주의인민공화국 국가(國歌)를 따로 제정하였다. 그때부터 북한은 애국가를 버렸다. 애국가에 무슨 문제가 있어서가 아니라 공산화되었기 때문에 새로운 국가를 제정한 것뿐이다. 웃기는 것은 조선민주주의인민공화국 국가에서 '삼천리 아름다운 내 조국' 이란 가사가 최근에는 '이 세상 아름다운 내 조국' 으로 개사 되었다는 점이다. 김정은이 통일을 부정하고 남북간 민족관계를 폐기하는 데 방해가 되는 가사라고 여겼기 때문이라고 생각된다. 삼천리도 필요 없고 통일도 필요 없고 분단된 상태로 자기들끼리 공산주의의 길을 계속 가겠다는 뜻이다.

 일제강점기 암흑시대를 살던 문화예술인들이 자신의 예술세계를 포기하지 않고 유지하기 위해서 일제의 요청에 협조하는 일이 없었던 것은 아니다. 시인이 찬양시 몇 편을 쓰고, 미술인이 그림을 몇 점 그리고, 음악인이 몇 곡을 작곡했다 해서 모두 친일파라고 볼 수는 없을 것이다. 때론 살기 위해서, 때론 자신의 활동을 위장하기 위해서, 때론 작은 것을 해주고 더 큰 것을 얻기 위해서 그리했을 수도 있다. 그 당시로 돌아가지 않는 한 도대체 왜 그런 행동을 했는지 알 수 없지만, 같은 시대를 살았던 사람들과 해방 이후 활동한 반민특위에서 친일 반민족행위자로 지목하지 않았다면 그는 친일파가 아니라고 봐야 한다.

 우리가 자랑해 마지않는 현대 무용가 최승희 경우를 보자. 그녀는 서울에서 태어나 일본에서 무용을 배웠다. 귀국한 후부터 우리 전통춤을 현대 무용에 접목하였다. 보살춤, 평양검무, 초립동과 같은 춤을 보면 감탄이 절로 나올 정도로 사람을 푹 빠져들게 만든다.

 1930년대 미국과 유럽, 남미 등으로 세계 순회 공연을 할 때 어니스트 헤밍웨이, 장 콕토, 게리 쿠퍼, 찰리 채플린, 파블로 피카소, 로버트 테일러 등 당대의 저명인사들이 그녀의 공연을 보러 오기도 했으며, 1938년 파리에서 초립동 공연이 끝난 뒤 파리 여인들 사이에서 초립동 모자가 열병처럼 유행으로 번질 정도였다. 한 마디로 최승희는 조선이 낳은 최고의 무용가였다.

그러나 안타깝게도 그녀의 남편 안막은 사회주의 문예 운동을 하던 사람으로 투철한 사회주의자였다. 두 사람은 광복 이후 월북하였고 남한에서는 최승희가 월북 무용가라는 이유 때문에 오랫동안 그 이름이 잊히고 말았다. 월북 초기 승승장구하는 것처럼 보이던 최승희와 안막은 결국 북한에서 숙청되어 남북이 버린 무용가 취급을 받았다. 지금은 최승희를 재평가하고 당대 아시아 현대 무용의 선구자요 한국의 이사도라 던컨이라 일컫고 있지만.

이러한 최승희도 민족문제연구소의 잣대로 보면 친일무용가에 불과할 뿐이다. 최승희는 1940년 해외공연을 마치고 돌아온 후 일본 궁성, 메이지 신궁, 야스쿠니신사를 참배하고 무용보국을 맹세했다. 그리고 일본 국민일보와의 인터뷰에서 이렇게 말했다.

"구미 공연 때 마음이 든든한 것은 위대한 일본의 국력 덕분이었는데 새삼 조국에 감사하는 마음을 강하게 가졌어요."

최승희가 말한 조국이 물론 일본임은 말할 필요도 없다. 해외에서 얻은 공연수익금을 국방헌금으로 내고 그녀의 춤에서 일본 춤의 비중이 늘어났다. 또 대륙전선의 병사들을 위한 위문 공연을 무려 130여 차례나 했으니, 친일시 몇 편 쓰고 노래 몇 곡 작곡하고 감투를 얻어 썼다고 해서 친일파로 낙인찍힌 사람들이 억울할 정도다. 그녀는 거물 친일 예술인이었다고 할 수 있겠다.

그러나 북한은 최승희를 받아들이고 친일파 딱지를 붙이지도 않았다. 북한에서 친일파란 자신들의 정책에 협조하지 않는 사람들이 해당한다. 친일행위를 했더라도 공산주의 정책에 협조하면 선전 선동의 도구로 잘 써먹었기 때문에 친일파가 아니었다. 최승희는 남편 안막이 먼저 숙청되고 뒤이어 종적을 감추고 말았다. 더는 써먹을 가치가 없었던 것이다.

나는 예술인에게 딱지 붙이는 것을 반대한다. 최승희는 일제에 협조했을지언정 조선의 딸이었고 세계에 자랑할 만한 무용가였다. 그리고 북으로 월북했더라도 공산주의자는 아니었다. 자신의 부귀영화를 위해 나라를 팔아먹고 동족을 괴롭힌 사람이 친일파인 것이지, 살기 위해 어쩔 수 없이 그들이 시키는 대로 춤을 춘 것이 무슨 친일이란 말인가.

애국가를 작곡한 안익태도 마찬가지다. 그는 음악인으로서 애국가를 작곡하여 민족 앞에 바쳤다. 그리고 해외에서 활동하기 위해서, 단원들의 생계를 책임지기 위해서, 자신의 음악적 역량을 더 키우기 위해서, 때론 공연의 성격상 어쩔 수 없이 지휘 곡목에 포함된 기미가요를 공연했을 뿐이다. 친일파가 아니었다. 친일파라면 국내 또는 일본으로 들어와 호의호식하며 살았을 것이다.

당시 조선 사람 누구도 최승희를 친일파로 생각하지 않은 것처럼, 안익태 또한 자랑스러운 조선인이었다. 그렇기 때문에 일제강점기 항일운동을 하던 사람들은 애국가를 부르며 독립의지를 되새겼고, 6.25 전쟁에서 군번 없는 학도병도 애국가를 불렀다. 어디 그뿐인가. 스포츠로 세계대회에서 입상한 우리 선수를 지켜보는 국민들은 웅장하게 울려 퍼지는 애국가에 가슴 뿌듯함을 느껴왔다. 이처럼 애국가는 대한민국을 하나로 묶어주는 대표적인 매개체다. 만약 광복 후에 남북이 분단되지 않았더라면 안익태 작곡 애국가는 별다른 문제가 없었을 것이다.

그런데 친일 청산을 반대 정파와 싸우는 이념적 무기로 사용하는 경우에는 엉뚱한 문제가 발생한다. 먼저 살펴본 태극기 문제, 그리고 애국가가 그렇다고 볼 수 있다. 태극기와 애국가는 대한민국의 정통성을 상징하는 것이다. 대한민국을 탐탁치 않게 생각하는 사람들은 그 정체성에 손상을 주기 위해서 국기(國旗)와 국가(國歌)를 친일에 연결시킴으로써 국민들이 멀리하도록 만든다. 학교에서 이념적 성향을 가진 선생들이 잘 모르는 학생들에게 넌지시 일러주면, 애국가를 부를 때마다 머릿속에서 친일파가 작곡한 애국가란 생각이 떠나지 않을 것이다.

그렇다면 친일행위를 가지고 민족 정통성을 흔드는 문제가 왜 대한민국에서만 일어날까. 북한에서 제2의 국가(國歌)로 불리는 '김일성장군의 노래' 작사자는 이찬 시인이다. 그는 조선프롤레타리아예술동맹(KAPF)의 중앙위원을 역임할 정도로 사회주의 문인이었지만, 1944년 일제를 위해 학도지원병을 응원하는 '송 출진학도'란 시를 발표하여 친일 문인으로 변신하였다. 우리 같으면 친일파가 작사한 노래를 교과서에서 당장 지우라고 야단법석일 것이다. 그러나 북한에서는 친일 문인 이찬이 작사한 노래를 계속 부르고 있다.

애국가를 가지고 친일 논쟁을 벌이는 것은 아마 조선인민공화국의 정통성을 흔드는 것보다 대한민국의 정통성을 흔드는 것이 더 중요하게 생각되어서가 아닐까.

이제 임을 위한 행진곡이다. 이 노래는 윤상원과 박기순의 영혼결혼식을 위해 만든 민중가요다. 재야운동가 백기완의 시를 바탕으로 소설가 황석영이 작사하고 전남대 학생 김종률이 작곡하였다고 한다. 아침이슬과 더불어 가장 대표적인 민중가요로 각종 시위 현장에서 빠짐없이 부르는 노래다.

윤상원은 5.18 시위가 일어나기 전부터 김대중과 함석헌이 공동의 장을 맡고 있던 국민연합의 사무총장이었다. 국민연합은 일본 조총련 산하 단체인 한국민주회복통일촉진국민회의(한민통)의 한국 지부였다, 아니다를 두고 아직도 논란이 있다. 1974년 육영수 여사를 시해한 문세광이 속해 있던 그 단체다. 윤상원은 이런 국민연합의 사무총장이었고, 5.18 시위 상황을 알리기 위해 투사회보를 제작했던 들불야학의 강사이기도 했으며, 전남도청에서 무기 반납을 거부하고 최후까지 항전했던 시민군 대변인이기도 했다.

박기순은 전남대에서 반유신 가두시위를 주도한 일로 제적당한 후, 공장에 위장 취업하고 노동자를 위한 들불야학의 창립을 주도한 노동운동가였다. 1978년 겨울, 그녀는 야학을 따뜻하게 할 생각으로 야산에서 땔감을 주워다 놓고 잠을 자다가 연탄가스 중독으로 세상을 떠나고 말았다. 훗날 안타까운 죽음을 맞이한 두 사람의 영혼결혼식을 위해 '임을 위한 행진곡'이란 노래가 만들어진 것이다. 한마디로 망자(亡者)들의 영혼결혼식 노래다.

노래 자체는 아련하고 장엄한 분위기에 흠뻑 빠져들 수 있을 정도로 좋다. 문제는 5.18 단체와 유족들이 '임을 위한 행진곡'을 기념식에서 모두 제창할 수 있도록 하자고 요구했다는 점이다. 제창할 것인가, 아니면 합창할 것인가를 두고 보수와 진보 단체들이 설전을 벌이고 기념식장에서 어떤 정부 관계자가 입을 닫고 제창하지 않았다는 이유로 비난받기도 했다.

5.18 기념식은 보통 개식과 함께 애국가를 제창하고 폐식 직전에 임을 위한 행진곡을 제창하는 식순으로 이루어진다. 민주화운동을 위해 목숨을 버린 님들의 뜻을 기리자는 마음은 충분히 이해할 수 있

다. 하지만 문화행사도 아닌 국가 공식행사의 식순으로 집어넣어 굳이 논란을 불러일으킬 필요가 있을까 하는 점에 이르러 고개를 갸웃거리게 된다. 그 자리에 참석한 사람들 모두 노래를 불러야 하는 제창, 부르지 않으면 사회적으로 논란의 중심에 서게 만드는 제창, 이것은 일종의 강요라고 볼 수 있다.

임을 위한 행진곡을 부르는 것이 불편하거나 생각이 다른 사람도 있을 것이다. 자유 대한민국에서 국가(國歌)도 아닌 노래를 정부 공식행사에 집어넣어 제창하도록 하는 것은 문제를 불러일으킨다. 굳이 넣어야겠다면 노래를 제창하는 것이 아니라 합창단이 부르도록 하거나 문화행사에 포함시키고, 따라 부르는 것은 행사 참석자들의 자유의사에 맡기는 것이 좋을 것이다. 괜한 논란으로 임을 위한 행진곡을 불편하게 만들 필요 없다.

강요는 오히려 반발을 불러일으키고 좋은 노래의 순수성을 훼손하게 된다는 것을 잊지 말았으면 좋겠다. 임을 위한 행진곡이 국민 누구에게나 사랑받고 오랫동안 애창되기 위해서 깊이 생각해 볼 일이다.

19. 사회 분열 부추기는 민족문제연구소

친일파 연구의 선구자는 임종국이다. 1929년 경남 창녕에서 태어나 고려대를 졸업하고 문학평론과 친일파 연구, 그리고 저술 활동에 일생을 보낸 사람이다. 재야사학자로 불리기도 하는데 문인들의 친일 자료를 모아 1966년, 서른일곱 살에 「친일문학론」을 편찬한 것이 첫 결실이었다.

해방되었을 때 열일곱 살이었던 그는 패전한 일본군이 중학교 강당에서 열흘 정도 머문 기억 속에서 친일 연구의 필요성을 찾아냈다. 본국으로 돌아가기를 기다리던 일본군 상등병이 소년 임종국에게 물었다.

"일본이 전쟁이 진 것을 자네는 어떻게 생각하나?"

"조선이 독립돼서 좋습니다."

이 말에 일본군은 한참 동안 생각하더니,

"20년 후에 만나자."

는 말로 이야기를 마쳤다고 한다. 임종국은 일본인이 비록 패전했더라도 20년 후에 다시 만나자는 신념으로 사는 것이 걱정스러웠다. 반면 우리 정부의 고위 인사가 제2의 이완용이 되더라도 한일회담을 통해 기필코 국교정상화를 하고야 말겠다는 소리에 분통이 터졌다.

박정희의 5.16 군사혁명과 뒤이은 한일 국교정상화 추진. 국민들은 도저히 이것을 받아들이기 어려웠다. 일본놈들이 물러간 지 겨우 20년밖에 되지 않았는데 국교를 정상화한다고? 그렇다면 놈들이 또 쳐들어올 문을 활짝 열어주는 셈 아닌가. 이런 심정으로 학생과 시민들은 거리로 뛰쳐나와 한일회담 반대 시위를 하였다. 그 당시 상황으로 보자면 한일 국교정상화는 꿈도 꿀 수 없었다. 해야 된다고 말하는 사람이 드물었다. 여론의 눈치를 보면 절대 풀 수 없는 문제였다.

한일회담은 박정희 3공화국에 들어와 갑자기 추진된 것이 아니었다. 한일 국교정상화를 위한 한일회담은 이승만 정부, 장면 내각을 지나 지루하게 계속되었지만 청구권과 배상금 문제 때문에 진척되지 않고 있는 상황이었다. 국민들은 그까짓 돈에 나라의 자존심을 팔아넘긴다 생각했고 일본을 철천지원수나 마찬가지로 여겼다. 임종국이 서둘러 친일문학론을 발간한 것은 한일 국교정상화 회담에 20년 전 만났던 일본군의 이미지가 오버랩 되었기 때문은 아니었을까.

일본에 대한 감정을 잠시 내려놓고 생각해보자. 만일 박정희가 국민의 반대를 무릅쓰고 한일 국교정상화를 하지 않았더라면 막대한 경제개발 자금과 기술을 어디서 구할 수 있었을까. 지금 우리가 경제발전의 혜택을 누리는 것이 가능했을까. 물론 역사에 가정은 없지만 아마 누구든지 박정희를 빼놓고 경제발전의 기적을 말하기 어려울 것이다.

외국 경제학자가 박정희의 경제발전 모델을 연구하여 노벨경제학상을 수상할 정도로 한국의 사례는 해외에서도 주목받고 있다. 다른 말로 박정희의 경제적 업적은 노벨경제학상감이란 말이다. 박정희 아니었어도 어차피 우리는 경제발전을 이루었을 것이라는 가정이 성립하지 않는다는 증거다. 세계 유수의 경제학자가 할 일 없이 박정희의 경제발전 모델을 연구하고, 노벨상위원회는 그런 허접한 연구결과물에 상을 주었을 리가 없다.

그렇다. 박정희는 피죽도 못 먹고 굶어 죽을 위기에 처한 조국, 전 세계에서 가장 소득이 낮았던 가난한 국가를 부강하게 만들기 위해 한일 국교정상화를 추진했다. 민주주의, 안보, 문화생활 등은 모두 경제력이 뒷받침되어야 가능한 것이다. 약 먹고 죽으려고 쥐약을 사려야 살 돈이 없어 죽지 못하는 비참한 상황에서 무슨 놈의 예술이며, 민주주의며, 학문이며, 스포츠며, 정치가 발전할 것인가. 불가능한 것이다. 사회에 중산층이 형성되지 않으면 민주주의 실현 자체가 어렵다.

지금 우리의 1인당 국민소득은 일본을 앞서고 있다. 그 외 많은 부분에서 일본과 대등하거나 추월한 상황이니 한일 국교정상화가 잘못되었다고 평가하는 것은 곤란하다. 오히려 이런 상황이 올 것을 내다보고 결단했던 지도자의 혜안이 돋보이고, 그때 반대 시위를 했던 6.3세대들이 틀렸다고 말할 수도 있겠다.

무릇 지도자는 나라의 장래를 위해 비록 국민들이 지금은 반대하더라도 꼭 필요한 일은 해야 한다. 만일 여론에 휩쓸려 정책을 수립하고 추진했다면 경부고속도로의 건설도 하지 못했을 것이다. 당시 대다수 정치인들은 신작로에 다니는 차조차 드문 마당에 무슨 놈의 고속도로냐, 결사반대하고 나섰다.

그러나 임종국의 시선에서 보면 박정희는 일본군 장교 출신 친일파에 지나지 않는다. 그가 이룬 경제발전의 기적적인 성과를 인정하기 싫은 것이다. 역사를 바라보는 그의 시각이 너무 단편적이고 한쪽으로 치우쳐 있다는 생각을 갖게 한다.

1989년 임종국이 세상을 떠난 후 그 유지를 잇기 위해 1991년 반민족문제연구소가 설립되고 초대 회장을 김봉우가 맡았다. 1995년엔 민족문제연구소로 개칭하여 지금에 이르고 있다. 이때만 해도 연구소의 정치색이 크게 드러나지 않았는데 2001년 2대 회장을 한상범이 맡고부터 연구소의 방향이 틀어지기 시작했다.

그는 2002년 대통령 직속 의문사진상규명위원회 위원장을 맡기도 하는 등 반독재 투쟁에 앞장섰던 인물이다. 한상범은 이렇게 말했다(한겨레신문. 2005. 4. 17).

"반공과 이승만에 대한 지지를 대가로 면죄부를 얻은 친일파들이 자신늘을 반대하면 무조건 빨갱이로 몰아 탄압했다. 4·19 혁명은 단순한 민주화운동이 아니라 15년간 찌든 친일파 구도에서 민족적 양심을 되찾고, 민족 분열을 초래한 매카시즘에 대한 항거다."

전체적인 맥락에는 동감하지만, 당시 남북분단, 남로당의 활동과 테러, 공산주의자들에 의한 대구폭동과 여순사건, 제주 4.3사건, 북한의 신속한 무장과 전쟁 위협 등 상황에 대한 고려 없이 반공을 내세운 이승만이 무조건 나빴다는 말인지 이해할 수 없다. 친일파를 청산할 수만 있다면 대한민국이 공산화되고 못 살아도 좋다는 말로 들리기까지 한다.

어떤 사람은 말하길 북한은 친일파 청산이 잘 되었는데 우리는 이승만과 미군정 때문에 그것이 제대로 되지 않았다고 한다. 그러나 이건 잘못 알고 있는 것이다. 북한은 공산주의 사회 건설에 도움이 되면 친일 반민족행위자라 할지라도 적극적으로 기용했다.

우리 건국 내각을 보면 이승만, 이시영, 장택상, 윤치영, 이범석 이청천, 김병로, 신익희 등 입각한 사람들 대부분이 항일 독립운동가 출신이었다.

이에 반해 북한은 헌병 보조원을 지낸 김일성의 동생 김영주를 부주석, 중추원 참의를 지낸 장현근을 사법부장, 도의원을 지낸 강양욱을 인민위원회 상임위원장, 일제의 기관지나 다름없던 아사히신문 서울지국 기자 출신 정국은을 문화선전성 부부장, 일제의 임전대책위에 가입해서 선전활동에 종사했던 홍명희를 부수상, 양주군수를 지낸 김정제를 보위성 부상, 학도병에 지원하라는 유세를 주도했던 조일명을 문화선전성 부상, 만주국 검사장 출신 한낙규를 검찰 최고책임자, 일본 나고야 항공학교 출신 이활을 공군사령관에 임명하는 등 친일파 일색이라고 해도 과언이 아닐 정도였다. 친일 경력이 없으면 북한에서 출세하기 어려웠다.

문화예술인도 마찬가지다. 무용가 최승희는 최고인민회의 대의원이 되었다. 배우 심영은 중일전쟁이 발발하자 조선총독부의 후원으로 만든 조선연극문화협회 간부를 맡고, 태평양전쟁 시기에는 여러 편의 친일 연극을 다수 공연했던 인물이다. 또 '망루의 결사대'와 같은 친일 영화에도 여러 차례 출연한 친일파 배우다. 그는 6.25전쟁 전 월북하였다가 배우 황철과 함께 내려와 남한에 있던 문화예술인들을 납치하는 공로를 세웠다. 북한에서는 조선연극인동맹 중앙위원, 국립연극극장장, 조선영화인동맹위원장 등 요직에 머물렀다. 그런 이유 때문인지 친일인명사전에 올리는 데 소극적이다.

배우 황철은 심영에 비해 친일행위를 더욱 적극적으로 하였다. 그는 심영과 마찬가지로 월북하였다가 6.25전쟁이 벌어지자 문화공작대로 내려와서 문화예술인 강제납치와 월북에 가담했다. 국가훈장 2급을 수여받았으며 국립극장 총장과 최고인민회의 대의원, 교육문화성 부상을 역임하고 조국평화통일위원회 중앙위원이 되기도 했다. 친일 배우 문예봉 또한 월북하여 인민배우로 대접받았다.

한상범의 주장을 북한에 빗대어 보면, "북한은 공산주의와 김일성에 대한 지지를 대가로 면죄부를 얻은 친일파들이 자신들을 반대하면 무조건 반동으로 몰아 탄압했다."는 말이 된다. 우리 사회에서 친일 청산을 외치는 사람들이 한쪽 눈을 감고 있는 것은 아닌지 궁금하다.

본래 인간은 자유의지를 가지고 상호 경쟁하며 발전을 이루는 존재다. 인간에게서 자유를 빼앗고 모든 것을 계획하고 통제하며 먹는 것까지 배급하는 사회는 희망이 없는 사회다. 반공이 먼저냐 친일 청산이 먼저냐를 두고 논란하는 것은 의미 없다. 반공도 필요했고 친일 청산도 필요했다.

1946년 중반 미 군정이 실시한 여론조사 결과 서울시민 70%가 공산주의를 지향할 정도로 높게 나타났다. 경제는 미국의 원조에 의존했고 북한이 전기를 끊어버려 가로등조차 켜기 어려웠다. 먹고 사는 데 별 지장이 없는 사람들이야 태평스럽게 친일 청산, 친일 청산을 외칠 수 있었겠지만, 당장 내일 아침 끼니 걱정 때문에 밤잠을 이루지 못하는 사람들에겐 먹고 사는 것이 더 중요했다. 폭동을 일으키고 테러를 자행하며 위조지폐까지 만들어 경제를 대혼란 속으로 빠트렸던 남로당을 내버려 두고 어떻게 6.25 전쟁을 치를 수 있었겠는가.

외부의 적보다 내부의 적이 더 무서운 것이다. 자유 월남이 패망하는 과정을 보면 내부의 적이 얼마나 무서운지 알 수 있다. 월남의 공산화 당시 내부의 공산주의자들은 전체 인구의 0.5%인 10만여 명밖에 되지 않았다. 그들이 반전과 평화를 외치고, 부자와 공무원 그리고 기업인들의 부패를 과대선전하고, 반외세 민족주의 운동을 벌였다. 훗날 공산화된 후에 보니 월남의 대통령 후보로 나섰던 변호사 출신 정치인까지도 공산군의 프락치였음이 드러났다. 이밖에도 종교인, 교육자, 문화예술인, 학생들의 좌경화가 심각했다.

우리 경우에도 해방 이후 남한의 공산화를 막고 자유민주주의를 실현하는 것이 무엇보다 중요한 당면과제였다. 만일 남로당의 활동을 적절하게 제어하지 못하고 정부를 수립하지 못했다면 공산화의 길을 걸었을 것이다.

또 한상범은 민족 분열을 초래한 원인은 매카시즘이라고 했다. 매카시즘은 반공주의 성향을 가지고 정치적 반대자나 집단을 공산주의자로 몰아 매도하는 것이다. 한 마디로 빨갱이 딱지를 붙여 매장시킨다는 말로 극단적 반공주의를 이른다.

우리 역사에서 이런 매카시즘적 사고방식을 가지고 정치적 반대자를 매장한 사례와 억울하게 희생당한 사람이 있을 것이다. 개인의 입장에서 보면 너무 억울해서 분통 터질 일이겠지만, 몇 가지 사례를 가지고 침소봉대하는 것은 삼가야 한다. 반공을 국시로 한 매카시즘 때문에 민족이 분열되었다면 공산주의를 수용하기라도 했어야 한다는 말인가.

북한은 공산주의를 택해 보기 드문 폐쇄국가를 만들었고 주민들이 굶어 죽는 상황에 이르렀다. 인권을 찾아보기 어렵고 주민들이 목숨을 건 탈출행렬에 참여하고 있다. 공산당식 매카시즘으로 정치적 반대자를 반동분자로 몰아 숙청한 사례는 헤아릴 수 없을 정도로 많다. 해방 이후 공산당을 피해 월남한 사람의 숫자가 수백만 명에 이르고 미처 남하하지 못한 사람은 숙청당하거나 참혹한 생활을 해야 했다.

한상범이 이런 실정을 미처 보지 못했거나 외면했기 때문에 했던 말이라고 생각한다. 그가 한일협정에 대해서도 좋게 말할 리 없다.

"미국의 압력 하에 군사정권이 체결한 밀실 조약으로 당연히 개정해야 한다. 피해자의 권리를 자의적으로 말살한 한국 정부가 책임질 것은 지고, 일본은 응분의 사죄를 해야 한다."

얼핏 반일감정을 불러일으키기에는 더없이 좋은 말이나, 한일협정을 맺지 말고 계속 미루고 싸워야 옳았다는 말인가 하는 부분에서 뭐라 답할지 궁금하다. 친일 논쟁을 불러일으키는 사람들의 속마음은 우리 국민이 절대 일본과 화해하지 말고 적개심을 품는 것이고, 이승만으로 대표되는 보수우파들이 친일 청산을 반대했으므로 현 정치 상황에서 보수우파 세력을 지지하지 않는 것이 곧 반일이고 애국이다, 이렇게 생각하도록 만드는 것이다.

필자는 우리 사회에 반대파를 친일파로 몰아 매장하는 신매카시즘이 횡행하고 있다고 생각한다. 북한의 친일파 기용에는 함구하고 당시 우리가 처해 있던 특수한 상황을 외면한 채 오직 대한민국의 친일 청산만을 외치며, 자신들에게 반대하면 "너도 친일파지?" 딱지 붙이기에 여념이 없다. 이제는 토착 왜구란 말까지 쓴다.

그들은 자유 보수 진영이 친일 세력이라 믿고 반일을 외치는 자신들이 마치 독립투사인양 행동하고 있다. 그러나 그들의 말로 할 때 친일의 뿌리는 오히려 현 야당의 뿌리와 같다는 사실, 반민특위가 조사한 바에 따르면 전라도를 제외한 모든 지역의 친일파를 다 합쳐도 전라도 출신 친일파의 숫자를 넘지 않는다는 것에 대해서는 뭐라 말할지 궁금하다. 제발 코에 걸었다 귀에 걸었다 하는 아전인수격 친일 논란으로 편 가르는 일을 그만하자는 말이다.

  민족문제연구소의 3대 소장 임헌영은 연구소의 사상적 편향성을 더 심화시킨 인물로 평가받고 있다. 그는 1979년 적발된 남조선민족해방전선(남민전)에 연루되었던 전력이 있다. 당시 수사당국에 의하면 김일성에게 충성을 맹세하는 서신을 작성했고, 남한에 공산혁명이 성공할 경우 게양할 붉은 별이 그려진 깃발까지 준비하였으며, 공작금을 마련하기 위해 혜성대라는 조직을 만들어 기업 회장 집에 침입하여 강도 행위까지 저질렀다고 한다. 이러한 행동이 독재에 항거한 민주화운동의 일환이었다고 주장해도 이념적으로 편향된 인물이라는 인상을 지우기 힘들다.

  연구소의 4대 소장은 함세웅 신부였다. 민주화운동에 빠지지 않고 등장하는 바로 그 사람이다. 이렇듯 민족문제연구소의 역대 소장, 그리고 종사한 사람들의 면면을 보면 독재에 항거한다는 명분으로 진보 좌파 쪽에 섰던 인물이 많다. 한 마디로 우리의 정치환경 속에서 보수 우익과 대립하고 있는 진보 좌익 계열이라고 볼 수 있다.

  연구소가 그동안 거두어 온 중요한 성과에도 불구하고 그 의미가 퇴색되는 것은, 이승만 반대, 박정희 반대, 조선일보 반대, 일본군 위안부 합의 무효 시위, 소녀상 건립지지, 광우병 시위, 국정 역사교과서 반대, 건국절 논란, 주미 한국대사관에 이승만 동상 건립 반대, 여중생 사망 추모집회, 대통령 탄핵 집회 등 이루 헤아릴 수 없을 정도로 진보 좌파 쪽 사회운동에 앞장서 왔다는 점 때문이다. 객관적으로 볼 때 분명 보수 자유 우파를 공격하는 진보좌파 계열이라는 것을 부인하기 어려울 것이다.

2001년 말부터 통일시대 민족문화재단이 출범하고 친일인명사전편찬위원회를 통해 친일인명사전을 만들기 시작했다. 취지인즉슨 좋다. 방대한 인명사전을 만들어 놓고 누가 친일파인지 검색하면 일목요연하게 자료를 찾아볼 수 있으니 말이다. 그러나 여러 가지 문제가 있을 수밖에 없다.

첫째, 자료로 실체적 진실을 알기 어렵다는 점이다.

반세기가 훌쩍 넘어 당시 생존자가 거의 없는 상태에서 과연 누가 친일행위자인지 누가 무슨 권한을 가지고 어떻게 판별하느냐는 점이다. 유력인사의 명의를 도용하거나 대필기사를 쓴 경우가 있더라도 엄혹한 전시체제에서 당사자가 총독부에 항의하기는 어려웠고 속으로 끙끙 앓는 수밖에 없었다. 그렇기 때문에 신문기사, 문헌 자료 등만 가지고 그 속사정을 속속들이 알기는 어려울 것이다.

또 사본으로 자료가 제시되었을 경우 원본이 존재하는가, 내용이 정확한가의 여부도 따져볼 문제다. 독립운동사를 살피다 보면, 독립운동가가 조선인 형사의 도움으로 생명을 구했다는 사례, 민족자본가가 겉으로는 일본에 협조하는 체 하면서도 뒤로는 독립운동을 도운 사례도 있다.

김성수가 그 대표적인 인물이다. 김성수는 전라도 고창 출신으로 일본에 대항하여 민족자본을 일구고 중앙학교를 인수하여 민족교육에 힘썼다. 또 동아일보를 창간해서 민족언론의 등불을 밝혔고 고려대의 전신인 보성전문학교 교장을 지내기도 했다. 현재 안암동 고려대학교를 신축하고 당시 동양 최대의 운동장을 만들어 민족의 자긍심을 높였던 인물이다. 보성전문학교 교수와 학생들의 민족의식이 얼마나 높았는지, 총독부에서는 '불령보성' 이라고 부르며 경계했을 정도다.

김성수를 비롯한 보성전문학교 교수들은 일제의 강요에도 불구하고 창씨개명을 거의 하지 않았다. 반면 다른 전문학교 교수들은 상당수가 창씨개명했다. 창씨개명한 것만 가지고 친일 여부를 따지는 것도 우습지만, 김성수의 민족의식이 그만큼 높았다는 얘기다.

또 김성수에게 도움받은 독립운동가, 학생들이 한두 명 아니다. 소문내지 않고 조용히 학비를 지원한 탓에 훗날 당사자들이 밝혀 추린 숫자만 해도 750명이 넘는다. 그래서 그는 반민특위로부터 친일 반민족행위자로 지목되지 않았고 대한민국 제2대 부통령까지 지낼 수 있었다.

그러나 그도 사람인지라 일제 말기 일본의 강요에 못 이겨 매일신보에 '문약의 고질을 버리고 상무 기풍을 조장하라' 는 조선인 징병 격려문을 기고한 것 등으로 인해 친일인명사전에서 친일행위자로 낙인 찍히고 말았다. 누군가 대필한 것이라는 소리도 있었지만 당사자가 없는 상태에서 확인할 길이 없다. 이런 이유를 들어 국가로부터 받은 건국훈장 서훈도 취소되었다. 개인적인 생각으로 인촌 김성수를 굳이 친일파로 몰아세워 훈장을 취소한 것은 그가 대한민국의 건국에 지대한 공로를 세웠기 때문이 아닌가 한다.

김성수에게 도움받은 독립운동가와 학생들이 많고 그가 행한 항일의 내력을 세상이 다 알고 있는데, 신문에 징병 격려문을 기고하고 연설회에 동원되고 감투 몇 개를 썼다고 하여 친일 반민족행위자로 모는 것이 옳은 일인가. 뒤집어 말하자면 친일 반민족행위자로 사전에 오를 바에야 차라리 민족자본가가 되지 말고, 학교를 세우지도 말고, 민족교육을 하지도 말고, 민족언론사를 세우지 말고, 그냥 고향 고창에서 논밭이나 일구며 사는 것이 옳다는 말인지 묻고 싶다. 김성수는 일제가 요구하는 몇 가지에 협력하는 척하면서 큰 것을 얻으려 했을 뿐이다. 그를 친일인명사전에 올리고 서훈을 박탈한 것은 잘못이다.

둘째, 이념적 편향성이 보인다.

민족문제연구소는 객관적 공정성을 위해 자신들의 스승까지도 친일행위가 발견되어 사전에 올렸다고 한다. 그러나 그것은 읍참마속의 마음 때문은 아니었을까, 하는 생각이 든다. 왜냐면 자신들과 관계있는 사람이라 봐야 사회적 지명도가 낮고 별로 주목받지 못하기 때문에 사전에 그 이름이 올라도 별로 사회적 반향을 일으키지 않는다. 반면 대한민국의 건국과 경제발전 등에 공헌한 중요 인물들을 사전에 올리면 정체성이 흔들리게 되니 작은 것을 잃고 큰 것을 취하는 셈이라 할 수 있겠다.

대표적 인물들로 박정희 대통령, 장면 총리, 정일권 총리, 김성수 보성전문학교 교장, 백낙준 문교부장관, 현상윤 고려대 초대총장, 방응모 조선일보 사장, 김기창 화가, 김동인 소설가, 김은호 화가, 모윤숙 시인, 서정주 시인, 안익태 작곡가, 유치진 극작가, 최승희 무용가, 홍난파 작곡가, 백선엽 장군 등이 있다. 우리가 익히 알고 존경하였던 사람들이다.

그 시대로 돌아가 보자. 일제가 조선을 병합하여 우리는 조선총독부가 지배하는 황국신민으로 살아야 한다. 조선인 왕도 없고 의회도 없고 군대도 없고 경찰도 없다. 나라를 빼앗겼으니 광복이 될 때까지 싫든 좋든 일본 국민이 되어 그 안에서 노력하고 성공해야 되는 것이다. 물론 일제의 지배를 허용하지 않고 해외로 망명하여 독립운동에 투신한 훌륭한 분들이 많다. 하지만 모든 조선인이 그렇게 살 수 없었다.

1910년 이후에 태어난 사람은 조선의 독립 국가를 경험해보지 못한 상태에서 일본식 교육을 받고 그들이 짜놓은 시스템에 적응해야 했다. 모든 면에서 차별이 존재했고 조선인이 능력을 발휘하는 데 한계가 있었다. 조선에는 고등학교가 없고 일본과 학제가 달랐기 때문에 중학교에 해당하는 고등보통학교를 졸업한 학생들은 경성제대와 같은 대학에 바로 진학할 수 없었다. 조선에서 전문학교를 졸업하든지 대학 예과에 진학해서 예비과정을 거쳐야 했다. 이렇게 불리한 상황 속에서도 조선 청년들은 공부하고 기회를 찾아 나섰다.

지금 따뜻한 방안에 앉아서, 그 당시 조선인들에게 왜 일본의 식민 지배를 거부하지 않았느냐고 일갈하는 것은 엄혹했던 상황을 제대로 살피지 못하고 하는 소리에 불과하다. 뭘 어떻게 해야 일본에 대항한다는 것인가. 그냥 학교도 다니지 말고 모두 해외로 망명하여 독립운동을 했어야 한다는 소리인지 모르겠다. 모두 조선을 떠나고 나면 한반도는 영원히 우리 땅이 될 수 없는 것이다. 가혹한 핍박 아래서도 땅을 지키고 실력을 키웠던 사람들의 공로 또한 낮게 봐선 안 된다.

오히려 어떤 면으로 보면 해외에서 독립운동했다는 사람들은 핍박받는 조선을 외면하고 도피한 것 아니냐, 휘황찬란한 상해 거리를 거닐며 모던 보이 흉내를 냈던 것 아니냐는 비판을 받을 수 있다. 실제 허무주의와 향락주의에 빠져 상해 거리를 헤맨 조선 청년들도 있었기 때문에 하는 말이다.

당시 조선에는 먹고 살 만한 것이 없어 실업률이 높았다. 어떻든 일본이 세워놓은 학교에서 교육을 받고 보니 세상이 넓고 자신이 노력만 하면 이룰 수 있는 일이 많다는 것도 알게 되었다. 똑똑하고 포부가 큰 조선의 청년들이 만주로 눈을 돌린 이유다.

박경리의 소설 토지에서 주인공 최서희가 하동의 땅을 친일파 조준구에게 빼앗기고 도망치듯 만주로 떠나는 장면이 나온다. 서희는 길상과 함께 만주에서 엄청난 재산을 일구었고 함께 간 농부들은 땅을 사서 농사짓기도 한다. 만약 서희가 조선에 있었더라면 불가능했을 일이 만주에서 가능했던 것이다. 농부들도 소작을 부쳐 먹느니 차라리 만주로 가는 것이 낫겠다 싶어 정든 고향을 스스로 등지기도 했다. 한 마디로 만주는 조선인들에게 기회의 땅이었고, 항일의 땅이었다.

일본은 만주국을 세워놓고 본국민을 20년 동안 500만 명이나 대거 이주시키려 했시만 실패하고 대신에 조선인을 이주시키는 것으로 정책을 바꾸었다. 만주국은 5족협화(五族協和)라는 구호를 내걸었다. 일본인, 조선인, 중국인, 만주인, 몽골인의 5개 민족이 모여 평화롭게 사는 지상낙원이라는 소리였다. 조선인은 조선에서 일본인에게 차별받고 기회가 적었지만, 일단 만주로 가기만 하면 일본인에 이어 2등 국민이 될 수 있고 거대한 만주국에서 할 일이 많았다.

만주국은 일본 관동군이 만주사변을 일으켜 세웠음에도 엄연히 일본과 다른 독립국가였다. 국제연맹으로부터 승인받은 나라였기 때문에 일본이 자국민을 만주국으로 이주시키는 데는 애로사항이 많았다. 즉, 일본 공무원이 만주국 공무원이 되려면 자국에서 퇴직하고 만주국으로 가서 다시 채용 절차를 밟아야 했다. 교사, 군인, 경제인 등도 많은 부분에서 절차적 어려움이 있었으므로 실제 일본인들은 이주하길 꺼렸고 그 자리를 조선인들이 파고들었던 것이다.

만주국 육군, 해군, 헌병, 교사, 고위 관리, 조종사 등 조선에선 꿈도 꿀 수 없었던 일들이 가능했다. 물론 다른 민족과 경쟁해야 했지만 똑똑한 조선 청년들이 두각을 나타냈고, 만주국의 행정관리, 군인 등으로 일한 사람들은 훗날 대한민국을 위해 일한 경우가 많았다. 그들을 모두 친일파로 몰아세우는 것은 무리가 있다고 보여진다.

물론 이들이 중국을 떠돌며 무장 독립운동을 벌인 임시정부의 항일운동가들과 비교해볼 때 다른 길을 걸은 것은 분명하다. 한 사람도 빠짐없이 항일운동의 길로 나섰으면 좋으련만 강요할 수 없는 일이고, 만주국에서 습득한 국가건설과 운영의 노하우가 해방 조국을 위해 사용되었다는 것도 엄연한 사실이기에 그들을 친일 반민족행위자로 규정짓는 것은 신중해야 한다. 어쩌면 그들은 타민족과 경쟁하여 조선인의 우수성을 나타내는 것이 개인과 조선을 위해서 좋은 일이라고 생각했을 수도 있다. 그것이 결과적으로 일본을 이롭게 하는 행위였음에도 말이다.

봉오동 전투의 주역 홍범도 장군은 1921년 발생한 자유시 참변과 깊은 관련이 있다. 일본이 만주 지역에 대한 대대적인 토벌을 감행하자 독립군들은 볼세비키 붉은 군대가 약소 민족의 독립을 지원하겠다는 말을 믿고 자유시로 모여들었다. 이런 와중에 이르쿠츠크파 고려공산당과 상해파 고려공산당의 대결로 인해 독립군은 분열되고 김좌진은 돌아가 버렸다.

일본과 러시아 볼세비키 적군은 비밀 협상을 통해 독립군을 해체하기로 하였다. 즉 러시아 영토에 들어와 있던 일본군이 철수하는 조건으로 독립군의 해체를 요구했던 것이다. 볼세비키 적군은 일본과의 약속대로 무장해제에 비협조적이었던 독립군을 포위하고 공격하였다. 독립군은 별다른 수를 써보지 못하고 수백 명이 총에 맞거나 물에 빠져 죽고 말았다.

이때 홍범도가 반대파 독립군 몰살에 직접 참여했다는 증거는 없으나 정황은 인정되고 있다. 그는 볼세비키 공산당에 입당했으며 자유시 참변 이후 독립군을 처벌하는 재판에 위원으로 참여했다. 그는 재판위원으로서 상해파 독립군이 반혁명죄를 저질렀다 보고 볼세비키 적군의 독립군 학살에 정당성을 부여했다. 또 소련군 장교 신분으로 레닌에게 자신의 이름이 새겨진 권총을 하사받기도 했다. 우리가 알고 있는 홍범도 장군, 소련 적군의 군복에 약동모를 쓰고 모젤 권총을 찬 늠름한 모습은 자유시 참변이 벌어지고 반년이 지난 1922년 1월 레닌의 초청으로 모스크바를 방문했을 때 찍은 사진이다. 육군사관학교에 세워진 홍범도 장군 흉상이 바로 그 모습이다.

결과적으로 자유시 참변을 전후하여 보인 홍범도의 행적은 일본을 이롭게 했다고도 볼 수 있다. 무장투쟁을 벌이던 독립군이 자유시에서 몰살당한 후 만주와 간도 지역에서 활동을 거의 못하게 되었으니 말이다. 씨가 말랐다고 봐도 과언이 아니다. 그렇다고 해서 홍범도를 친일파로 부를 수는 없다. 봉오동 전투에서 보인 그 열렬한 애국심과 투쟁은 대표적인 독립군의 모습이기 때문이다. 이처럼 한 개인의 모습은 보는 각도에 따라 다르게 보인다. 누구를 친일파로 모는 것에 신중해야 하는 이유다.

셋째, 대한민국의 정통성을 흔들고 있다.

태극기와 애국가의 예를 가지고 살펴보았듯 어떤 것이든지 친일과 연결짓기만 하면 그 순수성과 가치는 심각하게 오염되고 만다. 이승만은 독립운동가이기 때문에 친일과 연결시키지 못하고 독재자의 이미지로 폄훼한다. 박정희는 일본군 장교 출신이란 것 때문에 친일 반민족행위자가 되고 말았다. 박정희가 빈사 위기에 처해 있던 조국을 근대화시키고 경제발전 시킨 공로쯤 아무런 가치도 없이 만들었다. 그리고 6.25 전쟁에서 혁혁한 공을 세워 공산화의 위험으로부터 나라를 지켜낸 백선엽 장군 또한 만주군 경력을 이유로 친일 반민족행위자가 되었다.

친일인명사전을 보면 당시 머리 똑똑하고 능력 있는 사람은 모두 친일 반민족행위자였단 말인가? 이런 의문이 들 정도다. 바꿔 말하면 못 배우고 능력 없고 아둔한 사람들이 사전에 오르는 것을 피했구나 하는 생각조차 든다.

2차 세계대전 때 프랑스는 나치 독일에게 항복하고 4년 이상 치욕의 세월을 보내야 했다. 그 시기가 짧고 독일이 일본처럼 악독한 식민지배를 하지 않았기에 망정이지 35년간 식민지배를 받았다면 프랑스가 어찌 됐을지 상상하기 어렵다.

독일에 협력하던 프랑스 비시 정권은 레지스탕스를 소탕할 목적으로 프랑스인으로 구성된 3만 명 가량의 준군사조직인 밀리스를 창설했다. 밀리스는 독일인보다 자국 사정과 지리에 정통했기 때문에 레지스탕스를 잡아내는 공로를 세워나갔다. 레지스탕스가 두려워한 것은 독일군이 아니라 동족으로 구성된 밀리스였다고 할 정도로 악명 높았다. 프랑스가 해방되고 난 후 처벌받은 나치 부역자는 밀리스 대원을 포함해 9만8천 명에 이르렀다. 짧은 기간임에도 상당수 프랑스인들이

나치 독일에 협력했음을 알 수 있다.

영국에 있던 드골이 레지스탕스 활동을 지도하고 프랑스 내에서도 맹렬하게 독일군에 저항했기 때문에 드골은 루즈벨트, 처칠과 나란히 앉을 수 있었다. 연합군의 노르망디 상륙작전 때 프랑스 레지스탕스가 철도의 절반 가량을 파괴하여 작전의 성공을 도왔다.

반면 우리는 중일전쟁의 발발과 더불어 국내에서의 독립운동과 무장투쟁은 거의 자취를 감추었다. 아니 그 이전에도 국내에서 프랑스와 같은 조직적 레지스탕스 활동은 찾아보기 어렵다. 독립운동가들은 해외로 몸을 피하고, 남아 있던 조선인들은 독립에 대한 희망을 잃고 일제에 순응하고 있었다고 봐야 한다. 상해 임시정부가 국내외 무장투쟁을 제대로 지도하지 못하고 중국의 지원으로 겨우 연명하던 처지에서 조선의 독립에 대한 권리를 주장하기 어려웠다. 이로 인해 미국과 소련은 임시정부를 인정하지 않았고 덕분에 귀환이 늦어졌다.

만약 우리도 남북분단과 극한적 이념대립이 없었더라면 비교적 평온한 상태에서 친일 반민족행위자들을 더 많이 처벌할 수 있었을 것이다. 불행하게도 그때의 시대 상황이 그것을 허용하지 않았다. 무척 아쉬움이 남는 부분이다.

이제 식민지배라는 치욕의 과거는 끝났고 우리 대한민국 국민들은 세상 어딜 가나 자신감 있고 활기차 보인다. 여권 파워가 높아 해외를 다닐 때마다 어깨를 으쓱하는 일이 많아졌고 다른 나라는 우리를 부러워한다. 우리를 지배했던 일본보다 앞서는 분야도 많다. 아직 남북통일을 이루지 못하고 주변국과 경쟁하는 입장에서 끝없이 내부 분열을 일으키는 일은 옳지 않다. 보다 발전적인 방향으로 친일 청산을 해나가야 할 것이다.

이념적으로 편향되었다는 소리를 듣고 있는 민족문제연구소가 친일인명사전을 만들어 배포하는 것은 분쟁의 씨앗만을 퍼트릴 뿐이다. 사전에 이름이 오르는 것 때문에 다투고, 사전을 배포하는 것 때문에 또 다툰다. 진보 교육감은 사전을 배포하겠다 하고, 반대 입장에 선 세력들은 그것을 막고 나선다. 힘을 소모하는 일밖에 되지 않는다. 그럼에도 계속 친일인명사전을 만들어 배포한다면 그 의도가 의심받을 것이다.

이제 친일인명사전 대신 〈근현대 주요 인물사전〉으로 이름을 바꾸는 것을 제안한다.

친일인명사전은 민족문제연구소가 주도적으로 수행한 일이다. 국어사전처럼 찾아보기 쉽게 친일 반민족행위자의 이름과 그 자료를 일목요연하게 올려놓는 것이 친일 청산의 길이라고 생각했을 것이다. 그러나 사전에 이름이 오르는 측의 반발이 크고 당시의 상황과 지금은 다르다는 점, 자료의 신빙성, 사전편찬의 의도에 대한 문제가 계속 제기되고 있기 때문에 신중할 필요가 있다. 누가 무슨 권리로 "당신은 친일파, 너도 친일파" 라는 딱지를 붙이도록 해주었는가. 그 본래 취지를 십분 이해하더라도 가뜩이나 이념 갈등이 심각한 와중에 친일인명사전으로 인해 갈등이 확대 재생산되고 있어 자못 염려스럽다. 사전편찬이 분열과 갈등을 봉합시키기는커녕 대한민국의 정통성을 흔들자는 데 그 목적이 있는 것인가 하는 의심까지 들게 한다.

그러나 기왕 수행한 작업의 성과까지 모두 부인할 필요는 없다. 미처 알지 못했던 사람들의 친일행적과 자료를 발굴하고 그것을 정리했다는 점은 높이 평가받아야 할 것이다. 다만 친일인명사전이란 명칭이 보여주듯 일단 사전에 이름이 올라가기만 하면 친일 반민족행위자로 낙인찍히게 되므로 이름을 바꿀 필요가 있다.

예를 들어 〈근현대 주요 인물사전〉도 좋을 것이다. 꼭 친일행위자만 올릴 것이 아니라 근현대사에 나오는 많은 인물을 정리하여 올리되, 친일 반민족행위에 대한 자료는 추가 검토를 거치고 보완하여 수록하는 것이다. 이런 일은 역사학계에 맡기는 것이 좋다. 그동안 특정 목적을 위해 운동해온 단체에 맡기게 되면 역시 분란이 일어날 것이기 때문이다. 순수학자들이 모여 토론하고 공청회 등을 거쳐 사전을 계속 보완해나간다면 사전에 이름이 올라가는 것을 가지고 시비거는 사람이 없고 신뢰성 또한 담보될 것으로 전망한다.

20. 법 위에 떼법

울지 않는 아이 젖 주랴는 속담처럼 말 못하는 아이는 울어야 젖을 얻어먹는다. 이것이 잘못 버릇 들면 아이는 커서도 자기 뜻이 받아들여지지 않을 때마다 떼를 쓰곤 한다. 가게에서 장난감을 사주지 않는다고 바닥에 벌렁 누워버리거나 길바닥에 주저앉아 발을 동동거리며 떼를 쓰는 것이다. 이렇게 자란 사람을 일컬어 '얼러 키운 후레자식'이라고 했다.

정당치 않은 것을 요구하면 아무리 떼를 써도 소용없다는 것을 아이가 알아야 정상적 사회구성원으로 자리하게 되는 것이지, 자기 뜻대로 되지 않는다 하여 받아들여질 때까지 떼를 쓰면 어떻게 되겠는가. 뭐든지 지켜야 할 금도가 있다. 이것을 지키지 않게 되면 사회질서가 무너지고 혼란해져서 법치주의의 근간이 흔들리게 된다.

성경 누가복음 8장 2절에 이런 이야기가 있다.

"가라사대 어떤 도시에 하나님을 두려워 아니하고 사람을 무시하는 한 재판관이 있는데 그 도시에 한 과부가 있어 자주 그에게 가서 내

원수에 대한 나의 원한을 풀어 주소서 하되 그가 얼마 동안 듣지 아니하다가 후에 속으로 생각하되 내가 하나님을 두려워 아니하고 사람을 무시하나 이 과부가 나를 번거롭게 하니 내가 그 원한을 풀어 주리라 그렇지 않으면 늘 와서 나를 괴롭게 하리라 하였느니라."

재판관의 마음을 움직인 과부의 일화다. 비록 불의한 재판관이라 할지라도 과부의 하소연을 들어줄 수밖에 없었던 이유는, 하나님이 무서워서도 사람들의 눈치를 봐서도 아니었다. 들어주지 않으면 과부가 계속 찾아와서 자신을 괴롭게 할 것이 귀찮았기 때문이었다. 과부의 시위라고도 할 수 있겠는데 내용을 보면 법을 어겨가면서까지 재판관에게 호소한 것 같지는 않다. 만약 그랬다면 당장 잡아다가 혼쭐을 내거나 가둬버렸을 것이다.

중국은 상고삼대(上古三代)부터 억울한 일을 당한 백성이 치는 북이 있었다. 형률에 상소 또는 고발하는 제도가 있지만 완벽하지 않았기 때문에 이를 보완하는 형태였다. 송나라에 이르러 등문고(登聞鼓)라 하였는데, 농민이 돼지 한 마리를 잃어버렸다고 북을 두드리자 송태종이 이를 듣고 돼지 한 마리 값을 물어준 일이 있었다.

우리나라는 고려말 공민왕 때 명 황제가 과거시행준칙을 보내온 조서에서 등문고가 등장한다(고려사. 세가 권42. 공민왕 19년 6월).

"과거 시험에 응시하였다가 낙방한 사람들이 시험관의 사소한 잘못을 주워 모아서 시끄럽게 떠들어 대는 것과 함부로 등문고(登聞鼓)를 치는 것은 불허하며, 위반자는 취조하여 처벌한다."

등문고는 조선 태종 원년에 의정부의 상소를 받아 신문고로 이름을 바꾸고 이듬해 교서가 내렸다. 그 내용은 이러하였다(조선왕조실록. 태종 2년 1월 26일).

"내 부덕한 사람으로 대통을 이어받았으니, 밤낮으로 두려워하면서 태평에 이르기를 기약하여 쉴 겨를도 없었다. 그러나 이목이 샅샅이 미치지 못하여 옹폐의 환(患)에 이르지 않을까 두려워하여 이제 옛 법을 상고하여 신문고(申聞鼓)를 설치한다. 온갖 정치의 득실과 민생의 휴척을 아뢰고자 하는 자는, 의정부에 글을 올려도 위에 아뢰지 않는 경우, 즉시 와서 북을 치라. 말이 쓸 만하면 바로 채택하여 받아들이고, 비록 말이 맞지 않는다 하더라도 또한 용서하여 주리라. 대체로 억울함을 펴지 못하여 호소하고자 하는 사람으로, 서울 안에서는 주무 관청에, 외방에서는 수령·감사에게 글을 올리되, 따져서 다스리지 아니하면 사헌부에 올리고, 사헌부에서도 따져 다스리지 아니한다면, 바로 와서 북을 치라. 원통하고 억울함이 명확하게 밝혀질 것이다. 상항의 관사에서 따져 다스리지 아니한 자는 율에 따라 죄를 줄 것이요, 월소(越訴)한 자도 또한 율에 따라 논죄할 것이다."

그러나 신문고의 본래 취지를 잘못 이해하거나 악용하는 일도 있었다. 남을 무고하거나 제도의 단계를 뛰어넘어 치는 경우에는 오히려 죄를 받았다. 억울한 일이 있다 하여 백성 누구나 마음대로 신문고를 두드릴 수는 없었다. 북을 대궐 밖 문루에 달아놓았으니 한번 울리게 되면 임금이 듣게 되고 답을 해야 되기 때문에 절차가 복잡했다.

억울한 일을 당한 민원인은 먼저 고을의 수령, 관찰사, 사헌부를 거쳐 신문고를 지키는 순군의 영사(令史)에게 고해야 했다. 영사는 북을 치려는 사유가 역모를 고변하는 것이라면 바로 치도록 하고, 그 외의 일이라면 확인을 거쳐 치도록 했다. 신문고를 울리기까지 길게는 무려 일 년 가까운 시일이 소요되었다. 그래도 억울한 일을 당한 백성들의 호소가 끊이질 않아 조건을 달아 제한하고 나섰다. 즉, 억울하게 역모 누명을 썼다든가, 살인 죄인이 아니라든가, 나는 저 양반의 자식이 분명하다든가, 내가 정실이고 저년이 첩이라든가, 나는 양민인데 억울하게 천민으로 떨어졌다는 내용으로 한정되었다. 그럼에도 이것을 모르는 백성이 잘못 신문고를 두드리면 확인 나간 금부도사가 "썩 물러가거라, 이놈." 호통과 함께 곤장을 쳐서 돌려보냈다.

신문고를 친다고 해서 원하는 대로 일이 모두 해결되는 것도 아니었다. 태종 6년 조계사의 승려와 신도 수백 명이 절의 수를 줄이고 노비와 전지를 삭감하는 것이 부당하다며 정부에 호소하였지만 받아들여지지 않자 신문고를 쳤다. 그러나 임금은 끝내 허락하지 않았다.

이처럼 일의 부당함과 억울함을 호소하는 데도 일정한 방법과 절차가 있었다. 이를 무시하고 자신의 사정만을 알아달라고 덤벼들면 오히려 죄를 받게 되었다.

과거보다 사회가 발전하고 제도가 정비된 지금 우리 사회에 어떤 일이 벌어지고 있는가. 자신의 뜻이 받아들여지지 않는다 하여 떼를 지어 시위하고 질서를 어기는 것쯤 아무렇지도 않게 생각하는 일이 쉽게 눈에 띈다. 소크라테스가 독배를 마시고 죽은 것은 악법일망정 실정법을 지켜야 한다는 뜻에서였다.

악법이 나오지 않도록 하기 위해서는 법을 제정하는 의회의 역할이 중요하다. 그 의회를 구성하는 국회의원 선출은 국민들이 한다.

그러므로 의회를 욕할 게 아니라 그런 의원들을 선출해준 국민들이 자책부터 하고 볼 일이다. 부정을 저질러 전과가 있거나 자질이 부족한 사람을 묻지도 않고 계속 지지해주니 제대로 된 법이 나오기 어렵고 행정부 견제가 제대로 되지 않는다. 오히려 의회에서 막강한 권력을 휘두르며 나라를 엉망으로 만들 것이다.

건국 이후 실정법을 뛰어넘는 시위를 통해 뜻을 관철시킨 대표적인 사례를 말하라면 4.19혁명 유가족과 부상 학생들 수백 명이 국회의사당을 점거 농성한 것을 들 수 있겠다.

1960년 10월 8일, 4.19 발포명령 사건의 재판이 서울지법 대법정에서 열리고 공판 결과, 경무대 앞 발포 책임자 유충렬 시경국장은 사형, 조인구 치안국장과 곽영주 대통령 경호책임자는 증거불충분으로 무죄를 선고받았다. 이에 흥분한 4.19혁명 유가족과 부상 학생 3백여 명은 10월 11일 오전 국회의사당으로 들어가 지팡이로 국회의원석을 내리치며 의장석을 점거하였다. 이와 동시에 밖에서도 시민 학생 1만여 명이 모여서 "특별법을 제정하여 반민주 원흉들을 처단하라." 는 구호를 외치고 시위를 계속했다.

대통령 경호를 책임진 경무대경찰서장이었던 곽영주, 그의 입장에서 경무대로 몰려오는 시위대에게 길을 열어주고 자기가 맡은 임무를 방기했어야 옳을까. 물론 혁명 정신으로 볼 때 왜 시위대에게 총을 쏘았느냐고 말할 수도 있지만 국가 시스템은 정밀한 기계 부품처럼 움직이기 때문에 개인의 판단으로 임무를 저버릴 수 없는 것이다. 한번 예외를 인정하게 되면 국가 기능이 정상적으로 작동하기 어렵게 된다.

당시 학생들이 주를 이룬 시위대는 여러 경계선을 뚫고 오후 1시 20분경 경무대가 눈앞에 보이는 마지막 철조망 바리케이드까지 진출했다. 가는 과정에서 지프차 트레일러를 한 대 얻은 학생들은 차로 철조망을 밀어붙였다. 경무대를 지키던 경찰과 헌병들은 더 이상 다가오지 말고 해산하라는 의미로 하늘을 향해 총을 발사했고, 소방차에서는 시위대를 향해 물을 뿌렸다. 잠시 주춤하던 시위대는 이에 아랑곳하지 않고 대기 중이던 소방차 네 대를 탈취하고 전진하여 바리케이드를 부수고 들어갔다가 총격에 쫓겨났다. 다른 곳에서는 학생들이 톱으로 철조망을 부수고 물밀듯 경무대로 밀려갔고, 민가의 담을 넘어 경무대로 잠입한 시위대도 있었다. 이런 상황에서 경비 경찰이 총을 발사한 것이다. 그 책임자는 경무대경찰서장 곽영주였다.

법원 판결에 불만을 품은 시위대가 국회를 점거하고 특별법 제정을 요구하며 농성하자 깜짝 놀란 국회는 결국 특별법을 제정하고 말았다. 이 특별법에 의한 혁명재판으로 이듬해 12월 곽영주는 형장의 이슬로 사라졌다. 한번 내려진 법원의 판결을 인정하지 않고 새로운 특별법을 만들어 죽인 것이다. 형편에 따른, 힘에 의한 법치주의가 이뤄진 것 같아 씁쓸하기만 하다.

시위하다가 죽은 유가족 입장에서는 총을 쏘라고 명령한 사람을 찾아 백번 천번 죽여도 분이 풀리지 않을 것이다. 그러나 감정대로 모든 일을 처리하게 되면 나라가 어찌 되겠는가. 자신의 임무대로 경무대를 지키고 난입하는 시위대에게 총을 쏘라고 명령했다는 이유로 특별법까지 만들어 죽여버렸으니 앞으로 비슷한 일이 벌어졌을 때 과연 어떤 경찰이 규정과 명령에 따라 움직일지 자못 걱정스럽다. 경찰이 처음부터 시위대에게 총을 쏜 것은 아니었다. 시위대에게 여러 차례 경고하고 하늘로 공포탄을 쏘아 위협해도 경무대 안으로 밀고 들어오니 그곳을 지켜야 하는 책임자 입장에서 어려운 결정을 했던 것이다. 과연 그를 죽여서 유가족과 부상 학생들의 분이 풀렸는지, 미래를 위해 옳은 일이었는지 의문이 든다.

현행법에 의한 판결에 불복하고 특별법을 만들어서 소급 처벌하는 일이 있은 후 현대사에서 비슷한 일이 반복되기 시작했다. 검찰에서 실정법상 불기소처분하면 반발하고 법원에서 무죄 선고를 하면 또 들고 일어난다. 뭘 어떻게 하란 말인가. 사법부는 법을 잣대로 판결하는 것이지 법관 마음대로 판결할 수는 없는 일이다. 법률 없이 범죄 없고 법률 없이 처벌 없는 것이므로 사법부의 잘못이 아니다.

여론이 들끓고 시위를 계속하면 국회는 눈치를 보느라고 특별법을 만들어서 사법적 판단을 이미 받은 사람을 다시 불러내 조사하고 기어이 구속시키고야 만다. 이것을 원했던 사람들 마음은 시원하겠지만 실정법을 무시한 특별법으로 소급해서 일을 해결하는 것 자체를 정상적 절차라고 보기 어렵다. 한 번의 사례가 훗날 어떤 부작용을 초래할지 쉽게 짐작할 수 있다.

정상적 사회는 떼법을 통해 의사를 관철시키지 않을 것이다. 우리 사회가 아직도 집단시위를 통해서만 일을 해결해야 할 정도로 미성숙한 사회인가. 아니면 그것이 아니라 원하는 대로 일을 처리하기 위해서 집단의 힘을 빌리는 것인가. 과연 어느 쪽인지 쉽게 판단이 서질 않는다.

민주주의를 외치면서 자유에 따르는 책임을 망각하고 권리만을 중시한 채 의무를 방기한다. 불법적으로 광장을 점거하여 천막을 설치하고 온갖 플래카드를 내걸어 오가는 시민들이 눈살을 찌푸려도 아무런 제재를 받지 않는다. 분명 법치국가인데 왜 저런 불법이 자행되고 그것을 묵인해주는지 의문이다. 집단의 위력시위가 통하고 다수가 행동하면 함부로 처벌할 수 없다는 것을 학습한 결과 버젓이 불법이 자행되는 것이다. 법치가 아니라 감정에 의해 움직이는 사회라고 봐도 무방할 정도다. 그런 사회는 미성숙한 사회다.

의회는 다수당의 횡포로 한쪽의 편만 들어주는 비정상적인 법률이 통과되고, 미친 여편네 떡 퍼 돌리듯 시도 때도 없이 탄핵이 남발되고, 정체불명의 시민단체가 광장을 점령하고 언제 끝날지 모르는 농성을 한다. 사람들은 이제 이런 상황에 익숙해져서 도대체 나라가 어디로 가고 있는지 무덤덤한 표정이니 그야말로 솥 안에서 개구리가 점점 뜨거워지는 물에 삶겨 죽는 격이다.

다른 곳은 몰라도 전라도가 변해서 불법적인 선동 플래카드를 모조리 걷어내고 광장을 청소해서 시민의 품으로 돌려주자. 이렇게 법을 지키자는 가장 기본적인 운동부터 시작해나가면 좋겠다. 그것이 나라를 살리는 길이다. 오죽하면 그럴까, 하는 관용으로 한 번 두 번 눈 감아주다 보니 떼법이 법 위에 서는 사태를 초래하고 말았다. 이를 더는 방치해서는 안 될 일이다.

21. 10.1 대구 폭동의 기름

대구는 조선의 모스크바라고 불릴 정도로 공산주의 사상이 널리 퍼져 있었고 좌익 계열의 운동가들이 많았다. 일제강점기 공산주의는 항일운동의 한 방법으로 취급되어 부자도 없고 가난한 사람도 없는 세상, 모두 평등한 세상을 만들자는 사상에 많은 사람들이 동조하였다. 한 마디로 유행처럼 번지는 신흥사상이었다. 하지만 공산주의는 세상을 공산화하기 위해 일본에 대항했을 뿐이지 조선의 독립을 목표로 하였다고 보기 어렵다. 독립은 공산주의를 탄압하는 일제를 물리치는 과정에 불과한 것이었다. 일본이 물러가고 난 후에는 미국을 상대로 투쟁했던 이유다.

대구폭동의 전후를 상세하게 살펴보는 것은 지면의 한계가 있으므로, 대구폭동이 확산하게 된 계기, 과연 어떤 일이 있었기에 그렇게 끔찍한 사태로 확대되었는지 하는 부분에 대해서만 살펴보기로 한다.

남로당은 해방 후 1945년 10월부터 조선정판사 공산당원들을 동원하여 각종 선전활동비와 당의 자금을 조달하고 경제를 교란할 목적으로 위조지폐를 발행했다. 조선정판사의 뿌리는 일제가 조선은행권을 발행하던 근택빌딩 인쇄소다. 박헌영은 그곳에 아직 지폐를 만드는 원판이 있다는 정보를 입수하고 재빠르게 인쇄소를 접수하자마자 이름을 조선정판사로 바꾸었다. 그리고 6회에 걸쳐 위조지폐를 찍어 유통하였다. 이 때문에 경제가 혼란해졌음은 물론이다.

1946년 5월 남로당 박헌영에 대한 체포령이 내려지고 합법적 활동으로는 정권 획득이 어려워지자 본격적인 폭력투쟁으로 방향을 바꾸었다. 이른바 신전술이다. 1946년 9월 총파업으로 힘을 확인하고 한 달 뒤 대구폭동으로 투쟁을 이어 나갔다.

박헌영은 자신에게 체포령을 내린 미 군정과 거래할 목적으로 남한 전국을 대혼란에 빠트려 힘을 과시할 생각이었다. 그는 수사당국의 체포와 사법처리를 피할 수 있는 길은 대혼란뿐이라는 속셈을 감추고 대중을 더욱 선동하기 시작했다.

당시 사회 분위기는 흉흉하기 짝이 없었다. 해방되었지만 식량문제가 해결되지 않은 상태였다. 미 군정이 매점매석을 막고 쌀을 모아 균등하게 배급하려 해도 쌀이 부족하였고, 그 값이 무려 60배까지 치솟는 일이 발생했다. 남로당은 배고픈 사람들의 불만을 반미투쟁으로 연결하였다. 공산주의는 못 살고 불만이 가득 차 있는 상황을 바탕으로 그 싹을 틔운다. 남로당은 자신들이 사상 투쟁을 하는 것이 아니라 먹고 사는 쌀 문제인 것으로 포장하여 사람들을 선동했고 굶주림에 지친 사람들이 동조했다.

10월 1일 총파업을 일으켰던 전국노동조합전국평의회, 일명 전평 조직원들이 대구시청으로 쌀을 받으러 가자고 대중을 부추겼다. 배고픔에 지친 부녀자들이 양동이와 자루를 들고 시청 앞에 모여 "쌀을 달라."고 소리쳤다. 사흘 굶어 담 넘지 않는 사람이 없다 할 정도로 배고픔의 고통은 참기 어렵다. 더구나 자식들과 노부모가 배를 곯는 것을 지켜보고만 있어야 했던 부녀자들은 절박한 마음으로 시위를 벌였다. 그러나 시청에서 쌀을 준비하고 있었던 것도 아니고 마땅히 해결해 줄 수 방법이 없었다. 실망한 사람들의 분위기가 점점 살벌해지기 시작했다.

이런 가운데 누군가 "이럴 것 없이 도청으로 가서 결판을 내자." 소리쳤고 동조한 군중들은 10분밖에 걸리지 않는 경북도청으로 몰려갔다. 마침 대구역 부근 금정로 운수노조 2층에는 조선노동조합 대구지역평의회, 일명 노평의 사무실이 있었는데, 그 앞에서도 노동자 수천 명이 모여 구호를 외쳐대고 있었다.

"쌀 배급 일급제를 폐지하라, 박헌영 체포령을 취소하라."

구호를 들으면 겉으로 쌀문제를 내세우고 본심은 박헌영 체포를 그만두라는 것이 분명했지만 관심을 갖는 사람들이 없었다. 이들은 공산당 혁명가요인 적기가와 해방의 노래를 불러대며 기세를 올렸다. 역광장에는 1백여 명의 무장경찰과 기마경관대가 사태를 지켜보고 있었다. 흥분한 시위대는 그 분노를 아무에게나 쏟아부어야 직성이 풀릴 것처럼 보였지만, 경찰은 사태의 심각성을 모른 채 그저 시위가 빨리 끝나기만을 기다렸다. 불씨만 떨어져도 메마른 봄날 잔디밭에 불길이 번지듯 사태가 확대될 수 있는 긴장된 상태였다.

저녁 6시쯤 되었을 때, 갑자기 노평 2층 사무실에서 고함이 터져 나왔다.

"저놈, 경찰을 죽여라."

이 소리를 듣고 수천 명의 시위대가 기다렸다는 듯이 경찰을 겹겹이

둘러싸고 도망치지 못하도록 한 다음 인정사정 두지 않고 돌을 던져 댔다. 이미 죽이란 소리가 있었으니 눈이 시뻘게진 군중들이 던진 돌에 맞아 죽을 수밖에 없는 상황이었다. 돌을 맞고 놀란 경찰이 노평사무실을 향해 발포를 시작했고, 시위군중들은 총을 피해 도망하느라고 일대는 아수라장이 되고 말았다.

경찰의 발포가 있은 후 대구에는 경찰이 쏜 총에 많은 사람이 죽었다는 소문이 삽시간에 퍼져나갔다. 실제 총을 맞고 죽은 사람은 대팔연탄공장에서 일하던 황팔용이었다.

다음날인 10월 2일 아침 8시경, 수천 명의 군중이 대구경찰서 앞으로 몰려갔다. 그들은 경찰의 발포책임을 물으며 농성을 시작했다. 그런데 한 시간쯤 지났을 때 대구의대 학생회장인 최무학과 학생 네 명이 시트로 덮인 시체를 들것에 들고 나타났다.

"어제 대구역에서 경찰이 쏜 총에 맞아 죽은 노동자의 시체올시다."

군중은 이 소리를 듣고 더욱 분개했다. 노동자의 시체가 등장하자 이것저것 따져볼 필요 없이 이성보다 감정이 앞서기 시작했다.

"아이고 불쌍타. 저런 때려죽일 놈들."

그러나 학생들이 메고 온 시체는 노동자 황팔용이 아니라 의대생의 해부관찰용으로 도립병원에 안치되어 있던 시체였다.

당시 대구에는 5월부터 창궐한 콜레라로 인해 신원을 알 수 없는 행려병자의 시신이 많았다. 최무학은 노동자 황팔용과 비슷한 나이 또래의 시체를 찾아냈다. 그리고 밤새도록 포르말린에 젖은 시체를 물로 씻어낸 다음 좌익 학생들과 함께 둘러매고 중앙 강당으로 들이닥쳤다. 최무학은 안과 시험을 치르고 있던 학생들을 향해 소리쳤다.

"보시오. 경찰이 저지른 이런 만행을 보고서도 앉아서 공부만 하고 있다면 어떻게 피 끓는 조선의 젊은 지성인이라고 할 수 있겠소? 굶주린 조선 인민들은 지금 당장 한 끼의 밥이 필요하오. 미국 놈들이 주는 캔디며 밀크가 무슨 소용이겠소. 우리는 오늘 단결된 힘으로 무고한 인민을 죽이는 저 친일 경찰의 심장부를 찾아가 발포책임을 밝히고 문책합시다.”

학생들은 최무학의 말에 박수로 동조했고, 어떤 학생이 “나가자.” 소리치며 일어서자 우르르 따라나섰다. 학생들은 순교자의 장례행사처럼 엄숙하게 시체를 떠메고 가까운 대구사범대로 행진했다.

우리 민족은 상여가 나갈 때 함께 애도하고 눈물짓는 순박한 심성을 가지고 있다. 학생들이 앞세운 시체를 따라 시민들도 이구동성으로 경찰을 욕하며 대구경찰서 앞으로 모여들었다. 일제 치하에서 해방된 것이 불과 1년밖에 되지 않았기 때문에 시민들의 눈엔 일본 순사와 비슷한 제복을 입은 경찰이 곱게 보였을 리 없다.

경찰은 경찰서를 포위한 수많은 시위대가 총에 맞아 죽었다는 노동자의 시체를 보고 흥분해서 당장이라도 담장을 뛰어넘지는 않을까 겁을 집어 먹었다. 마치 더위 먹은 소 달만 보아도 헐떡이는 것처럼 어찌해야 할 바를 몰랐다. 이것을 간파한 좌익단체와 학생대표들은 경찰이 무장을 해제하면 시위대를 해산시키겠노라는 협상을 제의해왔다. 이 말을 곧이곧대로 들은 경찰이 무장을 해제하고 도망하고 말았다. 그러나 시위대가 해산하기는커녕 경찰이 도망하자 더욱 기세를 올렸다. 아무런 제지도 받지 않고 경찰서 무기고를 털어서 무장하고 단순한 시위대가 아닌 무장 시위대로 변모하였던 것이다. 그들은 곧 경찰과 우익, 민족진영 인사들을 찾아내 닥치는 대로 학살하기 시작했다. 후에 군경이 이를 진압하는 과정에서 무고한 인명피해가 발생하였고 대구폭동은 현대사의 아픔으로 자리하게 되었다.

대구폭동은 여러 가지 사회적 불안 요인과 시체를 동원한 선동이 절묘하게 먹혀들어 확산된 사건이었다. 전평은 9월까지 전국 총파업을 이끌었고, 시민의 불만을 10월 1일 대구폭동으로 연결하는 데 성공했다. 만일 최무학을 비롯한 대구의대생이 엉뚱한 시체를 황팔용으로 둔갑시켜 시민 앞에 내보이지 않았다면 경찰에 대한 분노와 적개심이 있다 하더라도 시민들이 폭력적으로 변하기는 어려웠을 것이다.

대구를 계기로 이후 시위 현장에는 시체와 죽음을 매개로 한 선동이 한 가지 방법으로 자리하게 되었다. 나중에 사실이 아니란 것을 알게 되었을 땐 이미 모든 상황은 끝나 있을 것이다. 시위를 주도하는 입장에서는 사실보다 목적 달성이 더 중요하게 생각될 뿐이니까. 한 번도 아니고 계속 선동당하는 사람들이 걱정스럽다. 어쩌면 뻔히 선동인 줄 알면서도 이념과 진영논리에 빠져 자신을 합리화시키고 있는지도 모를 일이다.

선동이 통하는 사회는 건강하지 못하고 구조적으로 취약성을 내포하고 있기 때문에 언제고 혼란에 빠질 수 있다. 부디 건강함을 회복하길 바랄 뿐이다.

22. 이승만은 외교의 달인이었다.

　역대 대통령 가운데 좌파의 주요 공격대상이 된 사람은 이승만, 박정희, 전두환이라고 할 수 있다. 왜 좌파는 독립운동가인 이승만을 공격대상으로 삼고 있는지 알아보기 위해 그가 펼친 외교와 성과 몇 가지를 살펴보기로 하자.

　세간의 분위기를 보면 이승만 대통령에 대하여 긍정적으로 말하는 사람보다 비난하는 사람이 많은 것 같다. 그 이유는 독재자라는 것이다. 과연 독재하였다는 이유만으로 이승만을 욕하는 것일까. 그건 아니라고 본다.

　북한 김일성은 일당 독재체제를 수립하고 수십 년 동안 집권했으며, 그 자리를 아들 김정일에게 물려주었고 이제는 손자 김정은이 이어받아 폭압적 통치를 자행하고 있다. 그럼에도 좌파 진영에서 같은 민족인 북한의 현실에 대해 비판하는 것을 본 기억이 거의 없으니 이상한 일이다. 그들에게 북한은 흠모의 대상이고 대한민국은 비판의 대상인 것인지도 모른다.

좌파에서 이승만을 지속적으로 공격하는 본의는 그가 대한민국의 건국 대통령이기 때문이다. 그들은 이승만을 흔들면 대한민국의 건국과 정통성까지 흔들린다는 점에 주목하고 있다.

이승만은 1879년 황해도에서 태어났다. 어려서부터 한학을 익히고 과거를 보았지만 여러 차례 낙방하고 말았다. 당시 과거제도는 돈을 바치지 않고서는 합격할 수 없을 정도로 망가져 있었기 때문이다. 열여섯 살 되던 해 배재학당에 입학, 서양 선교사를 만나고부터 세상에 눈을 뜨기 시작하였다. 당시 배재학당에는 아펜젤러, 호머 헐버트, 윌리엄 노블, 조지 존스, 윌리엄 스크랜턴 등 엘리트들이 조선의 학생들을 가르쳤다. 이승만은 이들을 통해 미국이 어떤 나라인지 깨닫고 근대화의 방향을 설정하게 되었다.

이때부터 사회활동에 적극적으로 참여하여 서재필이 세운 학생 단체 협성회의 창립발기인과 회장을 맡았고 졸업 후에는 협성회보의 주필을 지냈다. 이 외에도 독립협회, 만민공동회, YMCA에서 활발한 활동을 하였다. 독립협회가 개최한 만민공동회에서 이승만은 인기 있는 연사였다. 그는 서양 열강과 일본의 예를 들어가며 근대화 필요성을 역설했고, 언론에도 적극 참여하여 협성회보 주필, 매일신문 사장, 제국신문 논설위원을 지냈으니 근대 언론인의 효시라고 할 만하다.

그러나 전근대적인 왕정을 폐지하고 공화제를 추진했다는 혐의로 체포되어 한성감옥에서 무려 5년 7개월 동안 수감생활을 하게 되었다. 감옥에서도 그는 쉬지 않고 영한사전을 집필하는 등 처한 곳에서 열심히 일했다. 그 와중에 러일전쟁이 터지고 말았는데, 이승만은 대한제국이 누란의 위기에 처했다는 것과 나아가야 할 방향을 〈독립정신〉에 밝혀놓았다. 그가 말한 독립정신 실천 6대 강령은 다음과 같다.

첫째, 우리는 세계에 대해 개방해야 한다.

둘째, 새로운 문물을 자신과 집안과 나라를 보전하는 근본으로 삼아야 한다.

셋째, 외교를 잘해야 한다.

넷째, 나라의 주권을 소중히 여겨야 한다.

다섯째, 도덕적 의무를 소중히 여겨야 한다.

여섯째, 자유를 소중히 여겨야 한다.

이승만이 1904년 독립정신을 집필할 때는 겨우 스물다섯이었다. 러일전쟁이 한창이란 소식을 감옥에서 듣고 열강이 무엇 때문에 싸우는지, 앞으로 우리는 어떻게 해야 되는지 정확하게 꿰뚫고 있었다.

출옥 후 그가 공부하기 위해 미국으로 건너갈 때, 미국 선교사들은 당시 미국의 지성인이자 리더라고 할 만한 사람들에게 무려 19통의 추천장을 써주었다. 미국으로 건너간 후에는 조지 워싱턴 대학교에서 학사, 하버드 대학교에서 석사, 프린스턴 대학교에서 박사과정을 밟고 한국인 최초로 미국 아이비리그라 불리는 대학에서 정치학 박사학위를 취득한 인물이 되었다. 그때 이승만과 함께 공부한 사람들 가운데 훗날 미국의 유력정치인으로 활동하는 동문들이 많았다. 자기도 모르는 사이에 인맥이 형성되고 있었던 것이다.

이승만은 미국에서의 활발한 독립운동 경험으로 대한민국 임시정부의 초대 국무총리와 대통령을 지냈다. 그는 미국에서 국제정세를 파악할 수 있었기 때문에 외교를 통한 독립투쟁이 효과적이라고 주장했다. 반면 김구는 무장투쟁을 주장했다.

영국은 19세기부터 세계 곳곳에서 러시아의 패권을 경계하고 바다로 나오는 것을 막고 있었다. 이것을 일명 '그레이트 게임'이라고 부른다. 크림 전쟁을 통해 러시아의 지중해 진출을 막고, 아프가니스탄 전쟁을 통해 러시아와 완충지대를 만들었던 것도 이런 이유에서였다. 1885년 영국해군이 거문도를 점령한 것은 러시아 극동함대의 진출을 저지하기 위함이었다. 지구 반대편에 있는 영국이 한반도 남쪽 먼바다에 있는 거문도를 아무런 이유 없이 점령할 이유가 없는 것이다(김용삼, 「한반도의 깊은 잠-아편 전쟁에서 일본의 개국까지」 백년동안, 2021. 35쪽).

일본 또한 러시아의 진출에 겁먹고 한반도가 러시아로 넘어가면 일본을 찌르는 비수가 될 것이라고 생각했다. 러일전쟁 당시 영국이 일본을 지원한 이유는 러시아를 막자는 공감대가 형성됐고, 한일병합으로 일본이 한반도를 먹어치울 수 있었던 것도 열강의 이해관계에 들어맞았기 때문이다. 영국은 자신들 대신에 일본이 러시아의 남진을 막아주는 대가로 한반도 지배를 묵인한 것이다. 이러한 국제역학관계를 제대로 이해하지 못하고서 조선인이 폭탄을 던지고 무장투쟁하면 독립할 수 있을 것이란 생각은 그 의도와 달리 성공 가능성이 낮았다. 어느 면에서 순진하기조차 하다.

1941년 일본이 하와이 진주만을 공격했을 때 정규군만 240만 명이었고 예비군도 비슷한 숫자였다. 해군은 항공모함 9척, 전투함 230척으로 세계 최강의 기동함대로 불리기에 손색이 없었다. 항공기는 무려 7,500대나 보유하고 있었다. 한 마디로 군사강국이었다.

이에 반해 임시정부의 광복군은 500명 남짓으로 대부분의 무기를 중국군이 지원해 주고 있는 실정이었다. 너무나도 분명한 전력 차이 때문에 김구가 펼친 무장투쟁은 테러 위주로 나갈 수밖에 없었다. 이승만은 이러한 사실을 직시하고 무장투쟁보다 외교를 통한 독립쟁취가 더 효과적이라고 주장한 것이었다.

1933년 국제연맹의 주요 안건으로 만주국 문제가 올라왔다. 중국과 일본은 만주를 두고 서로 자기들의 주권을 주장했다. 국제연맹은 두 나라의 주장이 첨예하게 대립하자 조사단이 올린 보고서를 검토하고 논의하기 위해 회의를 개최하기로 하였다.

이 소식을 듣고 이승만은 대한민국 임시정부를 설득해서 국제연맹 특명전권대사 자격을 얻어냈다. 그리고 곧장 제네바 국제연맹으로 떠났다. 하지만 독립국가도 아닌 임시정부의 대사 자격으로는 회의장에 들어갈 수가 없었다.

이승만은 이에 포기하지 않고 미국의 대학교와 사회활동으로 구축해놓은 인적 네트워크를 총동원해서 한국의 독립 필요성을 역설하기 시작했다. 미국 길버트, 노르웨이 랭 박사 등을 회의장 밖으로 불러내 한국 문제의 해법을 제시했던 것이다. 이승만이 주장한 요지는 이랬다.

"만주 문제를 해결하기 위해서는 그곳에 많이 살고 있는 한국인들의 국적문제를 해결해야 된다. 중국과 일본 사이에 있는 한국이 독립되지 않는다면 만주국 문제 해결도 어려울 것이다. 현재 일본의 식민지로 전락한 한국을 독립시키는 것이 가장 긴요한 일이다."

이승만은 말로 그치지 않고 국제연맹에 제출된 보고서 가운데 만주에 있는 한인과 관련된 부분을 발췌하여 정리하고 자신의 주장을 덧붙였다. 아무도 도와주는 사람 없이 홀로 고군분투할 수밖에 없었다. 그렇게 해서 나온 것이 「만주의 한인들」이란 책자다.

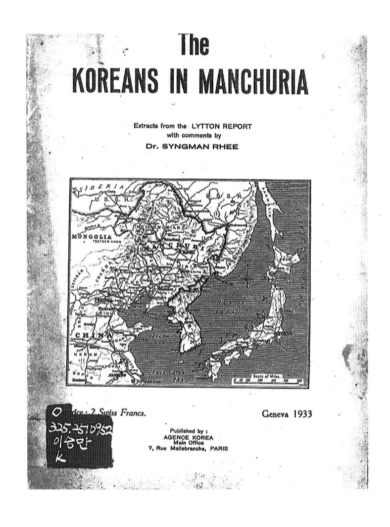

이승만의 인터뷰를 1면 전면에 보도한 스위스 신문(연세대 이승만 연구원)

   그는 이것을 국제연맹 사무국에 부탁해서 각국 대표들에게 배
포할 수 있도록 만들었다. 그러자 언론까지 여기에 관심을 가지
고 취재하여 스위스 신문에 보도되기에 이르렀고 곧 외교적 반향
을 불러 일으켰다.

한 마디로 조선의 독립문제를 국제사회에서 관심을 가지도록 하는 계기를 만들었다고 볼 수 있다. 이때 이승만이 만들어 배포한 자료를 본 일본 대표단의 표정이 어땠을지 상상해보면 재미있을 것이다.

결국 국제연맹은 일본을 침략자로 규정하며 규탄하는 결의를 채택하였고, 이에 반발한 일본은 국제연맹을 탈퇴해버리고 말았다. 그동안 일본에 대해 우호적이던 열강들이 한반도와 만주의 실상을 제대로 알도록 주의를 환기시키는 과정에 이승만이 이처럼 크게 기여했다.

또 이승만은 일본이 만주를 자신들의 영향력 아래 두는 것에 만족하지 않고 더욱 팽창하여 큰 문제를 일으킬 것이라고 경고했다. 즉, 일본은 장차 중국 본토와 동남아에 대한 침공을 할 것이며, 더 나아가 세계를 상대로 전쟁할 것이라고 내다보았다.

그는 일본의 진주만 공격이 있기 6개월 전인 1941년 7월, 「Japan inside out」이란 책을 출판하여 일본이 미국을 공격할 것임을 알렸다. 다시 말해 경계경보를 울린 것이다. 당시 평화주의자들은 이승만의 말에 전혀 귀 기울이지 않고 있을 수 없는 일을 가지고 망상으로 가득 찬 책을 냈다며 비웃었다.

그러나 반년 만에 실제 일본이 미국을 공격하고 나서자 이승만의 탁월한 안목이 더욱 주목받게 되었다. 그를 무시할 수 없게 된 것이다.

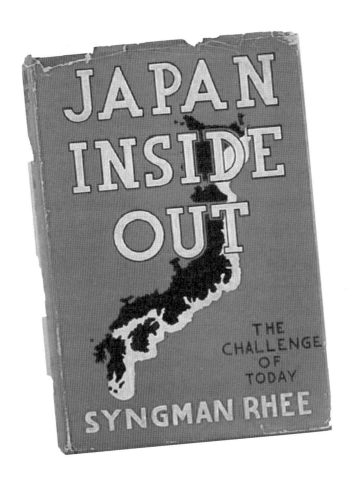

1943년 11월 미국의 루즈벨트 대통령, 영국의 처칠 수상, 중국의 장개석 총통이 이집트의 카이로에서 회담을 갖고 선언문을 발표했다. 이들은 태평양 전쟁을 일으킨 일본을 규탄하고 군사적 협력에 뜻을 모았다. 세 사람은 선언문에서, '3대국은 조선 인민의 노예 상태에 유의하여 적당한 시기에 맹세코 조선을 자주독립시킬 결의를 가졌다.'는 특별조항을 넣었다. 한반도의 독립문제가 국제적으로 처음 논의된 회담이었다. 카이로 선언으로 인해 일본이 패전한 후 연합국은 조선을 일본으로부터 분리하여 독립시킬 수 있는 초석을 놓았던 것이다.

그런데 세 나라 지도자가 아무런 이유 없이 한국의 독립을 약속한 것은 아니었다. 그것도 '맹세코'라는 표현을 써가면서까지 말이다. 어떤 사람들은 임시정부 김구 주석이 장개석을 찾아가 한국의 독립문제를 제기해달라 부탁했고, 장개석이 이를 받아들였기 때문이라고 말한다. 장개석이 김구의 요청대로 회담 장소에서 조선의 독립을 제기하였다는 것이다.

그러나 장개석이 회담에서 한반도 문제를 우리가 원하는 대로 말했다는 사실이 없다. 그의 눈에 조선은 청일전쟁에서 진 결과로 일본이 집어삼킨 것에 불과했고, 다시 중국의 영향력 아래 두어야 할 속국이었던 것이다. 그래서 과거처럼 중국과 한반도를 주종관계로 만들기 위해 전쟁이 끝나면 군대까지 파견할 계획을 세웠다. 물론 김구도 어떤 역할을 하기 위해 노력했을 것으로 생각되지만 그것이 확실치 않다. 이승만과 비교할 때 그 역량이 부족했고 성과 또한 크지 않았다는 점을 인정할 수밖에 없다.

카이로 선언의 막후에는 분명 이승만의 활약이 있었다. 이승만이 미국에서 자신을 후원하던 단체와 유력 인사들을 동원하여 정계에 로비한 결과였다. 미국은 합법적 로비가 인정되는 사회다. 미 상원의 프레드릭 해리스 목사는 상원의 원목(院牧)으로 정계와 교계에 영향력이 큰 사람이었다. 이승만은 해리스 목사와의 유대관계를 활용해서 조선의 독립 필요성을 계속 어필했고 미 의회에서도 관심을 가지도록 만들었다. 1943년 5월 이승만은 루즈벨트 대통령에게 한국의 독립과 관련된 조치를 시급히 취해달라는 편지까지 보냈다. 루즈벨트 대통령은 편지를 읽고 비서실장에게 말해 긍정적 답신을 보내도록 했다. 이승만의 노력이 결실을 맺기 시작했던 것이다.

카이로 선언문의 초안을 작성한 사람은 대통령 특별보좌관이던 해리 홉킨스다. 이승만의 후원단체와 유력 인사들이 접촉하고 로비했던 바로 그 사람이다. 해리 홉킨스는 초안을 작성해서 루즈벨트 대통령에게 보고했고, 약간의 수정을 거쳐 1943년 11월 27일 세 나라 지도자가 서명하기에 이르렀다(김용삼 「이승만의 내이션 빌딩」 북앤피플, 2014. 82쪽부터).

도대체 이승만이 누구길래 미 대통령의 마음까지 움직일 수 있었을까. 그것은 그가 조지 워싱턴대, 하버드대, 프린스턴대학에서 함께 공부했던 사람들과 친분을 맺고 있었기 때문이다. 최고의 대학에서 공부하고 졸업한 사람들이 행정부와 정계로 진출하여 영향력을 행사하였고, 일본의 미국 침략을 정확히 예언한 이승만의 안목을 무시할 수 없었다. 그만큼 이승만은 위상이 높았다.

제2차 세계대전이 끝을 향해 가고 있을 즈음, 1945년 2월 흑해 연안에 있는 얄타에서 미국의 루즈벨트 대통령, 영국의 처칠 수상, 소련의 스탈린 서기장이 모여 회담하였다. 장개석도 참석하기로 하였지만 국공내전이 워낙 심각해서 참석할 여유가 없었다. 얄타는 지정학적으로 소련의 안방이나 다름없었다. 당시 루즈벨트는 63세로 39세 때 하반신 마비를 겪는 바람에 건강상 큰 문제를 안고 있었다. 혈압이 높았고 술과 줄담배를 즐겼다. 처칠은

70세의 고령으로 고혈압과 난청에 시달리고 있었다. 비대한 몸으로 시가를 즐겨 피워 뇌졸중을 세 번이나 겪을 정도로 노쇠해 있었다.

반면 스탈린은 66세였음에도 세 사람 가운데 가장 건강했고 루즈벨트와 처칠을 가지고 놀 정도로 여유가 있었다. 말하자면 중환자 두 사람을 끌어들여 24시간 동안 도청해가며 회담을 주도했던 것이다. 얄타 회담이 끝난 두 달 후에 루즈벨트가 사망했으니 스탈린의 독무대가 분명했다.

미국과 소련은 당시 일본과 불가침 조약을 맺고 있던 소련이 전쟁에 참여하는 대신 한반도에 38도선을 경계로 분할 점령하는 데 동의했다. 아직 원자폭탄이 만들어지기 전이라 미국은 전쟁을 하루라도 빨리 끝내고 싶었고, 소련은 러일전쟁에 진 댓가로 상실했던 사할린 섬을 되찾을 뿐만 아니라, 그토록 진출하고 싶었던 한반도에 발을 들여놓게 되니 거절할 이유가 없었다. 처칠 수상은 회담을 마치며 이렇게 말했다.

"이 회담은 비밀로 해둡시다. 전 세계의 많은 사람들이 오늘 이 자리에서 우리 맘대로 자기들의 운명을 재단했다는 것을 알게 되면 매우 불쾌해할 테니 말이오."

이렇듯 회담 내용을 비밀로 했으므로 상해 임시정부는 물론 앞으로 닥쳐올 운명을 점쳐보는 사람이 아무도 없었다. 오직 한 사람, 이승만은 한반도의 운명이 매우 불확실한 위험에 놓여 있다는 것을 알았다.

1905년 미국과 일본은 각각 필리핀과 조선에 대한 지배권을 상호 승인하는 카쓰라 태프트 밀약을 맺은 일이 있었다. 이승만은 자국 이기주의가 극도로 지배하는 국제사회에서 또 한반도를 자기들 마음대로 요리하지 않을까 온 신경을 곤두세우고 경계하며 사태의 추이를 지켜보았다.

당시 한반도에 대한 열강의 입장을 보자. 미국은 스탈린을 신뢰하며 신탁통치를 찬성했고, 소련은 극동아시아의 상황을 러일전쟁 이전으로 되돌리고 싶어 했다. 그리고 동유럽의 공산화에 이어 한반도를 공산화하기 위해 일단 38도선 이북만이라도 신탁통치하는 것에 찬성했다. 한반도 절반 북쪽 지역에 폴란드와 같은 공산정권을 수립하기만 한다면 투쟁을 통해 나머지 절반도 공산화할 자신이 있었다.

중국은 상황을 청일전쟁 이전으로 되돌리고 싶었고 장개석의 눈에 한반도는 중국의 속국에 불과하다고 여겨졌다. 상해에 있던 임시정부를 자기들 영향력 아래 두고 싶어 했다. 장개석이 국공내전의 어려운 상황에서도 임시정부에 자금을 지원했던 이유는 바로 이 때문이었다. 영국은 전쟁이 끝나면 전쟁 전의 식민지를 그대로 보전하길 원했다. 열강 가운데 누구도 한반도의 독립을 바라지 않았던 것이다.

아무도 얄타회담의 중요성에 대해 관심을 기울이고 있지 않을 때 이승만은 1905년과 같은 상황이 또 연출될까 봐 노심초사하고 있었다. 회담 내용이 공개되지 않은 것이 더욱 의심스러웠다. 이때 소련 공산당의 정보요원으로 있다가 전향한 사람이 이승만을 찾아와서, 미국은 소련이 전쟁에 참전하는 대가로 한반도를 일본이 항복할 때까지 소련의 영향력 아래 두기로 했다는 실로 놀랄만한 정보를 제공하였다. 그것이 비록 정확한 정보는 아니었지만 밀약이 있었다는 사실만은 분명했다.

　이승만은 크게 분개했다. 자리를 박차고 일어나 얄타회담에서의 밀약을 즉각 공개하라는 요구를 하고 나섰다. 미국 최대 신문 그룹의 오너인 허스트에게 편지를 보내서 전국에 대서특필되도록 했고, 상하원 의원들에게 전보를 쳐서 백악관과 국무성에 해명 요구를 하도록 만들었으며, 또 트루먼 대통령에게도 편지를 보내서 얄타에서의 비밀 협약을 바로잡아달라고 요구했다.

　일이 커지자 백악관은 국무성을 통해서 이승만에게 답장하기를 그런 사실이 없다고 부인하고 나섰다. 또 국무장관은 헛소문에 불과하다는 성명을 발표하기에 이르렀다. 말하자면 한반도를 독립시킬 것이란 카이로 회담은 여전히 유효하다는 것을 재확인한 것이다. 미국뿐만 아니라 영국에서도 처칠은 의회에 불려가서 몇 가지 양해 사항이 있었다는 것을 인정해야 했다.

　그런데 미국 내 모든 한인들이 이승만과 뜻을 같이 하지는 않았다. 안창호 세력인 서북파와 공산 계열의 단체가 이승만을 허풍쟁이로 몰아세우며 "이승만은 독립운동에 찬물을 끼얹는 행동을 그만두고 물러나라." 비난하고 나섰던 것이다. 아직 사실이 드러나지 않아 벌어진 일이었지만, 이승만의 행동으로 인해 미국 정부와 여론을 환기시키고 세계적으로 잊혔던 한국에 대한 관심을 되살리는 데 성공한 것은 분명했다. 교포사회로부터 욕먹고 곤란한 처지로 떨어진 것은 그가 감수해야 할 몫이었다.

　만일 이승만이 일을 크게 벌이지 않았더라면 미국 정부가 얄타에서 비밀 협약은 없었다고 말할 필요가 없었다. 이승만은 국제적 혜안으로 강대국의 외교전술을 간파하고 미국을 계속 지켜보았다. 미국은 자의든 타의든 간에 이승만이란 존재로 인해 함부로 외교하기 어려웠고 소련의 위협을 의식할 수밖에 없었다.

1945년 7월 포츠담 회담에서는 미국이 루즈벨트 때와 달리 소련을 경계하고 나섰다. 그 결과 포츠담 선언은 얄타 회담에서의 비밀 협정과 관계없이 1943년에 발표된 카이로 선언을 따르기로 하였다. 이로써 한반도의 독립이 국제적으로 재확인받게 되었던 것이다.

이승만의 외교적 노력이 없었더라면 연합국이 카이로에서 한반도의 독립을 선언하지 않았을 것이고, 포츠담에서 카이로 선언을 재확인하지 않았을 것이다. 어쩌면 조선과 일본은 협정을 통해 병합된 한 나라라고 생각하여 일본이 패전할 경우에도 한반도 독립 문제는 거론하지 않았을지도 모른다.

당시 세계에는 식민지에서 벗어나 독립하고자 하는 약소 민족들의 무장단체가 넘쳐났다. 연합국의 눈에 상해 임시정부는 그중 하나로 보였을 뿐이다. 이승만은 임시정부의 활동을 인정받기 위해 대일선전포고를 하라고 임시정부를 설득했고 김구는 이를 받아들여 1941년 12월 10일 대일선전포고문을 발표하였다. 일본이 미국 하와이 진주만을 기습한 지 4일 만이었다.

"대한민국 임시정부는 일본 제국에 대해 이미 교전 상태에 있음을 공식화하고 제2차 세계대전에서 연합국을 지지할 것이다."

임시정부 주석 김구, 외무부장 조소앙 명의로 된 포고문을 보면 가슴이 뜨거워짐을 느낀다. 조소앙은 한때 임시정부의 대통령이었다가 탄핵된 이승만을 여전히 믿고 따랐으며, 이승만이 주미 외교위원부 대표로서 전 세계를 상대로 하여 외교하는 것에 찬성했다.

이승만이 미국에서 돌아가는 정세를 상세히 파악하고 있었기 때문에 대한민국 임시정부가 대일선전포고를 할 수 있었던 것이다. 상해에 있던 임시정부는 일본의 공격을 피해 국민당 장개석을 따라 항저우, 전장, 우한, 창사, 광저우, 류저우, 구이양, 치장을 거쳐 1940년부터 충칭에서 2년째 피난살이를 하고 있던 형편이었다. 일본이 미국을 상대로 왜 전쟁을 벌이는지, 우리가 어떻게 해야 하는지 정세를 정확하게 파악하고 있는 인물이 드물었다.

1937년 중일전쟁이 발발하고 중국이 일본과 싸움을 벌일 때도 장개석으로부터 지원받고 있던 임시정부는 대일선전포고를 하지 않았다. 중국이 선전포고를 하지 않은 탓도 있겠지만 선전포고의 의미를 제대로 몰랐다고 할 수 있다.

중국은 10년 동안 대륙에서 일본과 크고 작은 싸움을 벌이면서도 선전포고를 하지 않은 상태였다. 그래서 외로운 싸움을 할 수밖에 없었는데 1941년 12월 7일 일본이 진주만을 기습 공격한 것에 대항해 미국과 영국이 12월 8일 선전포고를 하자, 중국도 그제야 12월 9일 연합국의 일원으로 싸울 것이라는 대일선전포고를 하였다. 우리 임시정부는 중국에 이어 12월 10일 선전포고를 했다.

정리하자면 임시정부의 대일선전포고는 이승만의 요청, 그리고 중국의 선전포고로 인해 이뤄진 것이었다고 볼 수 있다. 1910년 국권을 잃은 지 무려 32년이 지난 시점에서, 일본이 한반도를 식민지로 만들고, 만주를 공격하고, 중국을 공격할 때도 가만히 있다가 태평양 너머 미국 하와이를 공격했다고 해서 갑자기 선전포고를 하고 나서는 것은 고개가 갸웃거려지는 일이었다.

아무튼 임시정부에서 대일선전포고를 선언하자 이승만은 즉시 미국 행정부에 선전포고문을 전달하고 임시정부를 승인해달라, 그리고 미국 무기대여법에 의한 무기를 지원해달라, 광복군의 참전을 허용해달라는 활동을 맹렬하게 전개하였다. 이것은 종전되었을 때 우리도 엄연한 참전국의 일원으로 인정받고 한반도의 완전한 독립을 쟁취할 수 있다고 믿었기 때문이었다.

이런 활동이 결실을 맺어 1940년 창설된 이후에도 그 존재를 인정받기 힘들었던 광복군이 1945년 미국의 지원 아래 한반도 진공작전을 위한 OSS훈련까지 받게 되었다. 아쉽게도 광복군이 국내로 진공하기 전 일본이 패망해버리는 바람에 무위로 끝나고 말았지만, 막후에서 이승만이 미국을 움직이고 임시정부를 설득해서 벌인 일은 의미 있는 일이었다.

불행한 점은 상해 임시정부 요인들과 이승만이 국제적으로 임시정부를 승인받기 위해 그토록 노력했음에도 불구하고 결국 승인받지 못한 채 해방을 맞이했다는 것이다. 해방 후 남북에 진주한 미소 군정은 임시정부를 인정하는 데 매우 인색했다. 그들은 김구를 무장단체를 지도한 테러리스트로 간주했다. 그래서 해방되고도 무려 석 달이 지난 11월 23일에야 귀국할 수 있었다. 만일 임시정부가 이승만의 주장대로 국제적 외교활동을 더욱 맹렬히 벌였더라면 상황이 달라졌을 수도 있겠다는 생각이 든다.

구한말부터 일제강점기, 그리고 해방이 될 때까지 이승만이 벌

인 외교적 노력과 성과, 그 의미를 곱씹을수록 우리 민족의 독립
은 정말 하늘이 도왔구나 하는 생각이 든다. 그의 깊은 통찰과 혜
안에 감탄할 따름이다.

23. 광복되었지만 온전하지 않았다.

    일본이 물러가고 38도선을 경계로 남쪽엔 미군이 북쪽엔 소련군이 진주하였다. 소련의 레베데프 소장은 소련군 장교이던 서른세 살의 김성주를 1945년 9월 북한으로 불러들여 흰 수염 휘날리며 일본에 맞서 싸우던 독립운동가 김일성으로 둔갑시켰다. 10월 평양에서 소련이 주도한 대규모 '김일성 장군 환영 평양군중대회'를 열고 김일성을 공식적으로 데뷔시킴으로써 한반도 공산화 공작에 나섰다. 소련이 동유럽을 공산화할 때 꼭두각시 노릇을 하는 지도자 또는 정부를 만들어 대중을 선동한 것은 한두 번이 아니었다.

    소련 군정은 1945년 10월 12일 모든 무장단체를 해산하고 이들을 각 지방의 인민위원회 산하로 편제하고 보안대를 만들었다. 일종의 경찰이었다. 그리고 1945년 말부터 군사를 담당하는 보안국을 설치하고 육·해·공군의 모체가 될 기구를 조직하여 훗날 정규군의 근간이 되는 군 간부를 양성하기 시작했다.

    이듬해 1946년 2월 출범한 사실상의 정부 북조선인민위원회는 소련

군정이 하던 붉은 군대의 건설을 이었다. 1946년 8월부터 보안간부훈련소를 확대 개편하고 인민군 보병부대의 모체가 되는 경보병 사단을 창설했다. 이때 간부 대부분은 동북항일연군 출신이 많았고 뒤늦게 조선의용군 출신들이 합류했다. 드디어 1948년 9월 9일 조선민주주의인민공화국이 수립됨으로써 무력 증강에 더욱 박차를 가하게 되었다.

김구가 남북연석회의에 참석했을 때 이미 북한은 엄청난 군사력을 갖춰놓고 있었다. 김구가 북한으로 가기로 한 1948년 4월 19일, 이북 출신 기독교단체, 부인단체, 서북청년회, 학생들이 경교장에 모여 가지 말라고 호소했다. 어떤 사람은 자동차 앞에 눕고 바퀴의 바람을 빼놓기도 했다. 그러나 김구 일행은 경교장 뒷담을 넘어 북으로 향했다.

훗날 레베데프 비망록을 통해 남북연석회의는 소련 군정 책임자였던 레베데프 소장과 스티코프 중장이 치밀하게 계획한 것임이 드러났다. 김일성의 말과 행동은 모두 레베데프의 지도를 받은 것이었다. 북한은 남북연석회의가 끝났음에도 김구 일행을 붙잡아두고 5월 1일 노동절 행사를 평양역 광장에서 열었다. 북한은 이때 인민군 열병식을 거창하게 보여줌으로써 김구의 얼을 쏙 빼놓았다.

군인만 2만5천 명이고 행사에 동원된 인원은 무려 30만 명이었다. 최용건이 백마를 타고 지휘하는 가운데 소련제 최신식 기관총, 곡사포, 고사기관총, 대전차포, 박격포 등 막강한 무기를 선보였다. 당시 남한에는 경찰 수준의 경비대만 있을 뿐이었다. 김구는 큰 충격을 받고 어차피 북한이 남침하면 공산화될 텐데 그까짓 남한에서 대통령을 하는 것이 무슨 소용인가, 라고 생각했을지도 모른다.

북한은 남한과 연결되어 있던 전력과 통신선을 단절하고 남북왕래를 막았다. 그리고 민족진영과 우익 인사들을 숙청하고 재산을 몰수하였다. 이를 견디지 못한 사람들이 목숨을 걸고 38선을 넘었던 일은 익히 알고 있는 바다.

　북한이 빠르게 공산화되어가고 있을 때 남한의 상황은 어떠했을까. 3.1운동 기념식을 두고 좌우 진영이 분열하여 난투극을 벌이고, 찬탁이냐 반탁이냐를 두고 연일 시위가 이어졌다. 박헌영의 남로당은 조선정판사 위조지폐사건을 일으켜 사회를 혼란에 빠트리고, 1946년 9월 좌익 계열의 전평이 총파업을 일으키더니 급기야 10월엔 대구폭동이 일어났다.

　1947년 제주는 흉년과 식량난, 콜레라와 좌우익 세력의 극심한 대립, 이북에서 월남한 서북청년단과 좌익의 충돌로 뒤숭숭한 사회 분위기였다. 남로당은 이런 틈을 교묘히 파고들어 4.3사건을 일으켰다.

　당시 남한의 상황은 극도로 혼란스러웠다. 1948년 5월 10일 유엔 결의에 따라 간신히 총선거가 실시되고 제헌국회를 구성할 수 있었다. 8월 15일 대한민국정부가 수립되었지만 초대 대통령으로 선출된 이승만은 무엇 하나 제대로 돌아가지 않고 온전한 것이 없는 나라의 대통령일 뿐이었다. 해야 할 일이 너무나도 많았다.

　그런데 정부가 수립되고 고작 두 달 후인 10월 19일, 제주도 공산 빨치산을 토벌하기 위해 출동 준비 중이던 14연대 군인 2천여 명이 여수에서 반란을 일으켰다. 김지회 중위와 지창수 상사 등 남로당 계열의 군인들은 장병들을 선동하여 전광석화처럼 여수와 순천을 점령하였다. 일명 여순반란사건이다. 누가 공산주의자인지 아닌지 판단하기 어려운 상황 속에서 양측의 공격으로 선량한 양민이 희생되었다. 이 사건은 좌우익의 극심한 대립이 어떤 결과를 낳는지 여실히 보여주었다. 진압군에 쫓긴 잔당들은 지리산으로 숨어들어 빨치산 투쟁을 전개하였는데 이들을 구빨치라 부른다.

또 국회에서는 남로당의 자금 지원을 받아 활동한 프락치 국회의원이 나왔다. 북한이 공산당의 주도하에 반대파를 숙청하고 일사분란하게 군사력을 갖춰나가고 있었던 반면, 남한은 여기도 혼란 저기도 혼란, 그야말로 전국이 혼란의 도가니였다. 급기야 1949년 6월 26일 김구가 이북 출신 육군 장교 안두희의 총에 맞아 죽는 일까지 발생하고 말았다.

이런 와중에 친일파를 처단하자는 반민특위가 제대로 활동할 리 만무했다. 친일파 잡는 것도 중요하지만 무엇보다 남한의 공산화를 막는 것이 더 시급한 일이었기 때문이다. 미 군정이 서울시민을 조사한 결과 공산주의에 호의적인 사람의 비율이 70%가 넘었으니 말이다. 그야말로 내버려 두면 저절로 공산화의 길을 걸을 수밖에 없는 상황이었다.

이념으로 싸우고, 친일 반일로 싸우고, 먹을 게 없어서 싸우고, 넘쳐나는 실업자들이 일거리 때문에 싸우고, 정치인들은 국회에서 싸우고, 노동자들이 못 살겠다며 파업을 무기로 싸우고 그야말로 아비규환의 세상이 대한민국에서 펼쳐지고 있었던 것이다.

24. 공산화를 막은 토지개혁

어려운 상황 속에서 그래도 주목할 만한 것이 있으니 그것은 바로 토지개혁이다. 만약 토지개혁이 제때 이뤄지지 못했더라면 6.25 전쟁을 제대로 치르지 못하고 공산화의 길을 걸었을 것이다.

사람에게 있어 토지는 중요하다. 특히 우리 민족처럼 땅에 대한 애착이 강한 민족도 찾아보기 힘들다. 오죽하면 참새도 땅이 없으면 못 산다는 말이 있을까. 예나 지금이나 재산의 정도를 땅으로 평가하는 경우가 많고 부동산에 대한 인기는 식을 줄 모른다.

북한은 소련의 지시대로 1946년 3월 5일부터 불과 25일 만에 토지개혁을 단행하였다. 그야말로 번갯불에 콩 구워 먹듯, 재빠르게 이루어진 일이었다. 소련이 북한에서 붉은 군대의 건설과 동시에 토지개혁을 서둘러 실시한 이유는, 땅 없는 소작농에게 토지를 나눠줌으로써 감동을 이끌어내고 그들이 공산정권을 지지하도록 만들자는 데 있었다. 그래서 지주를 적으로 돌리고 농토를 무상으로 몰수한 다음 농민에게 무상으로 분배했다. 토지뿐만 아니라 지주가 소유한 주택, 농자재, 가축 등 모든 재산을 몰수했다. 북한이 시행한 토지개혁은 농민들의 마음을 파고들어, 무려 1천6백여만 명이 서명한 감사 편지를 스탈린에게 보내기도 했다. 땅을 얻게 되었으니 얼마나 감사한 일인가.

그러나 말이 무상분배이지 실상은 국가가 소유권을 가지고 농민은 경작권만 얻은 것에 불과했다. 땅을 가진 농민은 그 땅에 농사만 짓는 것이 아니라 모든 소유권을 가지고 사정에 따라 매매하고 저당 잡히고 빌려주는 행위를 할 수 있어야 되는데 그런 일은 일절 금지되었다. 자식의 결혼이나 등록금 때문에 급전이 필요해도 땅 가지고 할 수 있는 일이 없었다.

반면 땅에서 거두는 현물세는 날로 늘어났다. 처음엔 25%의 현물세를 내면 된다고 하더니 풍흉과 토지의 비옥도에 관계없이 획일적으로 현물세를 책정하여 가장 높을 때는 무려 수확량의 70%를 바쳐야 했다. 토지개혁 전 지주에게 내던 소작료가 보통 수확량의 절반이었다는 것을 생각하면 훨씬 높은 수준이었다.

농민들은 토지개혁으로 받은 땅이 과연 내 땅인가 의심하며 일할 의욕을 잃어 갔다. 실컷 농사지어 본들 내 손에 들어오는 것은 적고 남 좋은 일만 시키게 되니 당연한 일이다. 결국 공산정권은 1958년에 이르러 모든 토지를 빼앗아 국유화하고 농민들을 협동농장으로 내몰고 말았다. 그야말로 노예처럼 일하고 식량을 배급받는 희한한 사회로 변해버린 것이다. 그제야 농민들은 과연 누구를 위한 토지개혁이었는지 한탄하며 땅을 쳤지만 이미 되돌릴 수 없었다.

또 공산 정권에게 평생을 열심히 일해 일군 땅, 조상으로부터 물려받은 땅을 빼앗기고 졸지에 맞아 죽어야 할 지주 부르주아 계층이 되어버린 사람들은 생명의 위협을 느끼고 고향을 떠나 남쪽으로 내려

올 수밖에 없었다.

 북한 공산정권의 횡포에 원한을 가진 이북 출신 청년들이 조직한 반공단체가 바로 서북청년단이다. 그들 입장에서 남한까지 공산화된다면 더 이상 갈 곳이 없을 테니 절박한 심정이었을 것이다. 서북청년단은 영화 등에서 매우 거칠고 폭력적으로 묘사되는 경우가 많다. 그러나 서북청년단은 그 지역에서 배운 인텔리 계층이었으며, 기독교도가 많았고 생활 정도가 윤택해서 오히려 폭력과 거리가 멀다고 봐야 했다. 다만 반공정신이 너무 투철해서 공산주의자와 싸우는 일엔 물불 가리지 않는 것이 흠이었다. 그들로선 남한까지 공산화되면 도저히 살 수 없으니 살기 위해 벌인 투쟁이 바로 반공 활동이었다고 볼 수 있다.

 한편 남한은 지주에게서 토지를 유상으로 사들이고 농민에게 유상으로 분배하는 유상몰수 유상분배 원칙을 분명히 했다. 농민들은 북한에서 실시된 토지개혁 소식을 듣고, 혹시 우리도 땅을 공짜로 받게 되는 것 아닌가 하는 기대감에 부풀어 하루빨리 토지개혁을 실시하기를 원했다. 만일 개혁이 늦어질 경우 공산주의자들이 그 틈을 파고들어 사회 혼란을 부추길 것이 뻔했다.

 그래서 미 군정은 소작료를 3분의 1만 낸다는 3.1제를 실시하였다. 이로 인해 소작농의 소작료가 크게 줄어들었지만 자기 땅을 갖지 못해 생기는 불만은 여전했다. 미 군정이 귀속농지를 방매하는 등 노력을 기울였어도 농지개혁은 사실상 성공하지 못하고 이승만 정부로 넘어갔다.

 이승만은 토지개혁의 적임자로 조봉암을 선택하여 농림부 장관에 임명했다. 그는 좌익활동 경력이 있는 제헌 국회의원이었지만 농지문제에 관한 한 누구보다 해박한 지식을 갖고 있었기 때문이다. 사람들은 조봉암이 이승만을 반대하는 대표적인 사람으로 알고 있었는데 그가 농림부 장관으로 임명되자 놀라움을 금치 못했다. 그러나 조봉암이 개혁을 추진한다고 해서 순탄하게 흘러가지는 못했다. 호남의 대지주와 자본가들이 만든 한민당은 국회 주도권을 쥐고 토지개혁의 발목을 잡았던 것이다.

인촌 김성수가 한민당을 설득하여 농지개혁법이 겨우 통과된 것은 1949년 6월이었다. 하지만 국가가 빈농에게 최대 30%까지 보조금을 줄 수 있다는 조항이 문제되어 삭제하고 지가증권을 도입하는 등 개정작업을 거치느라 법이 집행되지 못했다. 이런 와중에도 북한은 농민들에게서 막대한 현물세를 걷고 일본이 두고 간 중화학 공업을 기반으로 군사력 증강에 박차를 가하고 있었다.

드디어 1950년 3월 10일 농지개혁법 개정을 완료하여 4월부터 농민늘에게 토지분배가 시작되고 5월에는 토지장부를 열람할 수 있었다. 6.25전쟁이 발발하기 불과 한두 달 전이다. 농민들은 토지장부에 올라 있는 자신의 이름을 보고 감격에 겨웠다. 그토록 열망하던 자기 땅을 갖게 된 것이다.

물론 이것은 공짜가 아니었다. 우선 땅을 내놓은 지주들에게 현금이 아닌 지가증권을 주고 국가사업에 우선적으로 참여할 수 있도록 배려했다. 농민들은 돈이 없어도 땅을 분배받을 수 있었다. 즉, 땅값을 현물로 5년 동안 상환하는 것이었다. 토지 산출량의 15%를 국가가 5년간 지주에게 지급하고, 마찬가지로 그 땅에서 소작하던 농민도 15%를 5년간 지주에게 상환하는 방식이었다. 토지개혁 전 소작농이 수확량의 절반을 지주에게 주었던 것과 비교하면 거저 얻는 것이나 다름이 없을 정도였다.

토지개혁으로 인해 언제부터 시작되었는지 모를 지주제가 사라지고 더는 소작쟁의와 같은 분쟁은 일어나지 않게 되었다. 농민들은 전쟁의 와중에도 자기 이름으로 된 토지를 지키기 위해 기를 썼다. 내 것을 지키고자 하는 마음은 사람의 가장 기본적인 방어 욕구다. 지켜야 할 가족, 땅, 조국이 없는 사람이 무엇 때문에 목숨을 내놓고 싸울 것인가. 만일 전쟁 전 토지개혁이 실시되지 않았더라면 농민들은 공산주의자들의 선동에 쉽게 넘어가고 말았을 것이다. 그 결과를 상상만 해도 아찔하다.

중앙일보가 남미특집을 기획하여 브라질의 룰라 대통령과 인터뷰한 일이 있었다(중앙일보. 2004.8.16). 기자가 물었다.

"브라질처럼 풍부한 자원을 가진 나라에 어째서 5천만 명이 넘는 절대빈곤층이 존재하는 겁니까?"

룰라 대통령은 이렇게 대답했다.

"한국은 과거 50년대에 농지개혁을 했지만 브라질은 그러지 못했고, 아직도 그것이 풀어야 할 숙제입니다. 브라질의 경제는 사회개혁 없이 심각한 불균형 성장을 해왔던 것이 문제지요."

정작 우리 국민들은 토지개혁의 중요성과 의미를 잘 모르고 있는데, 지구 반대편에 있는 브라질 대통령은 한국이 성공하게 된 원인을 정확히 꿰뚫고 있었던 것이다. 그럼에도 불구하고 사람들은 오로지 이승만을 독재자라고 매도하기에 여념 없으니 한심한 일이다. 정치 수준은 민도(民度)에 따라 결정된다.

예를 들어 버스에서 담배를 피거나, 승객을 콩나물시루처럼 꽉꽉 밀어 넣어 정원을 초과하고, 넘어져도 항의하기는커녕 엉덩이를 툭툭 털고 일어나 다시 손잡이를 잡는다. 식당에선 식사하다가도 담배를 피고, 그 사이로 아이들이 뛰어다니고, 손님은 담배꽁초를 밥뚜껑에 비벼 끈다. 관공서에 갔더니 사무실 책상마다 재떨이가 놓여 있고 민원인도 자연스럽게 담배를 피운다. 잠시 후에는 다방 레지가 커피 배달을 오는 그런 광경을 상상해보자. 아마 요즘 사람들은 도저히 이해하기 어려울 것이다. 몇 가지 예만 들어도 한숨이 푹 나오고 얼굴이 화끈거릴 정도다. 미개한 후진국에서나 볼 법한 일로 여기지 않으면 다행이다.

그런데 불과 30년 전만 해도 우리 주변에서 어렵지 않게 볼 수 있는 풍경이었다. 그보다 30년을 더 거슬러 올라가면 어떠한가. 도로는 온통 흙먼지 폴폴 날리는 신작로이고 버스 탈 돈이 아까워 짐을 이고 지고 걷는 사람이 더 많았다. 아니 버스가 귀해 구경하기조차 어려웠다. 소달구지로 짐을 싣고 장에 갔고 그 비용이 아까운 사람들은 이고 졌다.

막걸리집에서도 작부를 끼고 젓가락 장단 맞추며 노래하고, 모든 회사는 토요일 오전, 아니 오후까지 꽉 채워서 일하는 곳이 많았다. 그래도 그것이 몸에 배어서 힘든 줄도 불평할 줄도 몰랐다.

전쟁의 와중에 사람이 죽고 행방불명되고 살아도 산 것 같지 않은 아수라장, 봄철 보리가 익기 전까지 먹을 것이 없어 소나무 겉껍질을 벗기고 그 안의 하얗고 보드라운 속껍질 송기를 긁어다가 삶아 먹었다. 그것이 소화되질 않아서 아이들이 똥을 눌 때마다 아프다고 소리를 질러댔다. 한 마디로 너나 할 것 없이 똥구멍이 찢어지도록 가난했다.

지옥이 여기인가 싶을 정도로 세계에서 최빈국이었던 나라에서 무슨 민주주의며, 투표권의 행사며, 정치 선진화를 이룰 수 있었겠는가.

먹고 사는 문제, 즉 경제가 발전하여 사회에 중산층이 든든히 자리하지 못하면 민주주의는 한낱 공허한 외침일 뿐이다. 막걸리 한 잔, 고무신 한 켤레에 선뜻 찍어주겠노라고 동의했던 시절이었다. 그때는 그런 것들이 통했다. 물론 그것이 옳았다는 말은 아니다. 필자가 하고 싶은 말은 지금 안락한 환경 속에 살고 있는 사람들이 처절했던 과거를 이해하지 못하고 마음대로 재단하며, 왜 당신들은 바보처럼 그렇게 살았느냐고 일갈하는 것이 옳지 않다는 것뿐이다.

나라가 가난했다. 미국이 원조해준 옥수수 가루로 만든 빵을 학교에서 배급하지 않으면 점심을 굶는 학생들이 허다했다. 국민들은 먹고 사느라고 다른 것을 생각할 겨를이 없었다. 자연히 정치를 바라보는 수준이 떨어지고 부정선거가 판쳤다. 여도 야도 마찬가지였다.

우리나라에 민주주의가 뿌리를 내리게 된 것은 민주화 투쟁의 공로도 있지만, 더 중요한 것은 사회에 중산층이 폭넓게 자리하고 난 다음부터라는 것을 알아야 한다. 그것이 전두환 시대와 겹치는 것을 부인할 수 없으니 그는 어쩌면 민주주의의 뿌리가 잘 내리도록 만든 인물이란 평가를 받을 수도 있다. 제아무리 투쟁하고 운동한들 먹고 사는 문제가 해결되지 않으면 민주주의는 꽃을 피울 수가 없는 것이다.

그래서 외신이 한창 전쟁 중이던 한국에 대해 말하길, "쓰레기 더미에서 장미가 자라는 것을 기대하는 것이 한국의 폐허에서 건강한 민주주의가 생겨나길 기대하는 것보다 더 합리적이다." 라고 말했는지도 모른다(영국 더 타임즈, War and Peace in korea. 1951. 10. 1).

이승만의 외교적 노력이 없었더라면 독립이 불투명했고, 자유민주주의 체제의 존속이 어려웠을 것이다. 이승만은 국제정치의 역학관계를 통찰하고 미국을 노련하게 다루어서 6.25 전쟁이 끝난 후에도 미국이 한국에 대한 지원을 멈추지 않도록 만들었다.

　미국은 이승만이란 늙은이 때문에 여러모로 골치 아팠다. 인천상륙작전 후에 전쟁을 그대로 끝내려 했지만 이승만이 반대하고 한국군이 북진하는 바람에 자국 젊은이들이 더 많이 죽었다고 생각했다. 또 이승만이 요구한 한미상호방위조약으로 미국이 한반도에서 발을 빼지 못하고 한국의 안보를 책임져야 한다는 점, 밑 빠진 독에 물 붓기 식으로 계속 경제적 군사적 원조를 해야 된다는 점, 평화선을 일방적으로 선포하여 독도를 자기 영토로 편입시켜버린 점 등 크고 작은 문제에서 이승만은 물러설 줄 몰랐다.

　이승만이 미국을 멱살 잡다시피 우리 안보에 끌어다 놓음으로써 북한의 남침 위협으로부터 한시름 놓게 되었고, 막대하게 소요되었을 군사비 지출을 줄여 경제발전에 박차를 가할 수 있었다. 반면 미국 입장에선 자기 나라에서 정치학박사를 취득한 이승만이 그것을 이용하여 지속적으로 미국을 압박하는 것이 불쾌하고 부담스러울 수밖에 없었다. 그래서 한국의 지도자가 다른 사람으로 빨리 교체되길 원했다.

　부산 정치파동과 4.19혁명은 그런 과정에서 일어났고 물 밑에서 미국의 입김이 작용했다는 것을 알아둘 필요가 있다. 독재자라고 욕하는 이승만이 사실은 조국을 위해 철저하게 미국을 이용해먹은 사람이었다는 점, 그것 때문에 미국이 골치 아팠다는 것은 역설적이다. 반이승만을 소리 높여 외치는 사람들이 들으면 고개를 갸웃거릴 일이지만 사실이 그렇다. 그래서 반미와 반이승만을 동시에 외치는 것은 모순이다. 그를 독재자라고 욕하기 전에 가난하고 어려웠던 그 시절, 어떻게든 공산화를 막고 나라를 지키기 위해 노력했던 마음을 한 번만이라도 이해했으면 좋겠다.

25. 좌파는 진보가 아니다.

우리 사회에서 자칭 진보주의자라고 자처하며 운동하는 사람들을 보면 그들이 정말 진보를 아는지 궁금하다. 혹시 무조건 보수진영에 대립하고 반대의견 내는 것을 진보라고 생각하고 있는 것은 아닐까, 진보의 가치는 무엇일까 하는 점을 알아볼 필요가 있다.

보수와 진보를 사람으로 비유해보자. 온갖 풍진세월을 거치고 세상 경험이 많은 중장년층을 보수라 하고, 아직 세상 경험이 적지만 때가 덜 묻은 청년층을 진보라 하면 이야기가 될 것이다. 청년들은 비교적 순수해서 세상의 부조리를 용납하지 못하고 기성세대를 비판하며 상식이 통하는 세상으로 만들기를 원한다. 물론 그들도 언젠가 기성세대로 편입되겠지만 그때까지 진보적 사고방식을 유지하는 경우가 많을 것이다. 역사는 이러한 진보적 사상가들로 인해 발전되어 왔다.

전국시대의 정치사상가 맹자, 프랑스의 계몽사상가 루소, 종교개혁을 이끈 마르틴 루터, 일본의 계몽사상가 후쿠자와 유키치가 모두 당시로선 진보적 사상을 가졌던 인물이라고 볼 수 있다. 그러나 그들은 기존의 체제를 전면적으로 부인하지 않고 개혁을 통한 발전을 꾀했다.

한 인간이 딛고 있는 역사의 현재 모습은 수천 년 과거로부터 유구하게 이어져 온 물줄기와 같다. 한 개인의 생명이 잉태되어 자라난 역사의 강은 중단 없이 유유히 흘러가야 한다. 모든 것이 잘못되었다 평가하고 뒤집어엎은 뒤 새로 시작하는 것은 애당초 불가능한 것이다. 그것은 자신의 뿌리와 오랜 세월을 통해 검증된 가치를 모두 부인하는 것이기 때문이다. 우리는 진보적 가치를 인정하되 사회에 어떻게 적용할 것인가 고민해야 된다.

진보의 가치는 과연 무엇일까. 청년들이 기성세대를 비판하는 그 주장의 우월적 지위를 누리기 위해서 필요한 것은 무엇일까.

그것은 바로 진리의 정직성과 도덕성이다. 자신의 이해관계에 따라 주의와 주장을 교묘히 포장한다면 진리의 정직성이 없는 것이다. 또 도덕은 곧 양심이므로 진보를 주장하면서 비도덕적인 삶을 산다면 양심이 없는 것과 마찬가지다. 적어도 남을 비난하기 위해서는 자신부터 돌아보아 도덕적 흠결이 적어야 할 것이다. 똥 벌레가 제 몸 더러운 줄 모르고 남더러 더럽다 욕할 수 있겠는가.

진리의 정직성과 도덕성을 잣대로 현재 진보입네 하는 사람들을 보자. 그들이 진보주의자라고 할 만큼 진리가 정직하며 행동이 도덕적인가. 그렇지 않은 사례를 우리는 이미 숱하게 보아 왔다. 아니 어쩌면 보통 사람들보다 더 타락하지 않았나 싶을 정도로 추악한 사건도 많다.

위안부 할머니들을 앞세워서 들어온 후원금을 교묘한 행태로 횡령하는 사람, 여러 사회단체를 만들어 자신이 가장 정직하고 도덕적인 사람처럼 행동하다가 그것을 발판으로 하여 정계로 진출하는 사람, 과거 운동경력을 훈장처럼 여기고 정치판에서 호통치는 기득권 세력,

보통 사람이 저지르기 힘든 추악한 범죄를 저지르고도 오히려 탄압받는다고 목소리를 높이는 사람, 운동을 위한 운동을 하는 직업운동가들이 적잖다. 그들에게 진보는 한낱 도구일 뿐이다. 자신들의 존재 이유를 인정받고 세력을 잃지 않기 위하여 끊임없이 사람들을 선동한다. 그들을 직업적 진보주의자 또는 진보의 탈을 쓴 위장 진보, 가짜 진보라고 할 만하다.

가짜 진보주의자는 곧잘 이념적으로 더욱 왼쪽으로 치우치고, 좌파적 성향을 가진 사람이 진보를 자처하며 위장하는 경우가 많다. 이들이 한통속으로 묶여 우리 사회에서 진보주의를 내세우고 있다. 그들을 쫓아가는 대중들은 대낮의 올빼미처럼 일이 어떻게 돌아가는지도 모르고 그럴듯하게 내세운 몇 가지만 보고서는 마치 자신이 무슨 의로운 일이라도 하고 있는 것으로 착각한다.

진리의 정직성은 끝없는 자기비판과 성찰이 필요하다. 이를 소홀히 할 경우 진리는 오염되고 새로운 진보를 맞이하게 될 것이다.

프랑스 대혁명은 자유, 평등, 박애를 바탕으로 봉건주의에 맞서 일어났다. 제3계급인 부르주아와 평민들은 자신들을 억누르고 기득권을 유지하던 성직자와 귀족들에게 반발하였다. 제3계급 부르주아는 삼부회의에서 자신들의 의견이 받아들여지지 않자 국민회의를 만들었고, 국민회의장이 봉쇄된 후에는 근처에 있는 테니스 코트에서 국민의 자유로운 모임, 즉 단체를 이룰 권리의 바탕이 된 '테니스 코트의 선언'을 하였다.

본래 부르주아는 성안에 사는 사람이란 뜻으로 성직자도 귀족도 아닌 법률가, 의사, 사업가, 은행가 등 지식인 계층을 일컫는 말이다.

그들은 국민회의조차 귀족들로 가득 채워지자 불만에 가득 찬 시민들을 선동하여 프랑스 대혁명의 불길을 붙였다.

　1789년 7월 12일 흥분한 시민들이 무기고를 습격하여 무장하고 바스티유 감옥을 공격해서 함락시켰다. 혁명 시민군은 그동안 자기들을 압제했던 귀족들을 적으로 삼아 잔인하게 학살하기 시작했다. 미처 외국으로 도망하지 못한 귀족의 약 80%가 죽임을 당했는데 혁명이 한창 뜨거울 때는 하루에 평균 8천 명이나 죽임을 당했다. 보다 효과적으로 사람을 죽이기 위해 발명된 것이 바로 기요틴 단두대였다. 그야말로 박애 정신이 사라진 혼란의 시기였다.

　혁명이 끝나고 보니 귀족들의 자리를 차지한 것은 부르주아들이었고 영국, 오스트리아 등 주변국은 혁명의 불길이 행여 사기 나라에까지 옮겨붙을 것이 두려워 프랑스와 전쟁을 벌였다. 오랜 전쟁과 나라 안의 권력 다툼으로 인해 죽어나는 것은 국민뿐이었고 차츰 피로해지기 시작했다. 자유, 평등, 박애 정신이 넘쳐나는 세계를 만들겠다는 혁명정신이 차츰 퇴색하고, 그저 배불리 먹을 수 있는 평화로운 세상을 그리워하게 되었다. 자존감이 떨어진 프랑스 국민들에게 그 희망을 이루어주겠다고 나타난 사람이 바로 나폴레옹이다.

　국민들은 나폴레옹의 등장을 반겼다. 프랑스 국민 스스로 그들의 왕이었던 루이 16세를 파리 한복판 콩코드 광장 단두대에 제물로 바쳤는데 역설적이게도 나폴레옹 황제를 모시게 되었던 것이다. 혁명에 대한 본래의 취지보다 부르주아의 권력욕, 시민들의 적개심이 우선하였던 결과다.

　한 마디로 치열한 자기반성이 부족하였기 때문이라고 할 수 있겠다. 나폴레옹 이후 루이 18세, 샤를 10세를 왕으로 삼았다가 다시 혁명을 일으켜 루이 필립 왕을 내쫓고 결국 공화정을 세운 것은, 프랑스 국민들이 추구했던 진보의 올바른 방향을 찾았다고 봐야 할 것이다.

논어에서 증자는 吾日三省吾身(오일삼성오신)이라고 말했다. 하루에 세 번 자신을 돌아보며 성찰한다는 말이다. 남을 위해 일하면서 정성을 다하였는지, 벗을 사귐에 있어 신의를 지켰는지, 확실하게 알지 못하는 것을 가르치거나 아는 체하지 않았는지 매일 반성하였던 것이다. 대학자도 이러할진대 남을 비판하는 입장에 선 사람이 자기에 대해 소홀하고 관대하다면 그가 하는 말에서 진실성을 찾기 힘들 것이다.

진보는 진리의 정직성을 잃지 않기 위해 치열한 자기반성과 성찰이 필요하다. 기성세대에 대해 추상같은 칼날을 들이대기 이전에 과연 자신은 얼마나 순수하고 정직한지 항상 돌아보아야 한다는 말이다.

그런데 우리는 진보를 자처하는 사람들에게서 이것을 찾아볼 수 있는가. 아마 어려울 것이다. 그들은 보수를 비판하기에 누구보다 능수능란하지만 자기에 대한 비판은 허용하지 않는다. 왜냐면 가짜 진보, 위장 진보이고 이념에 물들어 진영을 나누기 때문이다.

만약 상대 진영의 사람이 잘못을 저지르면 벌떼처럼 들고 일어나 비판한다. 반면 자기 진영에서 그런 사람이 나타나면 조용하거나, 왜 그 사람만 가지고 그러는가, 잘못 저지른 사람 모두 조사하자고 되레 큰소리치며 옹호한다. 자신과 자기 진영에 대해서는 한없이 너그럽고 관대하다.

그러나 불법의 공정은 없는 것이다. 경찰이 도둑을 잡았을 때 도둑이,

"세상에 나보다 더한 도둑도 많은데 왜 나만 잡았는가. 인정할 수 없다."

말하는 것을 받아들일 수 없는 것과 마찬가지다. 자신의 죄를 피하기 위해 남을 끌어들이는 것은 용납되지 않고, 오히려 반성의 기미가 전혀 없다고 하여 더 큰 벌을 받아 마땅하다.

그런데 유력 정치인이 보통 사람도 하기 힘든 추잡한 범죄를 저질러 놓고도 진영 속으로 숨어 억울하다 항변하고, 자칭 진보를 외치는 사람들은 그를 옹호하며 다른 정치인들까지 모두 수사하라고 목소리를 높이는 경우가 종종 있다. 이런 논리가 받아들여지고 사람들이 따르는 것을 보면 정상적인 사회가 아니다. 한 마디로 도둑놈이 몽둥이 들고 길 위에 오른 격으로 사람들에게 윽박지르니 어이가 없을 지경이다.

좌파는 진보가 아니다. 우리 사회가 안고 있는 문제점을 개선하기 위해 진보적 움직임이 있는 것은 좋은 일이다. 그런 주장까지도 수용할 만큼 사회가 건강하다는 증거다. 하지만 진보적 활동이 좌파 또는 공산 사회주의 이념과 결합한다면 보통 심각한 문제가 아닐 수 없다.

이영희 교수의 말처럼 새는 좌우의 날개로 난다. 사회는 보수와 진보가 조화될 때 좋은 것이지 어느 한쪽이 다른 쪽을 억누르면 문제가 발생한다. 우리가 지키고 보전해서 후세에게 전해줘야 할 가치를 소중하게 생각하는 보수와, 사회의 여러 문제점을 개선해서 더 나은 세상을 만들자는 진보, 의견의 차이가 있을망정 서로 죽일 정도로 미워할 사이는 아니다. 진보적인 생각을 가진 사람들 때문에 역사는 발전을 거듭해왔다.

문제는 좌우의 날개로 나는 새가 마치 자유 세계에만 있는 것처럼 여기고 진보의 가치를 인정하라고 요구하는 것이다. 자유 세계의 보수적 가치와 공산 세계의 보수적 가치는 다를 수밖에 없다. 시위와 집

전라도가 변해야 나라가 산다

회, 정당 설립, 학문과 이념의 자유가 대폭 보장되는 자유 세계와 달리, 공산 세계에서는 이러한 것이 극히 제한되고 있으니 오히려 진보의 가치가 필요한 곳은 그쪽이라고 볼 수 있다.

공산 세계에서 지켜야 할 가치는 공산주의 이념이다. 그러므로 그것이 곧 보수가 되는 것이고, 사회의 문제점을 거론하며 인간의 자유를 확대하자는 주장은 진보가 될 것이다.

이처럼 진보는 어떤 사회, 어떤 체제에서나 존재한다. 자유민주주의 국가에서도, 공산 사회주의 진영에서도 기존 체제가 가진 문제점을 개선하기 위해 진보적 요구가 나오는 것은 당연하다. 우리는 진보의 존재를 인정하고 사회발전의 동력으로 삼아야 한다. 간혹 그 요구가 급진적이고 극단적일 경우에는 심각한 사회문제를 일으키기도 하지만 존재 이유는 분명하다.

자유국가에서는 자유시장경제의 문제점 때문에 빈부격차와 저소득 계층에 대한 문제를 제기할 수 있고, 공산 사회주의 국가에서는 반대로 계획경제, 개인의 자유에 대한 통제 때문에 발생하는 여러 문제점을 개선하자고 말할 수 있는 것이다. 그러므로 자유 세계에서의 진보와 공산 세계에서의 진보는 다를 수밖에 없다.

자유 세계와 공산 세계 가운데 과연 어느 쪽이 진보의 가치를 인정하지 않을까. 그것은 공산 세계다. 자유민주주의 체제보다 공산 사회주의 체제가 진보를 받아들이지 못하고 탄압만 일삼고 있다는 것은 역사가 증명하고 있다.

1989년 중국에서 학생들이 민주주의와 개혁을 요구하며 천안문 광장에 모였다. 사태가 발생하자 중국 정부는 인민해방군과 탱크를 동원하여 잔인하게 진압하고 말았다. 국제적십자사는 2,600여 명으로 사망자를 추산했으나 비공식적으로 무려 1만여 명이 사망했다고 전해지기도 한다. 이처럼 중국뿐만 아니라 어떤 공산국가든 간에 사회 내부에서 제기되는 민주주의 또는 개혁 요구에 대해 공산당이 순순히 인정하는 경우는 없다. 공산주의 이론의 실천에 문제를 제기하는 진보라는 개념을 아예 받아들이지 못하는 경직되고 폐쇄적인 사회다.

말하지 못하도록 입을 틀어막고 탄압한다는 것 자체만 봐도 그들이 옹위하고자 하는 체제가 얼마나 허술하고 건강하지 못한가 하는 것을 알 수 있다. 한 인간의 자유를 억압하고 성취욕을 무시한 채 만민이 평등하게 살 수 있다는 논리는 근본부터 잘못된 것이다.

콩나물에 똑같이 물을 주어도 서로 경쟁하여 빨리 자라는 놈이 있고 늦게 자라는 놈이 있다. 이것이 세상의 이치인 것이다. 사회적 약자를 어떻게 보호할 것인가에 초점을 맞추어야지 기계적 평등논리를 가져다 대는 것은 사회를 하향평준화시킬 뿐이다. 인간의 본성을 무시한 이론은 빛 좋은 개살구에 불과하다.

문제는 진보를 공산 사회주의라고 착각하는 것이다. 자유 세계에서 발생하는 여러 문제점을 해결하기 위한 방안으로 사회주의적 접근이 필요할 수는 있어도, 그것이 곧 사회주의의 우월성을 나타내는 것은 아니다. 예를 들어 경제적 약자로 인한 문제를 해결하기 위해 부자에게 세금을 많이 걷어 의료지원, 급식지원, 생계지원 등을 한다고 할 때 그것은 사회주의적 논리가 아예 없어도 가능한 것이고, 그런 일은 공산 사회주의 사상이 생기기 수천 년 전부터 있었기 때문이다. 마치 자유민주주의의 문제점을 해결하는 유일한 방책이 사회주의 이론인 것처럼 말하며 진보를 사회주의와 연결하는 의도는 불순하다고 봐야 한다.

진보는 청년의 마음으로 기성세대의 잘못을 지적하고 개선하여 사회발전을 이루는 것이지, 왼쪽으로 치우쳐 사회를 반으로 가르고 진영논리로 무장하는 것이 아니다.

왜 진보는 자유 진영에만 존재해야 되는가. 공산 사회주의 진영에서도 잘못을 지적하고 개선하려는 진보적 움직임이 있어야 마땅하거늘 그런 것은 절대 용납되지 않으니 이상한 일이다.

이것은 공산 사회주의 진영이 이념적으로 봉건화되었다는 반증이다. 쇄국적 이념으로 인해 자신들 스스로 반성할 줄 모르고 비판을 허용하지 않는 것은 사회의 건강함을 잃었다는 말과 다름없다. 어떤 면에서 공산 사회주의 이념이야말로 수구 보수꼴통이라고 할 만하다.

구한말 문을 열고 서구문물을 받아들여 근대화하자는 요구를 봉쇄하고 문을 닫아걸었던 위정척사와 무엇이 다른가. 마찬가지로 그들은 오로지 공산 사회주의 이념을 최고의 가치로 여기며(衛正), 개인의 자유와 인간의 본질적 기본권을 주장하는 것을 배척한다(斥邪). 사유재산에 제한을 가하고 거주 이전의 자유를 통제하며, 직업 선택과 학문의 자유, 사상의 자유, 집회와 결사의 자유 등 자유 진영에서 허용되는 것들을 인정하지 않는다. 죄다 사악한 자본주의의 산물이라고 치부해 버린다.

마르크스가 공산주의 이념을 들고나온 이래 얼마나 많은 사람들이 희생되고 혼란을 겪었는가. 그 실패는 이미 오래전에 증명되었고 다시 되풀이되어선 안 된다. 공산 사회주의 이념 자체가 인간의 본성을 거스르는 것이기 때문에 결코 성공할 수 없는 것이다.

어떤 사람은 맹자가 말한 정전법(井田法)이 사회주의 제도와 같다고 강변하지만 이것 역시 잘못 알고 있는 것이다. 맹자는 주나라 때의 정전법이 그렇다더라고 말했을 뿐 창안한 사람이 아니다.

그리고 정전법의 핵심은 땅을 우물 정(井)자로 9등분하여 바깥쪽 땅은 백성들에게 나눠주고(私田, 사유재산), 가운데 땅은 공전(公田, 공동재산)으로 삼아 함께 경작하여 세금에 충당하자는 것이었다. 공산주의식으로 모든 땅을 국유화해서 협동농장으로 만들어버리자는 말이 아니다. 당시는 사전에 세금을 부과하지 않고 공전에만 세금을 부과하였다. 그 세율은 1/9였으므로 농민들이 공전을 경작해서 세금을 내고 남는 것을 나눠 가질 수 있었다.

맹자의 정전법은 국세 확보의 한 가지 방법으로 말해졌을 뿐 실제 적용되어 성공하지는 못했다. 다양한 형태의 토지를 측량하여 구획하는 것이 어렵고, 인간의 욕망을 칼로 두부 자르듯 똑같이 만들 수 없기 때문이다. 오히려 개인의 노력과 성취욕을 인정할 때 사회는 더욱 발전할 수 있다. 노력한 만큼 성과를 인정받지 못하고 부를 일구지 못한다면 누구든 열심히 일할 필요가 없다. 그래서 공산주의 경제체제는 성공하지 못하고 자유시장 경제시스템을 도입하는 것으로 실패를 자인했다.

물론 자유시장 경제체제에서도 문제가 없는 것은 아니다. 지나친 부의 집중으로 인해 발생하는 문제점을 국가가 개입하여 조절하고, 여러 가지 사회보장제도를 활용하여 빈곤층을 돕고 있으니 세상엔 완벽한 것이 없다고 봐야 할 것이다. 아무리 그렇다 해도 개인의 자유를 하나의 권리로 인정하는 자유민주주의가 공산 사회주의 보다 인간의 본성을 잘 반영하고 있음은 물론이다.

우리 사회에서 자칭 진보입네 하는 사람들이 지나치게 왼쪽으로 치우쳐 좌파적 성향을 띠고, 사람들을 그쪽으로 이끌어 가기 위해 노력한다면 사회는 그들로 인해 편이 갈려 끊임없이 갈등하고 반목하게 될 것이다. 이미 실패한 사상, 비인간적인 공산사회주의 이념을 들고 와서 대중의 불만을 자극하고 선동하는 것은 아름답지 못하다.

진보는 좌파가 아니고 좌파와 연결되어선 안 되는 이유다. 좌파들이 내세우는 진보는 위장 진보, 가짜 진보다.

社説

朝鮮獨立新聞

기고문

社長　尹益善

전라도에서 왜 인촌 김성수를 배척하는가.

전북은 인물을 잘 키워내지 못한다는 평을 듣는다. 이는 전북에 사는 사람들조차 인정하는 말이다. 전북 출신으로 사회 각 분야에서 조용하게 자신의 일을 해나가는 사람들이 많지만 다른 지역에 비해 정치적 중량감 있는 인물이 드문 편이다. 여러 가지 이유가 있겠지만 필자의 생각에 전라감영이 있었던 전주, 전북의 자존심이 더는 존재하지 않기 때문이라고 본다. 그게 무슨 시든 호박잎 같은 소리냐고 핀잔하는 것을 잠시 미루고 일단 들어보시길 바란다.

전주는 이씨 조선의 발상지고 전라도를 관할하는 전라감영이 있던 곳으로 예부터 자존심이 셌다. 초대 대법원장을 지낸 김병로와 대쪽 같았던 한승헌 감사원장이 전북인의 모습을 잘 보여준다고 본다. 그리고 신민당 대통령 후보 경선에 나섰던 이철승, 대통합민주신당 대통령 후보였던 정동영은 한때 전북의 희망이기도 했다. 그러나 현실을 돌아보면 한숨만 나온다. 어느 때부터인가 진영논리에 사로잡혀 화냥

년 시집 다니듯 움직이다 보니 전북 출신의 유력한 정치인이 눈에 띄지 않는다. 어쩌면 전북은 인물을 키우기보다 죽이는 데 더 열중해왔는지도 모른다.

인촌 김성수가 좋은 예다. 김성수는 고창 출신으로 민족교육자요, 민족자본가요, 독립운동가요, 오랜 기간 물밑에서 독립운동을 지원해온 인물이었다. 그가 중앙학교를 인수하여 민족교육에 힘쓸 때 숙직실에서 3.1운동 모의를 했던 것은 유명하다. 동경 유학생 송계백이 2.8독립선언서 초안을 가지고 국내로 들어와서 와세다대학 선배로 중앙학교 선생이던 현상윤을 찾아왔다. 이후 중앙학교 숙직실에서 김성수, 현상윤, 송진우 등이 독립운동의 거사를 모의했고 뒤에 최남선과 최린까지 불러 3.1운동의 싹을 틔웠던 것이다. 중앙학교의 김성수를 배놓으면 3.1운동을 이야기하기 힘들다.

또 일제에 대항하기 위해서는 민족자본이 있어야 함을 깨닫고 최초의 주식회사인 경성방직회사를 설립하기도 했다. 그뿐인가. 민족언론의 중요성을 절감하고 동아일보를 설립했고, 경영이 어려웠던 보성전문학교 교장을 맡아 훗날 고려대학교의 초석을 닦았다.

일설에는 독립군이 군자금을 가지러 오면 김성수가 금고를 열어놓은 채 자리를 비웠고, 김좌진 장군에게 소 백 마리를 사고도 남을 돈을 지원했으며, 이승만과 상해 임시정부에도 자금을 댔다고 한다. 이런 일은 비밀리에 이뤄지고 흔적이 남지 않아 확인하기 어렵지만 해방 이후 김구나 이승만이 매우 고마워했던 것을 보면 허황된 소리가 아닌 듯하다. 김성수는 대한민국 건국에도 힘을 보탰고 전쟁의 어려운 시기에는 부통령을 맡기도 하였다. 이런 이유로 건국훈장을 받았다. 한 마디로 김성수는 전북뿐 아니라 대한민국에서 지식인, 기업인, 교육자, 언론인이 어떻게 행동해야 되는지 보여주는 귀감이라 할 만하다.

　그런데 지금 김성수는 친일인명사전에 이름이 오른 친일파로 불린다. 일제 말 엄혹했던 시기 일제의 강요에 의해, 또는 기업과 학교를 보호하고자 어쩔 수 없이 썼던 감투와 몇 가지 협조 때문이다. 작은 일을 하는 사람은 자기 안위만을 살피는 것으로 족하지만, 큰일을 하는 사람은 회사에 딸린 식구, 학교 교직원과 학생, 언론사 기자와 독자 등 생각할 것이 참으로 많다. 김성수를 친일로 모는 사람들은 그저 그가 아무것도 하지 말고 가만히 있기를 바라는 것 같다.

　필자는 회사, 학교, 언론사가 망하든 말든 아무 신경 쓰지 말고 시골에 콱 처박혀서 일제에 협조하지 않는 것이 친일파를 면하는 길인지 묻고 싶다. 사업하는 사람으로서 일제에 작은 협조를 해주더라도 계속 회사를 운영해야 할 게 아닌가. 회사 없이 어떻게 독립자금을 지원할 것이며, 민족 언론사를 유지할 것이며, 민족교육을 지속할 수 있단 말인가. 떡장수를 하자면 손에 고물이 묻고 바닥에 떨어지기도 하는 법이다. 일제는 김성수를 요시찰인물, 불령선인으로 분류하고 감시했다.

　김성수는 보통 사람이 하기 힘든 항일 독립운동을 했고, 누가 뭐래도 자랑스러운 전북인이다. 이제 우리가 나서서 취소된 건국훈장을 다시 받도록 하자. 그래야 전북에서 더는 인물이 죽어 나가지 않게 될 것이다.

새전북신문. 2024. 12. 31

닭도리탕과 친일

식당에서 닭볶음탕이란 메뉴를 보면 고개를 갸웃거리게 된다. 지금이야 익숙해져서 닭볶음탕이란 말이 그리 어색하게 느껴지지 않지만, 오랫동안 닭도리탕으로 말해온 언어습관을 쉽게 바꿀 수 없어 난감했던 기억이 있다. 시골 할머니도 닭도리탕이라고 말하는 것을 왜 굳이 닭볶음탕이라고 말해야 된다는 것이었을까. 그것은 바로 '도리'가 일본말로 새를 뜻하고 닭도 조류의 일종이니 닭도리탕에서 '도리'를 빼야 된다는 일종의 우리말 살리기 또는 반일 운동의 일환에서 비롯된 것이었다. 그리하여 볶음이란 말이 들어가 '닭볶음탕'이란 신조어가 탄생하게 되었다. 국립국어원에서도 비슷한 취지의 말을 하고 있다.

그러나 이것은 어처구니없는 일이다. 과거 한글도 제대로 깨우치기 힘들었을 시골 할머니가 부엌에서 칼질하여 만든 닭요리에다 일본말을 섞어 닭도리탕으로 말했을 것으로 추측하는 것 자체가 억측이다. 닭도리탕은 본래부터 닭도리탕이었다.

1924년 위관 이용기가 지은 조선무쌍신식요리제법에 닭을 볶는 요리인 계초(鷄炒)를 송도에서는 도리탕으로 부른다 하고, 1925년 전국의 민속놀이와 음식, 풍속 등을 기록한 해동죽지에 도리탕(桃李湯)은 평양 계확(鷄碻)이 유명하다고 나와 있다. 확(碻)은 국이 아니라 물을 적게 하고 조렸다는 뜻이다. 그러므로 평양 계확은 닭을 토막내서 여러 가지 채소를 넣고 조린 도리탕의 일종인 것이다. 평양 선비들은 복숭아 나무 아래서 이 요리를 즐겼다 하여 도리탕(桃李湯)이라 한다고 했다. 1982년 2월까지 신문에 연재된 김주영의 대하소설 객주에서도 닭도리탕이 나온다. 닭볶음탕이란 말을 억지로 쓰지 않던 시절이었다.

일본말 도리와 전혀 무관한 요리가 바로 닭도리탕인데 누군가 잘못 알고서 일본말이 들어간 닭도리탕 대신에 닭볶음탕으로 쓰자고 주장했을 것이다. 이것이 반일감정과 절묘하게 맞아들어가 우리의 전통음식 닭도리탕은 일본말이 뒤섞인 재수 없는 음식으로 치부되고 그 자리를 닭볶음탕이 차지하게 되었으니 젓가락을 들고도 한참을 생각하게 된다.

한국인치고 반일 감정 없는 사람이 없을 것이다. 우리말 속에 들어와 있는 일본말을 배척하고 아름다운 우리말을 되살리는 것은 중단없이 계속되어야 할 일이지만, 비슷한 말이라고 하여 우리말을 일본말로 매도하는 일은 없어야 한다. 그동안 닭도리탕은 메뉴판에서 밀려나 닭볶음탕으로 불리는 것을 얼마나 억울하게 생각했을까. 이렇게 억울한 일이 또 있다.

해방 이후 친일파를 색출하고 체포하는 반민특위는 전국에 조사부를 설치하였다. 반민특위 전북조사부는 신문과 관보 등 문헌자료를 바탕으로 한 예비조사, 지역민의 투서를 통한 제보, 현지조사를 하였다. 당시 지역신문은 반민족행위자 처벌을 촉구하며 친일파의 구체적 범주를 제시하였고, 정당은 전북조사부후원회까지 결성하고 활동을 도와서 친일파가 빠져나갈 수 없도록 하였다. 그 결과 반민특위 전북조사부는 전국 도조사부 가운데 가장 많은 친일파를 체포하는 성과를 거둘 수 있었다.

그런데 역대 도지사 가운데 임춘성이란 사람이 장수 군수로 재직할 때 일제가 작성한 공적조서에 이름이 오른 것이 드러났다 하여 친일파로 매도하고 도청에서 사진을 철거하는 일이 있었다. 당시 상황을 제일 잘 알고 있었을 반민특위는 그 사람을 친일파로 지목하지 않았고 지역민들도 제보하지 않았다. 그렇다면 그 사람은 일제에 부역했을지 모르나 적극적으로 친일한 사람이 아니라고 봐야 할 것이다. 더구나 당사자의 항변과 당시 인물들의 증언을 확보하기 불가능한 상황에서 친일파로 낙인을 찍어버린다면 그것을 합리적인 일 처리라고 볼 수 있을까.

닭도리탕에다 친일의 색채를 가미해 놓으니 꺼림칙하여 저 닭은 친일한 닭인가 싶기도 했다. 나는 반일한다는 마음으로 닭볶음탕을 말했지만 입에 잘 붙지 않아서 억지춘향이 된 느낌이었다.

이제 우리나라의 국력이 신장되어 일본을 앞지르는 분야도 적지 않다. 역사의 교훈을 잊지 말아야 한다. 그러나 사람들의 정신을 과거에 붙들어 놓고 친일과 반일을 전세라도 낸 양 코에 걸었다 귀에 걸었다 하는 일은 없어야 할 것이다.

새전북신문. 2024. 10. 29

못되면 조상 탓

한때 전주가 전라도를 총괄하는 전라감영이 있었던 곳이고, 호수(戶數)로 한양과 평양에 이어 세 번째, 인구수로는 다섯 번째로 큰 도시였다고는 하나 갈수록 쪼그라드는 전북의 인구를 보면 전주가 과거의 명성을 잃어버린 지 이미 오래다. 청년들은 일자리를 찾아 고향을 떠나고 남은 사람들끼리 땅이 꺼져라 한숨 쉬고 무슨 대책을 세워야 되는 게 아니냐고 걱정한다. 풍족하고 넉넉하던 인심이 갈수록 각박해지는 것 같다.

어떤 사람은 소경 개천 나무라듯 전북이 못 살게 된 원인을 엉뚱한 곳에서 찾기도 한다. 그중 하나가 바로 호남선 철도가 전주를 경유하지 않게 된 것은 조상 탓이라는 말이다. 호남선을 건설할 당시 지역 유림들과 유지들은, 철마가 완산동 용머리고개를 통과하게 되면 전주의 맥이 끊어지며 지반이 울려서 명당이 흔들리고, 민심도 변하여 인재 및 재물이 모두 궁핍해져서 망멸지화를 면할 수 없다는 터무니 없는 생각으로 반대했다는 것이다. 과연 그럴까.

일본은 서울을 중심으로 하여 조선에 X축 철도부설을 계획했다. 그래서 서울에서 부산으로 이어지는 경부선을 부설하고, 또 목포까지 가는 호남선을 건설하고자 했다. 경부선 공사 막바지에 호남인들과 군산 목포에 거주하던 일본인들이 철도부설을 청원하고 나섰다. 1904년 대한제국은 직접 부설하기로 방침을 정하고 서오순이 중심이 된 호남철도주식회사에 부설권을 주었다. 이는 경부선 직산에서 분기하여 목포까지 지선을 연결한다는 것이었다. 이때만 해도 전주가 노선에 포함되어 있었다.

그러나 일본은 호남선이 경부선에서 분기하게 되면 본선의 영업에 방해된다며 반대하고, 내무대신 송병준을 사주하여 전라도에 비밀훈령을 발하고 민간의 주식모집을 방해하였다. 결국 1909년 서오순은 부설권을 반납하고 손을 뗄 수밖에 없었다. 일본은 철도를 빠른 시일내 완공하는 것이 중요했기 때문에 분기점을 직산에서 조치원, 또 대전으로 끌어내렸다. 그래서 공주도 호남선에서 제외되고 말았던 것이다.

당시 전주와 군산에 일본인들이 많이 살고 있었는데 호남선이 자기 도시를 경유하도록 만들기 위해 서로 힘겨루기를 하였다. 군산 오오쿠라 농장, 구마모토 농장, 그리고 일본 거류민단이 통감부에 진정하고 나섰다. 일본은 두 도시의 노선 유치를 조정한다는 명목으로 전주와 군산의 중간 지점인 익산을 경유하도록 노선을 결정했다.

그러자 군산은 익산까지 이어지는 공사를 시작하여 1912년 3월 완공하였다. 호남선 전구간이 개통되기도 전이었다. 이것을 보고 있던 전주에서도 부랴부랴 철도에 뛰어들어 1914년 공사를 끝냈다. 그러나 경부선, 호남선, 군산선이 모두 폭 넓은 표준궤인 반면, 익산에서 전주

전라도가 변해야 나라가 산다

로 이어지는 철도는 폭이 좁은 협궤였다. 이는 농장이나 광산에서 물건을 이송하기 위해 쓰이는 것으로 승객과 화물 수송에서 차이를 보일 수밖에 없었다.

최남선의 심춘순례를 보면 그가 전주를 방문하는 장면이 나와 있는데, 작은 열차를 경망스럽게 촐싹대는 쇠당나귀로 묘사하고 있다. 실제 커브를 돌다 넘어진 일이 있을 정도였다. 익산에서 출발한 협궤열차는 덕진공원을 지나 태평동 전주역으로 들어왔다. 과거 전매청이 있던 곳으로 지금은 아파트가 들어서 있다. 후에 여수까지 이어지는 전라선이 부설됨으로써 협궤를 버리고 표준궤로 바뀌었으며 전주역은 시청이 있는 곳으로 옮겨 갔다.

호남선 철도가 전주를 경유하지 않고 익산에서 김제로 빠지게 된 것은 지역 유지들과 유림들의 반대 때문이 아니었다. 일본은 단시간 내, 단거리 노선으로 철도를 건설하는 것이 중요했을 뿐이고, 지역민의 의견을 들어 노선을 결정할 만큼 민주적이지도 않았다.

그럼에도 아직까지 조상 탓한다면 그야말로 돌미륵이 웃을 노릇 아닌가. 우리 지역이 낙후되어 청년들이 고향을 떠나는 것을 두고 남 탓할 필요 없다. 전라감영이 있었던 전북의 자존심과 자부심을 잃어버리고 코 꿴 송아지처럼 이리저리 끌려다닌 결과가 아닐까 싶다.

새전북신문. 2024. 9. 24

정여립 생가는 전주 동문 밖이다

　최근 정여립에 대한 논의가 활발해지는 것 같아 반가운 마음이다. 조선 기축옥사의 주인공 정여립은 우리 지역뿐만 아니라 조선을 대표하는 사상가로 재조명되어야 할 것이다. 하지만 역모를 꾀했다는 이유로 정여립에 대한 긍정적 자료가 거의 없고 그나마 임진왜란을 겪으면서 잃어버린 것이 많았다. 현재 참고할 수 있는 자료는 조선왕조실록과 기축록, 연려실기술, 혼정편록, 대동야승 등의 문집이다. 이 가운데 가장 신뢰성 있는 자료는 공식적 국가기록인 조선왕조실록이라 할 것이다. 정여립로를 만들고, 동상을 세우고, 생가를 복원하는 것은 좋지만 얼마나 고증을 거치고 있는가 하는 점에서 염려스럽다.

　일각에서는 완주군 상관면 월암리에 그의 생가가 있었다고 한다. 역적의 집을 허물고 파서 연못을 만들었기 때문에 상관면 월암리에 파쏘가 있고 봉우리 이름이 파쏘봉이라고 하는데 이는 사실과 다르다. 월암리 앞에는 여덟 호 가량 거주하는 쌍정리라는 옛 마을이 있었다. 지금이야 전주천에 제방공사를 하여 강둑이 높고 반듯하게 되었지만 과거엔 뱀이 가는 것과 같이 구불거리는 사행천(蛇行川)이었다. 쌍정리 바로 앞까지 강물이 거세게 몰아쳐서 부서지는 소(沼)가 있었고, 신리 터널 못 미친 지점에 또 하나의 소가 있었다. 이 소는 인공적으로 판 것이 아니라 강물의 흐름에 따라 자연적으로 생긴 것이고 월암리에 인공적으로 판 소는 없었다. 그래서 마을 사람들도 그것을 파수(破水 또는 把守)라 하고 그 위에 있는 봉우리를 파수봉(破水峰 또는 守峰峰) 이라 불렀다. 파수봉에 올라보면 슬치재를 감시할 수 있고 멀리 군산 까지 바라볼 수 있을 정도로 전망이 좋다.

  정여립의 집은 전주성 밖, 성내, 금구에 세 곳 있었다. 성 밖은 본가 이고 성내는 용무차 거처하는 곳이었으며 금구는 처가가 있는 곳이었 다. 연려실기술과 혼정편록은 '정여립의 아버지 정희증이 대대로 전주 남문 밖에서 살아왔다'고 하였으나, 조선왕조실록은 '선조(先祖) 때부 터 전주 동문 밖에 거주하였는데 가세가 한미하였다'고 기록하였다. 전주성 동문을 나서면 중노송동과 마당재를 지나 안덕원에서 진안과 고산 쪽으로 길이 이어진다.
  본가를 찾는 방법은 '전주 동문 밖에 거주하였는데(조선왕조실록)', '왕기가 전주 동문 밖에 있었다(조선왕조실록)','전주를 왕래하게 되 면 역적의 집이 큰 길 가에 있으므로 찾아가 만났으며(기축록)','당시 에 정여립이 전주성 동쪽에 거처하고 있었는데(택탕집)','그가 살던 곳 도 영문(營門)과 겨우 30리 정도밖에 떨어져 있지 않은 상태였다(택당 집)'는 기록들을 검토하는 것이다.
  전주 남문 밖 상관면 월암리는 관찰사가 지내던 영문으로부터 20리 밖에 되지 않는다. 또 전주 동문 밖 송광사의 승려 성희가 삼일암에서 역모의 또 다른 모주 길삼봉과 모의하였고, 정여립의 누이가 진안 소리실로 시집갔다는 설과 정여립이 활동하다 죽은 죽도가 소리실 옆 이라는 점을 두고 볼 때, 그의 생가는 임실로 통하는 남문 밖이 아니 라 진안으로 통하는 동문 밖일 가능성이 높다.

정여립의 생가를 찾는 것이 중요하지만 고증을 소홀히 해서는 안 될 일이다. 보다 신중한 접근을 권유하고 싶다.

전북일보. 2018. 4. 11

8월, 진포 전승기념 불꽃축제를 열자

　최근 모 도시에서 불꽃축제를 하는 것을 보고 부러움과 아쉬운 마음이 들었다. 예전 불꽃놀이가 무슨 행사의 개막을 축하하는 정도였다면, 최근 국내 여러 도시에서 개최되는 불꽃축제는 말 그대로 불꽃놀이만을 가지고 며칠에 걸쳐 거대한 행사를 하는 것이다. 자치단체가 관광객을 유치하고 지역경제를 활성화시키기 위해 아이템 개발에 몰두하고 있는 상황에서 왜 우리는 불꽃축제를 남의 일처럼 생각하고 있는지 모르겠다.

　고려 말 왜구의 노략질이 극심하였던 우왕 6년(1380년) 8월, 왜구가 무려 300여 척의 배를 진포(鎭浦) 어귀에 대고 육지로 상륙하여 인근 주(州)·군(郡)으로 흩어져 노략질을 하였다. 그 피해가 얼마가 극심하였던지 시체가 산과 들을 덮고 빼앗은 곡식을 배로 운반하느라 땅에 흘린 쌀이 한 자나 되었다고 한다. 이에 고려조정은 최무선이 화통도감에서 만든 화약을 시험하고 왜구를 무찌르기 위하여 심덕부를 도원수, 나세(羅世)를 상원수, 최무선을 부원수로 삼고 전선 1백여 척을 동원했다. 고려수군은 서해를 통해 진포에 이르러 왜선과 접전을 벌였는데 결과는 대승이었다. 대승의 요인은 두말 할 필요도 없이 화약을 이용한 화포 때문이다. 천지를 쪼개는 듯 굉음을 내며 화포에서 포탄을 쏘아대니 적은 혼비백산할 수밖에 없었던 것이다.

이 때 이성계는 병마도원수로 경상도와 전라도 남해안에 상륙한 왜적을 토벌하기 위해 남하하고 있었다. 진포에서 왜적이 크게 패했다는 소식은 고려군을 협공하려던 적의 전술에 차질이 생기게 만들었고 사기를 꺾어 놓았다. 진포 덕분에 이성계는 한 달 후인 9월, 남원 운봉 황산일대에서 왜적을 맞아 대승을 거둘 수 있었다. 일명 황산대첩이다. 만약 진포에서 왜구를 격퇴하지 못하였다면 이성계는 뒤에서 밀고 내려오는 적 때문에 곤란했을 것이다. 그러므로 진포는 조선을 개국한 이성계가 전공을 세우는데 큰 도움을 주었다고 볼 수 있다.

불꽃놀이는 화약놀이다. 그 화약을 실전에 사용하여 대승을 거둔 곳은 진포, 지금의 군산이다. 화약의 역사성으로 보아 군산 보다 지명도 있는 도시는 없다. 교과서에도 최무선이 화약을 사용하여 진포에서 왜구를 물리쳤다고 기록되어 있어 어린 학생들 또한 잘 알고 있다. 다만 진포가 군산이라는 것을 잘 모를 뿐이다. 화약에 대한 역사성이 있는 군산에서 불꽃축제를 하지 않고 우리 지역 사람들이 타 지역으로 불꽃축제 관광을 떠나는 것을 보면 안타깝기 그지없다. 작년 말 바다를 가로질러 군산과 충남 장항을 잇는 동백대교가 개통되어 조건이 좋아졌다. 만약 최무선이 대승을 거두었던 8월 어느 날처럼,

동백대교와 금강에 정박한 배에서 불꽃을 쏘아대고 이를 진포해양공원이나 월명산에서 바라본다면 그야말로 장관일 것이다. 단순하게 불꽃만을 즐기는 것이 아니라 역사를 재조명하는 소중한 기회가 되는 셈이고, 군산의 근대문화유산과 연계하여 관광효과를 높일 수 있다.

과거와 달리 수도권에서 군산으로 접근하는 교통망도 많이 발달하여 열차와 고속도로를 통하면 금방 올 수 있다. 시민들과 사회단체, 그리고 유관기관이 머리를 맞대고 지혜를 모아 화약의 도시 군산에서, 진포대첩 전승기념 불꽃축제를 한여름 밤에 구경할 수 있게 되기를 희망해본다. 이제 진포를 교과서가 아닌 현대의 문화관광 상품으로 끌어낼 때다.

새전북신문. 2019. 6. 4

남원에서 운봉으로 여원재를 넘어가며

남원에서 동쪽을 바라보면 병풍처럼 둘러친 높은 산봉우리에 구름이 걸쳐있는 것을 어렵지 않게 볼 수 있다. 이름하여 운봉(雲峯), 운봉을 가려면 여원치(女院峙)라는 고개로 험준한 백두대간을 넘어가야 한다. 지역 사람들은 보통 연재라고도 부르는데 옛날에 경상도 함양을 가기 위해서는 반드시 넘어야 하는 고개였다.

고개를 넘으면 해발 400미터 고지에 운봉, 인월, 아영, 산내가 자리하고 순박한 산골사람들이 경상도와 접경하여 산다. 높은 산으로 둘러친 분지에 사는 사람들이라 외부와 접촉할 일이 별로 없다 보니 행정구역상 전라도이지만 말투가 독특하여 외지에 나가서도 고향 사람을 금방 알아볼 수 있을 정도다. 그 반가운 사람들이 사는 운봉에 대한 이야기를 몇 가지 해보고자 한다.

운봉이 역사에 처음 등장한 것은 고려사다. 운봉현은 본래 신라의 무산현으로 경덕왕 때 이름으로 고치고 고려에 이르러 남원부에 속하도록 하였다. 무산현은 아영성 혹은 아막성이라고도 하는데 지금도 아영이란 지명이 그대로 쓰이고 있다.

고려 공양왕 때인 1390년 음력 9월 왜적이 쳐들어와 남원을 공격한 일이 있었다. 왜적은 남원산성을 공격하다 이기지 못하고 물러가 홧김에 운봉현을 불사르고 인월역에 진을 치고는 소문을 퍼트렸다.

"장차 광주의 금성에서 말을 먹여 북으로 올라가겠노라."

이 소리를 듣고 나라 안팎이 크게 진동하였다. 왜적을 무찌르고자 이성계가 변안열 등과 함께 군사를 이끌고 남원으로 내려왔는데 지형을 살펴보니 적이 웅거한 곳은 높은 산이요 남원은 낮은 분지여서 올라가 싸우기에 불리했다. 여러 장수들이 말하길,

"적이 험한 곳에 의지하고 있으니 나오는 것을 기다려서 싸우는 것만 못합니다."

라고 말하였으나 이성계는 다른 생각이었다.

"군사를 일으켜 적을 치면서 아직 적을 보지 못한 것이 한이거늘, 이제 적을 만났는데도 치지 않는 것이 옳단 말인가."

이성계는 장수와 군사들을 독려하고 이튿날 아침에 출정하여 여원재를 넘었다. 운봉현이 적들에 의해 홀랑 타버린 것을 목격하고 군사들은 비통함을 참을 수 없었지만 마음을 가다듬고 계속 진군하여 황산(荒山) 서북쪽에 이르렀다. 이성계가 솥처럼 생긴 정상봉(鼎山峯)에 올라 지세를 살펴보니 길 오른편으로 험한 지름길이 있는 것을 볼 수 있었다.

"적들은 반드시 이 길로 나와 우리 배후를 습격할 것이다. 내가 이 길로 나가겠다."

다른 여러 장수는 모두 평탄한 길로 많은 군사를 이끌고 나갔는데 적의 기세가 매우 날쌘 것을 바라보고 싸우기도 전에 우물쭈물 퇴각

해버리고 말았다. 이런 와중에 해는 벌써 기울고 있었다.

한편 이성계가 험한 길에 들어서니 과연 적의 출중한 기예(奇銳) 부대가 튀어나왔다. 이성계는 대우전(大羽箭) 20발을 쏘고 계속하여 유엽전(柳葉箭)을 50여 발이나 쏘아 모두 그 얼굴을 맞히니 '핑' 활시위 소리가 날 때마다 따라 죽지 않는 자가 없었다. 대우전은 새의 깃털로 만든 긴 화살이고 유엽전은 화살촉을 버들잎처럼 만든 작은 화살이다. 적은 이성계의 기세에 맞서기 위해 세 번이나 몰려왔고 마침 진흙탕에서 접전이 벌어졌다. 아군과 적이 진흙탕 속에 섞여 엎치락뒤치락 백병전을 벌이고 난 후 살펴보니 죽은 것은 모두 적이고 우리 군사는 한 사람도 죽지 않았다. 모두 이성계를 따라 북방에서 여진족과 싸워왔던 용맹한 군사들이었기 때문이다.

왜적은 이성계의 군사가 지금까지 겪어왔던 군사들과 다른 것을 알고 산에 웅거한 채 섣불리 나오지 않았다. 시간이 흐를수록 매서운 가을밤 추위에 군사들이 지쳐 불리한 상황이 펼쳐지고 있었다. 이에 이성계는 군사들을 나누어 요해처에 나누어 웅거하게 하고 휘하에 있던 이대중(李大中)을 비롯 10여 명을 시켜 적에게 도전하도록 만들었다. 우리 군사들이 적을 올려치자 적들 또한 죽을힘을 다해 싸우므로 결국 우리 군사들이 쫓겨 내려왔다. 아래에서 전투를 지켜보고 있던 이성계는 이대로 가다간 죽도 밥도 아니게 되고 말 것이란 생각이 들었다. 그는 장수들에게,

"모두 말고삐를 단단히 잡아서 말이 넘어지지 않도록 하라."

지시하고 다시 나팔을 불게 하여 군사를 정돈한 다음 적진으로 달려 나갔다. 군사들이 개미 떼처럼 산을 기어올라 적과 싸울 때 적장한 사람이 창을 들고 이성계 뒤로 달려오고 있었는데, 이성계는 군사

들을 독려하고 싸움에 열중하느라고 미처 이것을 알지 못하고 있었다. 자칫 적장의 창에 몸에 꿰뚫릴 위기였다.

"영공(令公), 뒤를 보시오. 영공, 뒤를 보시오!"

여진 사람으로 이성계의 부하 장수가 된 이두란(李豆蘭)이 말을 달려오며 큰 소리로 외쳤지만 이성계는 그 소리를 듣지 못했다. 다급해진 이두란이 활을 겨누어 적장을 쏘아죽였다. 창을 든 적장이 말 위에서 풀썩 떨어지자 그제야 이성계는 고개를 돌렸다.

"고맙네."

이성계는 이두란과 함께 적진을 향해 계속 돌격해나갔다. 적들이 쏜 화살에 말이 거꾸러지면 다른 말로 바꿔 타고 또 맞아서 거꾸러지면 바꿔 타길 여러 차례, 결국 화살 하나가 이성계의 왼편 다리에 박히고 말았다. 그는 화살을 손으로 뽑아버리고 더욱 용감하게 싸웠다. 군사들은 이성계가 끙 소리를 한번 내었을 뿐 전혀 내색을 하지 않자 그가 부상한 것을 모를 정도였다. 적들도 싸움에서 기세에 밀리면 안 된다는 것을 아는지라 이성계를 목표로 하여 두어 겹으로 포위하였다. 그러나 이성계가 기병 두어 명과 함께 포위를 뚫고 적을 몰아쳐 그 자리에서 여덟 명을 죽여버리니 적들은 기가 질려 감히 앞으로 나오지 못하였다. 최일선에서 적과 분전하는 사람은 이성계와 몇 명뿐이요 나머지 군사는 뒤에 처져 시늉만 내고 있을 뿐이었다. 이것을 보고 이성계는 하늘의 해를 가리켰다.

"싸움이 겁나는 사람은 물러가라. 나는 오늘 적과 싸우다 죽겠노라고 저 해를 보고 맹세하노라. 이 땅에 들어온 왜적을 눈앞에 두고도 살아 돌아간다면 처자에게 부끄럽지 않겠는가."

피를 토하는 이성계의 말에 장사들이 감동하고 분발하여 용기가 백

배해서 모두 죽을힘을 다해 싸워 적을 물리쳤다. 왜적은 연거푸 싸움에 지자 싸움을 걸어도 나오지 않고 산에 박혀 있는 듯 서서 움직이지 않았다. 이런 상황이 적들에게도 답답했는지 나이가 겨우 십오 륙 세 가량 되어 보이는 적장이 백마를 타고 달려 나왔는데 얼굴이 단정하고 고우며 빠르고 날래기가 비할 데 없었고, 그가 창을 휘두를 때마다 우리 군사들이 쓰러지고 쫓겨 감히 당하기 어려웠다. 적장은 싸우러 나올 때 온몸을 갑옷으로 감싸고 투구로 얼굴을 가리고 있어 화살이 들어갈 틈이 보이지 않았다. 우리 군사들은 적장을 아기장수란 뜻으로 아기발도(阿只拔都)라 부르며 그가 나오기만 하면 맞서 싸울 생각보다 다투어 피하기 바빴다.

아기발도는 일본 참위서(讖緯書)에서 이르길 '황산에 이르면 패하여 죽는다.' 했기 때문에 일찍이 출정하지 않으려고 했다. 그러나 여러 왜장들이 그의 용맹함을 보고 감복하여 굳이 청하는 것을 더는 거절하지 못하고 전쟁에 참여했던 것이다. 그는 산음 땅에 황산(黃山)이 있어 그 길을 피해 사잇길로 운봉 땅에 들이닥친 것이었는데 여기에 황산(荒山)이 있는 것을 몰랐던 것일까.

아무튼 그는 신분이 높고 용맹하며 얼굴 또한 고와서 다른 왜적의 장수들이 매양 그를 볼 때는 반드시 꿇어 엎드렸으며 그 지휘를 따라 진퇴하였다. 아기발도는 참위서에서 말한 황산에 이르러 산 위에서 이성계 군사들을 살펴보고 지금껏 보아온 고려의 군사들과 다르다는 것을 깨달았다. 포진이 질서 있고 매우 굳건하게 보였고 지명 또한 황산이라 마음이 꺼림칙했다. 그러나 장수가 약한 마음을 내비칠 수 없어,

"이 군사들의 기세를 보니 지난날 고려 장수들과는 비교가 안 된다. 오늘부터 여러 장수들이 각자 조심해야 한다."

고 명령하고 고려군과의 싸움에 신중을 기하였다.

이성계는 적장의 활약으로 아군의 사기가 떨어지는 것이 안타깝지만 적장의 용맹함이 애석하여 죽이기보다 살리고 싶었다.

"이두란 장군, 저놈을 반드시 생포해야 하네."

"만일 생포하려면 반드시 우리 편 사람을 상할 것입니다."

그의 말이 맞았다. 적장을 사로잡기 위해 아군의 희생을 강요할 수는 없는 일이었다. 이성계가 잠시 생각한 후에 수염을 쓰다듬었다.

"좋다. 내가 적장의 투구 꼭지를 쏠 터이니, 투구가 떨어지거든 자네가 곧 쏘아라."

"알겠습니다."

이성계가 먼저 말을 달려 나가고 이두란이 그 뒤를 따랐다. 적장이 창을 휘두르며 응전해올 때 이성계가 활을 겨누어 투구 꼭지를 맞추었다. 투구 끈이 끊어지고 투구가 기울어지자 적장이 투구를 잡고 바로 썼다. 뒤이어 이성계가 화살을 날려 또 꼭지를 맞히니 투구가 드디어 땅바닥으로 떨어지고 적장의 고운 얼굴이 그대로 드러났다. 이 틈을 누려 이두란이 활을 곧 쏘아 적장을 죽였다. 싸움을 보고 있던 군사들의 함성 소리가 와 일어나고 적의 사기가 뚝 꺾였다.

이성계와 이두란은 멈추지 않고 군사들과 함께 적의 정예부대를 몰아쳐서 거의 다 죽여버렸다. 적의 통곡하고 신음하는 소리는 마치 수만 마리 소가 우는 것 같았다. 용케 살아남은 왜적이 말을 버리고 산으로 기어오르자 그 뒤를 쫓아가는 우리 군사들의 말발굽 소리와 북소리, 고함소리가 땅을 진동하였다. 적을 사면으로 공격하여 드디어 대승을 거두니 냇물이 온통 붉어져 6~7일간이나 빛이 변하지 않아서 사람들이 마시지를 못하고 그릇에 담아 오래 가라앉힌 뒤에야 겨우 마실 수 있었다. 이때 노획한 말이 1,600여 필이며 병장기는 헤아릴 수조차 없었다.

황산을 왼편으로 두고 흘러가는 냇가를 따라 인월로 가다 보면 붉은색 피바위가 지금도 그때의 치열했던 싸움을 말해주는 듯하다. 예부터 지역 사람들은 혈암이라고 부르는 피바위가 범상치 않음을 알고 있었다. 어우당 유몽인이 지은 어우집에 이렇게 전하고 있다.

[고을 사람들이 말하기를,
"임진년 난리가 일어나기 전 이 바위에서 저절로 피가 흘렀는데, 샘처럼 끊이지 않았습니다. 이 사실을 서울에 알렸는데 답변이 오기도 전에 왜적이 남쪽 변경을 침략하였습니다."
하였다. 아! 이 땅은 왕업(王業)이 시작된 곳이라, 큰 난리가 일어나려 하자 신(神)이 미리 알려준 것인가.] [1]

이성계의 황산 대첩이 있은 지 200여 년이 흐른 후인 조선 선조 10년(1577년)에 전라도관찰사 박계현의 건의에 따라 임금은 대제학 김귀영에게 기문을 짓고, 여성위 송인에게 글씨를 쓰고, 판서 남응운에게 전액(篆額)을 쓰게 하였다. 조정의 명에 따라 황산 아래 화수리에 공사를 진행한 사람은 당시 운봉 현감이었던 박광옥이다.

그런데 세월이 흘러 제대로 관리가 되지 않자 영조 8년(1732년)과 정조 13년(1789년)에 비각을 개수하였다. 정조는 황산 비각을 관리하는 구체적 사항까지 지시하였다.

1) 어우집 후집 제6권, 잡지(雜識), 유두류산록(遊頭流山錄)

[일찍이 그 고을 원을 지낸 사람을 통해 듣건대, 운봉현 황산은 바로 국초 때 승전한 고적지로서 전적을 기록한 비석이 황산에서 8리 떨어진 화수산(花水山) 밑에 있는데 비각은 세월이 오래되어 무너졌고 체제 또한 대체로 엉성하여 수호하는 사람으로 단지 승장(僧將)이란 명색만을 두었을 뿐이라 하니, 높여 받들어야 하는 사체의 뜻에 어긋남이 있다. …… 보살피고 수호함에 있어서는 중이 속인(俗人)보다 나으니, 중 몇십 명을 정원으로 한정하고, 곡식을 모아 봄에는 흩고 가을에는 거두어들여 모곡(耗穀)을 받아서 요미(料米)로 주라. 별장은 전대로 다시 설치하되 고을의 군교 중에서 한 갈래를 골라 정하여서 오래 근무한 순서에 따라 삼망(三望)을 갖추어 감사가 병조에 보고해서 의망해 낙점을 받게 하라. 장교가 있으면 졸개가 없을 수 없고 또한 지방(支放)의 밑천도 없을 수 없으니 감사로 하여금 절목을 만들어 장계로 보고하게 하라.][2]

운봉은 국란이 일어날 때마다 중요한 길목으로 등장하곤 한다. 임진왜란이 발생한 이듬해 1593년(선조 26년) 전라방어사 이복남은 남쪽 지방의 정예병 2만 명을 가려 뽑아서 운봉을 경유하여 북상하였고,[3] 권율은 신병(新兵)을 거느리고 운봉을 넘어 영남으로 달려갔다.[4]

정유재란 때 이순신 장군은 백의종군하고 있었다. 1597년 4월 25일(음) 이순신은 남원에서 운봉과 함양을 거쳐 합천에 있는 권율 도원수의 휘하로 들어가려고 했는데 일정이 바뀌고 말았다. 그가 아침 일찍

2)정조실록, 정조 13년(1789년) 6월 29일 기사
3)선조실록, 선조 26년(1593년) 5월 27일 기사
4)국조보감 제31권, 선조조 8

남원을 출발하여 운봉 박롱의 집에 도착했을 때 비가 억수같이 쏟아 붓고 도원수가 순천으로 향했다는 말을 들은 것이다. 더 이상 합천으로 갈 이유가 없어졌기 때문에 이순신은 운봉에서 길을 돌려 자신을 호송하는 금부도사와 함께 구례로 가게 되었다. 아마 변수가 생기지 않고 길을 계속 갔더라면 장군도 길목에 있는 황산대첩비를 분명 보고 갔을 터인데 아쉽기 짝이 없다.

오랫동안 황산 비각을 관리한 사람들은 스님들이었다. 정약용이 쓴 다산시문집에 황산 대첩비 이야기가 나오는데 비각의 관리가 제대로 안 되어 있다는 말이 없는 것을 보면 정조 이후로 잘 관리되고 있었던 것 같다.

[옛날 내가 황산을 지나다가 이 비문을 읽어 보고 또 아기발도와 치열하게 싸웠다는 곳을 보았는데, 대체로 깊고 큰 골짜기로서 숲이 우거진 험악한 지역이었다. 왜인은 본디 보전(步戰)에 익숙했고 우리는 보전에 약하였는데, 더구나 그런 산골짜기에서는 말을 달릴 수가 없는데도 승첩을 거두었으니, 그 승첩을 거둔 것은 신통한 무용(武勇)에서 온 것이지 단순한 인력으로 된 것은 아니다. 세상에서 '왜인들이 계곡에 피를 많이 흘려서 계곡의 돌 빛이 지금까지도 빨갛게 물들었다'고 전해오고 있으나, 자세히 살펴보니 이는 본래부터 붉은 돌이지 피로 물들어서 그렇게 된 것은 아니었다.] 5)

물론 과학적으로 보자면 본래 돌 색깔이 붉은 것이지 왜적의 피가 스며들었기 때문은 아닐 것이다. 지역 사람들은 피바위가 붉은 것은

---

5) 다산시문집 제14권 발황산대첩비(跋荒山大捷碑)

이성계의 황산 대첩 때문이라고 이야기하며 항일정신을 키워왔는데 굳이 그렇지 않다고 과학적 증거를 들이밀 필요는 없을 것 같다. 또 정약용은 운봉의 지리적 중요성을 거론하기도 했다.

[나는 일찍이, '남도의 관방(關防)은 운봉이 으뜸이고 추풍령이 다음이다. 운봉을 잃으면 적이 호남을 차지할 것이고, 추풍령을 잃으면 적이 호서를 차지할 것이며, 호남과 호서를 다 잃으면 경기가 쭈그러들 것이니, 이는 반드시 굳게 지켜야 할 관문인 것이다'고 논한 적이 있다. 그 당시 아기발도가 운봉을 넘어오지 않더라면 성조(聖祖 : 이성계)께서 어찌 그와 같은 노고를 하였겠는가.]

운봉이 군사적으로 영호남의 목덜미를 누르는 급소처럼 매우 중요하다는 것을 알려주는 말이다. 태조 이성계가 왜적과 치열한 전투를 벌인 곳이고 민족의 영산 지리산으로 이어지는 백두대간의 등줄기라는 점은 결코 우연한 일이 아니다.

그러나 한일합병으로 조선을 통치하게 된 일본인의 눈에 황산대첩비가 곱게 보였을 리 만무하다. 1945년 1월 16일 밤, 술 취한 남원경찰서 고등계 형사들이 몰려와 비석을 폭파하고 암벽의 글씨도 정으로 쪼아 뭉개버린 뒤 총질까지 해 글자를 식별할 수 없게 만들어 놓았다고 한다. 해방 이후 1957년 비를 복원하려고 했지만 비가 쪼개지고 글자가 훼손되어 도저히 과거의 모습을 되찾을 수 없었다. 어쩔 수 없이 부서진 비석 조각들을 모아 파비각(破碑閣)에 보관하고 새로운 비를 만들어 세웠다.

남원경찰서 고등계 형사들이 술에 취해 벌인 행동치고는 너무 규모가 크다는 생각이 든다. 비석을 폭파할 정도라면 폭약을 사용했을 것이기 때문이다. 형사들이 술에 취해 주정을 부린 것이 아니라 계획적으로 폭약을 사용하여 황산대첩비를 파괴했다고 보는 것이 옳을 것이다.

해방 후 반민특위 전라북도 조사부에 의해 친일행위자로 조사받고 기소된 사람 가운데 남원경찰서 고등계 형사였던 양병일이 있다. 양병일은 당시 마흔 살로 황산대첩비를 파괴하는데 앞장섰으며 정유재란 때 남원성 전투에서 순절한 위인들을 모시는 충렬사에 제사하는 것을 금지시켰고, 사당을 관리하고 제사하는데 필요한 충렬사 소유의 논을 몰수하여 일본인에게 제공하였다. 그야말로 조선의 역사와 정신을 부정하고 동포의 뇌리에 대화혼을 강제로 주입하는 황민화 정책에 누구보다 열심인 인물이었다. 그는 반민족행위자로 기소되어 공판받았지만 반민특위가 해체되고 전쟁이 벌어짐에 따라 그 뒤로 어떻게 되었는지 알려지지 않고 있다.

운봉에 치열한 전쟁의 역사만 있었던 것은 아니다. 판소리에서 빼놓을 수 없는 곳이 운봉이고 걸출한 소리꾼을 여럿 배출했다. 이곳 사람들의 성품은 그리 야박하지 않고 소탈하며 정이 많고 손님 대접하기를 잘하며 산골 사람답지 않게 눈치가 빠르다. 그 눈치가 어느 정도냐면 춘향전에서 이몽룡이 과거에 급제하고 암행어사로 남원으로 내려와 변 사또의 잔치에 거지꼴로 끼어들려고 할 때 그가 범상치 않은 인물임을 가장 먼저 눈치챈 사람이 바로 운봉 현감이었다. 운봉은 어사또에게 술상을 차려주도록 하고 달라는 대로 지필묵을 챙겨주었다. 이것을 고맙게 여긴 어사또가 글을 지어 운봉에게 주었다.

"운봉은 밖으로 나가 조용한 틈을 타서 한번 떼 보시오. 자, 나는 갑니다."

글을 읽어본 운봉은 일이 심상치 않게 흘러가고 있음을 알아채고,

"나는 오늘이 우리 장모님 기고일(忌故日)이라, 불참하였다가는 큰 야단이 날 것이니 곧 떠나야겠소."

라며 재빠르게 자리를 피한 덕에 암행어사출두요를 외치며 들이닥치는 청패역졸들의 방망이 세례를 피할 수 있었던 것이다. 이것이 모두 인심 좋고 눈치 빠른 덕 아니겠는가.

황산대첩비가 있는 비전 마을은 조선말 송흥록, 송인용, 송만갑으로 이어지는 3대 명창과 박초월이란 여류명창을 배출한 곳이다. 송흥록은 아직 풋내기 때 대구감영 기생 맹렬(孟烈)에게 반해 그 마음을 사로잡아보겠노라 그녀 앞에서 한 마당 소리를 했는데 뜻밖의 핀잔을 들었다.

"명창은 명창이로되 아직도 못 미친 곳이 있으니 앞으로 석동이의 피는 더 쏟아야겠군요."

송흥록은 크게 자존심이 상해 천신만고의 수행 끝에 목이 트여 소리뿐만 아니라 맹렬도 얻었다는 이야기가 전해진다. 마음에 둔 여인을 얻기 위해 그런 고행을 할 수 있을까 생각해보면 자신감이 쉬 생기지 않는다. 박초월은 전남 순천 태생이란 말도 있고 운봉 화수리 태생이란 말도 있으나 아영 갈계리에서 어린 시절을 보낸 것만은 분명하다. 운봉과 아영은 지척이나 다름없으니 타향에서 보면 다 한동네나 마찬가지다. 그녀는 어렸을 적 국악을 교습하는 이웃집에서 들려오는 가야금과 판소리에 반해 몰래 귀동냥으로 소리를 익혔고, 열세 살 때 잠꼬대로 판소리를 하다가 아버지에게 들켜 크게 혼났다.

"이 년, 집안 망하게 무당이 되려고 그러느냐?"

손에 잡히는대로 몽둥이를 가져다 두들겨 패는 바람에 몽둥이가 부러지고 초월은 기절하고 말았다. 아버지는 열넷 되던 이듬해 운봉으로 시집을 보냈는데 소리를 잊지 못하고 뛰쳐나와 남원 권번에 들어갔다. 김정문 명창과 송만갑 국창에게 소리를 배웠는데 그녀가 남원에서 살던 집은 예전에 송흥녹이 살던 집이었다고 한다. 천상 소리꾼의 운명을 타고났는지 두 사람의 인연이 기묘하게 이어졌던 것이다. 운봉은 해발 400미터가 넘는 고원지대로 오래달리기를 하는 운동선수나 긴 호흡을 필요로 하는 소리꾼에게 좋은 조건이다. 그래서 유독 운봉에서 명창이 많이 배출되었는지도 모를 일이다.

운봉을 비롯 고원에 사는 사람들은 살얼음을 깨서 못자리를 만든다. 겨울이 일찍 오고 길기 때문에 저지대 농부들보다 농사일정이 빠르다. 한겨울엔 얼마나 눈이 많이 오고 추운지 세수하고 문고리를 잡으면 손이 쩍 달라붙어 떨어지지 않을 정도였다. 산골사람들이 모처럼 남원 춘향제를 보러 버스를 타고 내려갈 때 콩나물시루처럼 빽곡 들어차 시끌벅적하다가도 여원재에 이르러 아득한 낭떠러지를 보면 쥐 죽은 듯 조용해졌다. 어떤 사람은 겁에 질려 얼굴이 새파래지고 또 어떤 사람은 멀미에 시달려 얼굴이 새하얗게 변했다.

지금은 고속도로를 통해 빠른 속도로 오가는 세상이지만 사람 사는 맛과 멋이 덜한 것 같아 아쉬움이 남는다. 하나를 얻으면 다른 하나를 잃는가 보다. 그 시절 버스 옆면을 탕탕 두드리던 차장이 그립고 그 많던 사람들은 다 어디로 갔을까. 오직 여원재만 그대로 남아 추억을 찾아 넘나드는 사람을 조용히 맞이할 뿐이다.

춘향문학 제3집

小說과 全州, 그리고 鐵道

■ 전주와 철도노선

1. 경부철도 노선

　1885년(고종 22)에 일본인 마쓰다 등이 4년에 걸쳐 조선의 전 국토를 돌아다니며 지세, 고, 민정, 경제 상황을 은밀히 조사하였고, 뒤이어 1892년 철도기사 곤노 텐즈이 일행이 사냥꾼으로 변장하고 경부선 부설을 위한 측량을 비밀리에 벌였다. 경부선 부설을 위한 측량은 총 4차에 걸쳐 행해졌는데 각기 행한 측량마다 노선의 차이를 보인다.

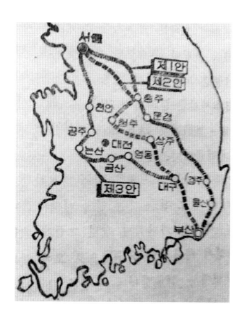

　당시 일본은 러일전쟁의 승리를 위해 병력과 군수물자를 이동시키려면 최단기간에 최단거리로 공사를 할 필요가 있었다. 이 때문에 결국 지금과 같은 노선으로 철도가 부설되기에 이르렀던 것이다.

1899년 측량기사 구노 도모요시가 50여일간 측량한 것을 보면 당시 전라도 땅이었던 금산이 포함되어 있는데, 이는 충청남도를 통해 전라북도에 그 세력을 미칠 수 있고 수운과의 접속이 편리하며 대구 삼랑진간 장대터널 공사를 피할 수 있기 때문이었다. 즉 일본의 사정에 따라 여러 노선이 고려되었음을 알 수 있다.

2. 호남선에 대한 속설

호남선이 전주를 비껴간 것을 두고 일제가 호남선을 부설할 때 백제의 고도(古都)인 공주와 전주를 일부러 제외하였다, 혹은 어리석은 유림과 지역유지들이 철도부설을 반대하여 어쩔 수 없이 비켜 가게 되었다는 속설이 지금껏 회자되고 있다.

구체적으로 보면 철마가 완산동의 용머리고개를 통과하게 되면 전주의 맥(脈)이 끊어지며 지반이 울려서 명당이 흔들린다는 풍수설과 전주는 민심도 변하여 인재(人材) 및 재물이 모두 궁핍하게 되는 즉, '망멸지화'(亡滅之禍)를 면할 수 없다는 지역 유림과 유지들의 주장이 혼합되어 있다.

또 1932년부터 1942년까지 전주의 정치·경제·사회·문화를 집대성한 〈전주부사〉는 다음과 같이 전하고 있다.

〈1912년 봄 처음으로 사립 호남철도기성회 회장 서오순이란 사람이 전라북도장관인 이두황을 찾아 와 사립 호남선 철도를 놓으려고 준비하고 있으니 미리 전주에 있는 유지들이 1주당 액면 50엔(500원)짜리 주식을 샀으면 좋겠다고 제안했다. 이 부탁을 받은 이두황이 전주 유지 10여 명을 초청했다. 이들은 당시 토호이자 지배층이었다. 이 자리에서 서오순이 사업 계획을 설명하고 주식 구입을 요청했다. 하지만 박기순과 유두환 등 참석자 전원이 반대했다. 그러자 이두황이 탁자를 치며 '전주는 결국 망할 것'이라고 했다.' 〉

아마 이 사건으로 전주의 유지들과 유림들이 오랫동안 욕먹어온 결정적 계기가 되었다고 생각한다. 그런데 이것은 사실과 다르다. 우선 이두황이 전북도장관으로 재임한 것은 맞지만 1912년이면 호남철도 부설이 시작된 지 벌써 3년째 되는 해이기 때문이다. 호남철도 노선은 1910년 결정되었고 1912년 10월에 이리 ~ 김제 구간이 개통되었는데 어떻게 노선을 전주로 바꿀 수 있다는 말인가. 이것은 물리적으로 불가능한 이야기다.

물론 일부 사람들이 이런 주장을 펼쳤을 수 있지만 철도노선을 변경시킬 만큼 영향력이 있었는지에 대해서는 의문이다. 일제는 조선통치에 있어 그리 민주적이지 않았다. 조선 민중의 의견을 들어 정책결정을 하지 않고 자기들의 식민통치에 얼마나 도움이 되는가를 염두에 둘뿐이었다.

3. 호남철도 독자 부설 노력

1905년 경부선이 영업을 개시하자 호남인들과 군산 목포 등지에 거주하던 일본인이 호남선 부설을 열렬하게 청원하였다. 그리하여 1911년 공사에 착공하고 1914년 호남선이 완공되었는데 충청도 공주와 전라도 전주가 노선에서 제외되고 말았다.

1898년 9월 일본이 부설권을 획득하고 경부철도주식회사를 통해 경부선을 완공시킨 것과 달리 호남선은 우리 정부의 독자적 부설을 방향으로 잡고 추진되었다. 조선정부는 1896년 7월 국내철도규칙을 제정하고 같은 해 11월에 '정부는 외국에 철도 및 광산이권의 양여를 금지한다'는 방침을 의정부회의에서 결정하였다. 이와 함께 1898년 6월에는 경성에서 목포까지 철도부설을 결정하고 고종의 재가를 얻었다. 이것이 경목선(호남선) 부설의 시작이라고 볼 수 있고 정부는 철도부설에 대한 의지를 갖고 있었다.

그러나 자금사정이 여의치 못하여 차일피일 미루던 중에 1904년 5월 서오순이 궁내부 고문 이윤용을 사장으로 추대하고 호남철도주식회사를 설립하였다. 서오순은 1899년 서북철도회사에서 일했던 경력을 가지고 1900년 경인철도운수회사와 대한운수회사를 설립했던 특이한 인물이다. 그는 1904년 6월 8일 대한제국으로부터 경부철도 지선을 충청·전라 양 도에 부설하는 건으로 인허를 받아냈다. 이때 호남선 노선은 경부철도 직산이었고 강경, 군산, 목포에 이르는 구간이었고 전주가 포함되어 있었다.

[京釜鐵道 線路踏査員이 京木鐵道線路 地段을 犯하지 말도록 要請]
照會 第13號.
大韓外部大臣 朴齊純 照會합니다.

드릴 말씀은, 철도감독 브라운이 사사로이 말했다고 하는 3월 14일자 ≪漢城新報≫의 보도 즉 "일본인 기술자가 부산 철로를 답사할 때 京城에서 公州까지 그리고 全州에 이르는 곳과 洛東江을 거쳐 釜山에 이르는 곳." 운운한 것은 살펴보건대 경성에서 공주를 거쳐 전주에 이르는 노선의 地段은 경성에서 木浦에 이르는 철로의 간선 지단에 속함으로 이는 사실 원래 總稅務司가 성지를 받들어 이 지단을 관리하도록 된 것이기에 京釜鐵路와는 서로 간섭을 하지 않기로 되었다는 것입니다. 그래서 이에 대한 공문을 보내 청하오니 귀 대신은 이 공문을 살펴보시고 즉시 실무자에게 조회하시어 답사하는 기사로 하여금 공주와 전주 등지에 가지 말고 경성에서 목포에 이르는 간선지단을 침범하지 말도록 하시기 바랍니다.

이와 같은 조치는 이미 경부철도회사 발기인의 대리인들과도 타협한 것이기에 앞으로 경성에서 공주·전주에 이르는 곳에 낙동강 답사원이 京木鐵道 점유한 지단을 침범하면 방해가 될 뿐만 아니라 쓸데없는 헛된 노력이 될 것이기에 사전에 그리되지 않도록 특별히 조회해 두니 청컨대 귀 공사께서는 속히 경부철도회사에 공문을 내리어 京木線 지단을 침범하지 말도록 할 것이며, 이 공문 내용을 준수하여 조금도 착오가 없도록 해 주실 것을 바라 이에 조회합니다.

1899년 3월 17일

大日本 特命全權公使 加藤增雄(가토 오마사오) 閣下 [1]

[請願書] 第1號.

本人이 營業上에 有意ᄒᆞ와 會社를 設立ᄒᆞ옵고 國內鐵道에 貨物運輸를 擔任ᄒᆞ온故로 鐵道上事務를 認存이온바 京釜鐵道原線에셔 連絡ᄒᆞ야 支線을 自稷山至江景群山及公州木浦間敷設ᄒᆞ오면 商民에 興販도 便利ᄒᆞ옵고 本社에 營業도 確立ᄒᆞ깃기 資本鳩聚홈을 經紀ᄒᆞ옵고 兹에 請願ᄒᆞ오니照

---

1) 주한일본공사관기록 9권. 경부철도에 관한 서류. 경부철도 선로답사원이 경목철도노선 지단을 범하지 말도록 요청

亮ᄒ신후認許ᄒ시와該地鐵道를敷設케ᄒ시믈伏望

1904년 5월 21일

運輸會社總事務長 徐午淳

鐵道院總裁 閣下 [2])

[京釜鐵道 支線을 충청·전라 양 도에 부설하는 건] 일부 발췌

機密第60號

運輸會社 總事務長 徐午淳이라는 자가 경부철도 支線으로 충청도 직
산을 기점으로 하여 강경, 군산에 이르는 것과 충청도 공주에서 목
포에 이르는 철도부설의 권리를 획득하기 위해 鐵道院에 願書를 제
출하였다고 이 나라 철도 당국자가 내밀하게 본관의 의견을 물었음.

1904년 6월 14일

萩原(하끼하라) 代理公使

外務大臣 男爵 小村壽太郎(고무라쥬타로) 殿 [3])

4. 일본의 호남선 부설 반대

일본은 경부선에서 지선으로 연결되는 호남선 부설을 영업상, 계
약상의 이유를 들어 반대하였고 대한제국 정부는 이를 반박하였다.

[京釜線 연결 支線의 徐午淳 부설인준 건 취소요구]

---

2)주한일본공사관기록 22권. 경부철도 1건 서류. 서오순의 상건 지선 부설 청원서
3)주한일본공사관기록 22권. 경부철도 1건 서류. 기밀 제60호

公文第179號

　…… 이에 의해 사열하건대, 이들 경부철의 지선은 자연히 본선과 영업상 경쟁의 위치에 서게 되고 본선 경영자의 利害에 관계되는 바가 적지 않습니다. 뿐만 아니라 이들 지선은 적어도 본선과 연계를 보장받지 않으면 도저히 철도 건설의 취지를 관철하지 못할 것이므로 기필코 여기에 연결할 필요가 있습니다. 이와 같이 본선에 대해 밀접한 관계를 가지는 이상은 가령 京釜鐵道協約 중 제9款에 이른바 한국 정부 또는 인민 스스로 부설을 한다고 운운하였으나 합동의 정신에서 우리 측의 승인을 요함은 물론입니다. 또 이러한 사업에 관한 거액의 자본은 도저히 이를 귀국 내에서 구할 수 있는 것이 아닙니다. 결국 외자에 의해 부설되는 것이라 인정하는 수밖에 없는 동시에 본건 지선의 경영은 제국 정부가 승인할 수 없는 바라는 뜻을 본사는 훈령을 받들고 특히 이를 귀 정부에 성명하므로 이를 양찰하시어 속히 철도원에 訓飭하시고 이로 하여금 인준을 撤銷하게 하도록 措辦하시기 바라며 이 점 조회하여 고견을 듣고자 합니다. 敬具

1904년 7월 23일
林(하야시) 公使
外部大臣 李夏榮 閣下 [4]

[鐵道支線敷設權 徐午淳에게 准許한 件 合法性强調]

---

4) 주한일본공사관기록 22권. 경부철도 1건 서류. 공문 제179호

오늘 鐵道院이 照覆하였습니다. 外部는 귀조회를 접수했고, 그 내용은 "일본 공사가 경부철도 支線 부설권을 徐午淳에게 허가한 것을 반드시 철회해 달라"고 요청한 것입니다. 鐵道條約 제9조에는 '해당 支線은 우리 정부가 우리 신민 스스로 부설하게 하는 외에 다른 나라 정부나 신민에게는 불허한다.'고 되어 있습니다. 이번에 일본 공사가 한 말은 오해에서 비롯된 것입니다. 일본 공사가 이 문제를 방해하지 않도록 해주시기 바랍니다. [5])

5. 호남선 부설을 위한 주식발매

서오순은 호남선 부설 인허를 받은 후 서대문 정차장 서쪽에 호남철도회사 창립사무소를 개설하고 본격적으로 사업에 착수했다. 철도기공 연한은 1905년 12월까지였으며 자본금은 주식으로 모집하고 공사비 예산액은 215만원 정도로 추산되었다. 공사설계는 일본인 小野塚磨(오노즈카마사루)에게 촉탁하였다.

[호남철도주식회사의 호남선 부설을 위한 주식 발매 협조 청원]

1906년 12월 14일 음.

本會社諸員이 念到及此ㅎ야 曩在光武八年六月에 以湖南鐵道를 自本會社敷設之意로 請願於鐵道院ㅎ야 幸蒙認許ㅎ옵고 地段을 自燕歧鳥致院으로 始ㅎ야 江景羣倉木浦ㅅ지 至ㅎ기로 認許狀에 詳載이온딕

5) 주한일본공사관기록 22권. 경부철도 1건서류. 경부선 연결 지선의 서오순 부설인준 건 취소요구

地形을 初測再測ᄒ야 此次工事ᄂᆞᆫ 自鳥致院으로 至江景全州ᄭᆞ지 經紀이온디 爲先鳥致院과 公州等地에 着手起工이온바 事鉅力綿에 竣工之期를 姑未可預度이오나 竊觀列強之國에 人民이 創立鉅大之役ᄒ야 力不及而事未就則 政府에서 贊助之協成之ᄒ고 又多官民이 合資而共同ᄒ야 期於必成乃已者ᄂᆞᆫ 爲其裕民産利民用ᄒ야 以至全國之富強者也라. 6)

[고종의 지원] 1907년 1월 4일.
大韓湖南鐵道會社總務 徐午淳이 鐵道를 敷設함에 있어서 沮戲가 많아 政府에 嘆願書를 提出하다. 宮內에서는 이를 洞燭하여 新貨 10,000元을 內下하고 政府는 株式의 모집을 적극 추진중이며, 一般 社會와 모든 商業界에서도 株式을 모집하는 중이다. 7)

[단지혈서] 1907년 02월 25일.
鐵道社指血 湖南鐵道에 多年熱心하던 徐午淳氏가 該事務의 久未發展홈을 憤慨하야 斷指血書홈이 如左하더라.
大韓獨立原因在此湖南鐵道凡我同胞共力竣工俾免列强之貽笑至祝發起人徐午淳書 光武 十一年一月二十九日 한국근현대잡지자료. 대한자강회월보 제8호(1907. 2. 25)

[주식모집 성과] 1908년 04월 25일.
鐵路協議 湖南鐵道株式會社에서 各 社會 有志 諸氏를 請遁ᄒ야 株金

---

6) 긱사등록 근대편. 청원서. 호남철도주식회사의 호남선 부설을 위한 주식 발매 협조 청원
7) 고종시대사 6집. 대한매일신보(1907. 1. 4)

募集方針을 硏究ᄒᄂᆫ 中인디 此 鐵道을 發起ᄒᆫ 徐午淳氏의 熱性의 基ᄒ야 來頭好結果가 有ᄒ리라더라.[8]

[전북 주식모집위원회 개최] 1908년 9월 24일.

全南觀察府에서 湖南鐵道株式募集委員會를 開催, 委員長 朴源昇 등이 鐵道의 要義를 演說하였으며 各郡에 分配한 株數가 60,000餘株에 達하였으며 16日에는 全北觀察府에서도 같은 모임을 갖고 各郡에 配定한 株式이 119,785株라 한다. [9]

※ 이두황 정3품 전라북도관찰사(1908.1.21.) 전북도장관 재임(1910.10 ~ 1919.3)

6. 호남선 독자부설 노력의 좌절

일본 통감부의 사주를 받아 1908년 11월경 당시 내무대신 송병준(宋秉畯)이 전라남북도에 비밀훈령을 발하여 관찰사가 주식모집 운동에 관계하지 말 것을 지시하는 등 방해공작을 펼쳤다. 이로 인해 서오순의 주식모집은 난관에 봉착하고 마침내 호남선 부설권 인허가 취소됨으로써 독자 부설은 좌절되고 말았다.

---

8)한국근현대잡지자료. 대한협회회보 제1호(1908. 4. 25)
9)고종시대사 6집. 대한매일신보(1908. 9. 24)

[송적의 심장] 1908년 12월 23일(융희 2년). 공립신보

[나라돈 잘 나먹는다] 1909년 6월 23일. 신한민보

[호남선부설인허철소와 배상금 지급]

內閣總理大臣 李完用·度支部大臣 任善準이 …… 湖南鐵道敷設認許撤消賠償金 129,435圓을 豫備金 中에서 支出할 것을 經議上奏하다. 裁可하다. [10]

---

10)고종시대사 6집. 순종실록 융희 3년(1909) 5월 31일

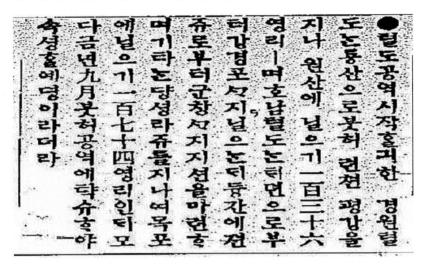

1910년 8월 한일합방이 되기 두 달 전 신한민보 기사를 보면 분기점이 대전으로 되어 있고 전주에서 군창(익산)까지 지선을 마련한다는 것으로 바뀌었음을 알 수 있다. 즉, 전주는 호남선 노선에서 제외되었던 것이다.

서오순을 중심으로 한 호남철도주식회사는 인허가 취소되기 전까지 측량과 일부 노반공사를 하였는데 이때까지만 해도 전주는 호남선 노선에 포함되어 있었다. 그러나 1909년 인허가 취소되고 일본이 직접 호남선 부설에 개입하면서부터 노선변경이 되었다.

일본은 1910년 8월 한일합방 후 그 이듬해 1911년 3월 15일 호남철도 기공에 나서 불과 3년만인 1914년 1월에 완공하였다. 공사가 이렇게 빨리 끝날 수 있었던 이유는 서오순의 호남철도주식회사가 측량과 노반공사를 일부 진행했었기 때문에 가능한 일이었다. 그 바탕 위에서 일본이 호남선을 빠른 시일 내 완공시켰던 것이다.

7. 전주, 군산의 힘겨루기와 익산의 어부지리

 일본이 철도를 건설한 것은 조선을 위해서가 아니다. 경부선은 러일전쟁과 대륙침략의 기반을 닦기 위해서였고 호남선은 미곡과 자원수탈을 위한 X축 노선으로 구상되었다. 철도의 중요성을 인식한 사람들은 조선으로 들어와 대규모 농장을 건설 일본 농장주들과 기업가들, 그리고 일부 조선인들이었다. 일본인들은 드넓은 호남평야에 이주하여 봉건시대 영주처럼 대농장을 건설하고 자기 땅으로 철도가 지나가기를 바랐다.

 군산의 오오쿠라 농장, 구마모토 농장, 익산의 호소가와 농장, 전주 히가시야마 농장이 대표적인데 이들은 철도를 유치하기 위해 경쟁을 벌였다. 본래 호남선 노선이 금마와 전주를 지나도록 되어 있었지만 일본이 부설권을 유치한 후 상황이 변했다. 군산을 경유하게 되면 노선이 너무 길어지고 전주를 경유하게 되면 김제를 거치기가 어렵고 험준한 모악산 줄기를 넘는 난공사가 예상되었다. 또 군산의 일본 거류민단과 농장주들에 비해 전주는 결속력이 약했고 내세울 만한 농장이라곤 동산촌의 히가시야마 농장 정도였다.

 그래서 일본은 군산과 전주, 누구의 편도 들어주지 않고 중간 지점인 솜리를 통과하는 노선으로 결정하고 백제의 혼이 서려 있는 금마가 아닌 솜리에 신도시를 건설하였던 것이다. 여기에 대표적인 친일파 박기순은 이리역이 들어서게 될 지역에 대규모 토지를 소유하고 있었다. 만약 이두황과 서오순이 전주에서 철도건설을 위한 주식발매 설명회를 할 때 박기순이 그 자리에 참석하여 반대한 것이 사실이라고 한다면, 그 의도가 무엇인지 추측할 수 있을 것이다. 그는 자기 땅으로 철도가 지나가기를 바랐던 것이다.

8. 전주와 군산의 차이

호남철도 노선이 전주도 군산도 아닌 이리를 지나는 것으로 결정되자 군산의 일본거류민단은 조선인 유지들과 합세하여 호남철도기성회라는 단체를 조직하고 본격적인 철도부설운동을 벌여나갔다. 그들은 호남선을 건설하려면 레일이나 침목, 시멘트 등 중량물과 다량의 자재가 운송해야 되는데 열악한 도로사정으로 육상수송이 어려우므로 군산항의 해운을 활용하자고 주장했다. 이것이 받아들여져서 호남선 본공사에 앞서 군산항에서 이리역까지 14.3km의 철도인입선을 부설하게 되었다.

군산선은 호남선이 기공된 3개월 후인 1911년 6월 공사에 착공하여 1912년 3월 6일 이리~강경 호남선 구간과 같은 날 개통하였다. 군산의 발 빠른 대처와 단합은 놀라울 정도의 결과를 가져왔다.

반면 전주는 호남선 부설을 강 건너 불구경하듯 보고 있다가 호남선 각 구간이 연이어 개통되고 군산선까지 호남선에 연결되자 부랴부랴 1913년 1월 전북경편철도 부설면허를 받았다. 뒤이어 1914년 5월 경편철도 건설에 착수하였는데 이때는 이미 호남선 전구간이 개통되어 열차가 목포에서 경성까지 쌩쌩 달리고 있을 때였다. 공사는 빠르게 진행되어 1914년 11월 17일 영업을 개시하였다. 경편철도 건설이 얼마나 급하게 추진되었던지 삼례에서 만경강을 건너는 다리가 철골이 아닌 나무로 만들어지고 전주역사도 없이 운행하다 이듬해인 1915년 1월 16일 전주 상생정(지금의 태평동)에 경편철도 전주역사를 준공하였을 정도다.

군산선은 호남선과 같은 표준궤로 건설되고 전주선은 폭이 좁은 협궤로 건설되어 투입되는 열차의 크기가 달랐고 화물의 수송능력과 안전성에서 많은 차이를 보였다.

9. 호남선에서 전주가 제외된 이유

필자는 이두황과 서오순이 호남선 부설을 위한 주식발매 설명회를 전주에서 개최하였다고 보지만 그 시기는 1912년이 아니라 1908년이라고 생각한다. 1912년은 서오순의 철도부설 인허가 취소된 지 3년이나 지난 시점이며 이미 호남선 노선이 확정되어 구간별 공사가 한창 진행중이었을 때다. 그러므로 서오순이 전주에 와서 설명회를 개최했다면 1908년이 맞을 것이며 그것은 당시 신문기사를 통해서도 확인할 수 있다. 전주와 공주가 호남선으로부터 제외된 이유를 정리해보면,

첫째, 일본은 단시간 내, 단거리 노선으로 호남선을 부설하려는 목적으로 분기점을 직산이 아닌 대전으로 변경하였다. 이로 인해 공주가 제외되고 금강철교 건설의 부담을 덜 수 있었으며, 전주를 제외함으로써 험준한 모악산 줄기를 피해 김제로 바로 접근할 수 있었다.

둘째, 일본은 조선의 전통과 얼이 살아 숨 쉬는 고도(古都) 전주와 공주에 철도를 부설할 필요성을 느끼지 못했고, 오히려 고도를 제외하고 이리와 같은 신도시를 개발하는 것이 그들의 조선 통치에 편리하게 생각되었을 것이다.

셋째, 박기순과 같은 대지주의 개입으로 호남선의 이리역 통과에 힘이 실렸다. 그는 호남선이 개통된 후, 이제 전주까지 철도를 연결하자

는 전주경편철도설치기성회장과 경편철도주식회사 이사를 맡았다. 호남선과 전주경편철도는 모두 그의 사업에 도움이 되는 것이었다.

넷째, 일본은 지역유지들과 유림의 뜻을 반영하여 철도노선을 결정할 정도로 민주적이지 않았다. 철도노선은 전적으로 그들의 경제적 정치적 이익과 군사적 목적에 따라 정해졌을 뿐이다.

위와 같은 이유로 전주가 호남선에서 제외된 것이다. 혹시 일제가 자신들의 잘못을 덮고 부담을 떨쳐버리기 위해 지역유지들과 유림의 반대 때문에 전주가 호남산에서 제외되었다는 속설을 퍼트렸을 수 있지만, 후손들이 앞장서 일본보다 우리 선조들에게 책임을 떠넘기고 비난하는 것은 옳지 않다고 생각한다.

슬치 만마관(萬馬關)을 지나며

  지금은 길이 좋아져서 좁고 구불거리던 국도 대신 고속도로가 뚫리고 그것으로도 모자라 KTX가 쌩쌩 달리는데, 전주에서 남원 가는 길에 슬치재를 넘게 되면 문득 아쉬운 마음을 갖게 된다. 한 때 오가는 자동차로 자못 번잡하던 도로였건만 터널을 뚫고 달리는 고속도로가 생기는 바람에 교통량의 상당부분을 내어주고 고갯마루에 있는 휴게소 또한 찾는 손님이 줄어들어 쓸쓸하기만 하다.

  고지도(古地圖)를 뒤적여 전주에서 남원 가는 길을 찾아보면 남문을 나와 상관을 지나고 소치(掃峙)를 넘게 되는데, 소치가 바로 슬치재다. 아마 掃(쓸 소)의 '쓸'에다 재를 뜻하는 峙를 붙여서 '쓸치, 쓸치재 또는 쓸재'로 부르다 지금에 와서는 '슬치' '슬치재'로 자리 잡았거나, 아니면 쓸재를 한자로 표기하면서 소치(掃峙)로 바뀌었을 수도 있다. 아무튼 쓸재, 슬치, 슬치재는 모두 같은 지명이다.

  최근 지역의 뜻있는 인사들이 슬치재에 있던 만마관을 복원하여 호남제일관으로 만들자 주장하는 것을 보고 필자 또한 전적으로 동의

한다. 이곳은 흔히 볼 수 있는 그런 고개가 아니고 대단히 중요한 역사성을 띠고 있는 곳이다.

충청좌도 암행어사로 파견되었던 이승고가 충청과 전라지방을 살펴보고 올린 서계를 보면,

"고개를 넘어 서울에 이르는 길로는 크게 세 길이 있습니다. 하나는 전주의 만마관(萬馬關)이고, 하나는 문경의 두 조령(鳥嶺)이며, 다른 하나가 바로 황간(黃澗)의 추풍령(秋風嶺)입니다."[1]

라고 만마관의 중요성을 언급하고 있다. 전주를 내려다보고 있는 남고산성은 견훤 때 축조된 것으로 알려지고 있다. 그곳 산성에 남고진(南固鎭)을 설치하여 군사를 배치하였는데 좁은 목 위에 자리 잡고 있어 전주부성과 너무 가깝다는 점이 흠이다. 만일 적이 침입한다면 좁은 목의 이점을 살려 방어할 수 있겠지만 출혈이 크고 그 함성소리가 성내까지 들려 자못 근심할 수밖에 없었을 것이다.

본래 적에 대한 방비는 단계적으로 해야 하는 것이다. 보다 먼 곳에 1차 방어선을 치고 그 뒤에 2차 방어선을 마련해서 안전을 도모하는 것이므로, 전주로부터 약40리 거리에 만마관은 전라감영이 있는 전주를 방어하는데 있어 매우 중요한 군사적 요충지가 되었고, 남고진은 최후방 방어선이었다.

도대체 만마관이 어떤 곳이기에 암행어사 이승고가 남쪽에서 서울에 이르는 길 세 갈래 가운데 하나로 만마관을 지목하였는지, 어떤 사람들이 그 길을 오갔는지 한번 살펴보기로 하자.

---

1) 고종시대사9, 1878년(고종 15년) 3월 12일

남쪽에서 한양으로 가는 조선 3관중 하나였던 만마관

본래 관(關)이란 닫아 잠근다는 뜻으로 군사적 요충지에 설치하여 외적의 침입을 방비하기 위한 곳이다. 중국 만리장성이 서쪽 가욕관 (嘉欲關)으로부터 시작해서 동쪽 산해관(山海關)에 이르고, 삼국지의 관우가 형수(유비의 아내)를 모시고 제1관 동령관부터 활주관까지 다섯 개의 관을 차례로 격파하며 지나는 것을 보면 관(關)이 군사적으로 어떠한 의미를 지니고 있는지 알 수 있다.

흥선대원군이 섭정하던 때 전라 감사 이호준(李鎬俊)은 장계를 올려 말하길,

"부안현 격포진을 다시 설치하되 청산도(靑山島)의 예에 따라 변방 경력으로 인정해 주고, 전주부의 만마관(萬馬關)은 육로(陸路)로 통하는 요해처이니 그 성을 완전히 축조하고 곁에 관아(官衙)를 설치하여 남고진장(南固鎭將)으로 하여금 봄가을로 돌아가며 지키도록 아울러 묘당으로 하여금 품지하여 분부하도록 하소서."

하였는데, 이에 대해 왕이 전교하기를,

"격포진을 다시 설치하고 만마관에 군대를 증원하여 굳건히 지키는 데에 대한 절목은 모두 변방을 중히 하는 훌륭한 계책이다. 빨리 무부로 하여금 충분히 상의한 뒤에 품지하여 처리하도록 하라." [2]

하였다.

통영대로는 통영을 기점으로 하여 한양으로 가는 조선의 대표적인 길 가운데 하나다. 경상도 통영에서 발하여 진주, 산청, 함양을 지나 전라도 운봉으로 접어들고 남원, 임실을 거쳐 슬치를 넘으면 전주가

---

2) 승정원일기 고종 10년(1873년) 4월 15일

불과 40리 길이다. 때론 섬진강을 따라 올라온 적이 곡성에서 방향을 틀어 남원으로 들어오기도 하지만 모두 슬치를 넘어야 전라감영이 있는 전주에 이를 수 있는 것이다. 그만큼 슬치는 적을 방어하기에 매우 중요한 요새라고 할 수 있다.

전라감사는 슬치에 있는 만마관이 허술하므로 성을 완전히 축조하고 군사들이 숙영할 수 있는 관아를 설치하여 남고진에 있는 장수로 하여금 봄가을 마다 번갈아 지키도록 하면 좋겠다는 의견을 올렸던 것이다. 삼군부 또한 이호준의 말에 동의하면서,

"만마관에 진을 설치하자는 논의는 오래전부터 있어 온 것으로 성이 있으면 진을 두어야 하고 그런 뒤에야 방비가 제대로 될 수 있는 것입니다. 남고(南固)는 이곳에서 멀리 떨어져 있지 않으니 그곳 별장(別將)이 봄가을로 돌아가며 지키게 하는 것이 매우 편리할 것입니다. 관아를 수선하여 살 수 있도록 하고 병사를 증원하되 늠료를 더 주도록 하는 것 또한 그만둘 수 없을 것입니다. 두 진을 설치하고 제어하는 것을 아울러 장계에서 청한 바는 그대로 시행하도록 하고 그 조처하는 방법은 소상하게 등문(登聞)하도록 하는 것이 어떻겠습니까?"[3]

아뢰니 고종이 윤허하고 별도의 내탕금까지 하사하였다. 하지만 성을 축조하고 관아를 짓는 데는 적잖은 비용이 소요되기 마련이다. 이보다 앞선 순조 때도 만마관 축성에 나섰다가 예산부족으로 지지부진했던 일이 있었기 때문에 축성이 곤란을 겪을 것은 불 보듯 뻔한 일이었다. 이러한 터에 만마관과 격포진 축조를 반기고 의로운 마음으로 자원하여 돈을 낸 사람들이 있었다. 의정부는 그 중 한량(閑良) 진제필(陳濟弼)을 변장에 제수하고, 유학 정우달(鄭禹達)과 오순영(吳順

---

3) 승정원일기 고종 10년(1873) 4월 19일

榮)은 모두 초사에 조용(調用)하자고 아뢰어 모두 윤허를 받아내었다. 이리하여 진제필은 섬진진 소모별장(蟾津鎭 召募別將), 정우달은 옥구 현감이 되었고 오순영 또한 출사하였다.

전주의 감영에서 볼 때 만마관은 약40리 거리에 있는 1차방어선이 었고, 이를 효과적으로 지휘하고 지원하기 위해 약30리 쯤에 남관진 을 설치하였다. 남관진에 장수와 군사들이 주둔하면서 만마관으로 올 라가 번을 서며 적을 경계했던 것이다.

완주군 상관(上關)은 만마관으로부터 북쪽에 있다고 하여 붙여진 이 름이고 남관(南關)은 그 남쪽에 있기 때문에 생겨난 이름이다. 진(鎭) 으로부터 동쪽 험준한 산악을 병풍삼아 군마를 두고 길렀을 것으로 보이는 마자(馬子)마을과, 그 건너 편 서쪽엔 부속건물이 많았을 것으 로 추정되는 내아(內衙)마을 있으니 모두 만마관(萬馬關)과 관련되고 예사롭지 않은 지명이다.

그 밖에도 전주와 남원을 오가는 국도변 남관초등학교 부근에 남관 진창건비가 외롭게 서있어 오가는 길손의 눈길을 잡아끈다. 비가 세 워진 것은 고종 10년(1873년)이지만 그 내용을 보면 이미 오래 전부터 남관진과 만마관이 군사요새로서 역할을 해왔음을 알 수 있다. 국조 보감은,

"전주부(全州府)에 남고산성(南固山城)을 쌓고, 진(鎭)을 설치하고 별 장을 두었다. 성은 만마곡(萬馬谷)에 있는데, 남로(南路)의 요충지에 해 당되고 전주의 요해처가 되는 곳이다. 감사 이상황(李相璜)이 계획하 고 쌓기 시작했다."[4])고 말하고 있는데, 실록을 보면,

"비국(備局)에서 아뢰기를, 전라 감사 이상황(李相璜)의 장계(狀啓)에

---

4) 국조보감 제79권 순조 4년(1813) 6월

이르기를, '전주부(全州府)의 만마동(萬馬洞)은 바로 옛날에 1만 마리의 말을 감추었다고 일컫는 곳이며, 이것이 지명이 되었습니다. 그래서 성을 쌓아야 한다는 논의가 그전부터 그러했던 것입니다. 만마동의 남북에는 좁은 입구가 있는데, 북쪽은 바로 남고(南固)의 북록(北麓)으로 옛날 사람이 성을 쌓았던 터[遺地]가 아직도 남아 있으며, 남쪽은 바로 이른바 탑현(塔峴)이니 하늘이 만들어 놓은 관방처(關防處)라고들 합니다. 대체로 호남의 초정(初程)에 한 골이 가로로 끊겨 있고, 좌우에는 양쪽 산의 험준함을 끼고 있으며, 남북으로는 한줄기의 길이 뚫려 있어서 옛날 사람들이 이것을 근거로 관방을 설치하였으니, 반드시 지켜야 할 곳임을 알 수 있습니다. 그런데, 옛날에 있었던 것이 지금은 없으니 허술하기가 더 심할 수 없습니다. 그러니 옛날대로 증수(增修)한다면 관애(關隘)가 비로소 중요하게 될 것입니다. 또 탑현에다 다시 새로운 성을 쌓아 남고의 옛날 성과 우뚝하게 서로 협공하는 형세가 되도록 한다면, 하늘은 두 입구를 만들었고 땅에는 겹성[重城]을 설치하게 되어 남도를 호위하는 중대한 구실을 하게 될 것입니다.' 라고 하였으니, 청컨대 도신(道臣)의 말에 의거하여 수축(修築)하게 하소서."[5]

하니 허락하였다. 이를 보면 만마관에는 이미 오래 전부터 전주를 방어하기 위한 요새가 있었음을 짐작할 수 있다. 순조 때 전라감사 이상황의 건의로 만마관을 수축하다가 재정상의 이유로 완성되지 못하던 것을 고종에 이르러 만마관을 정비하고 더욱 견고하게 쌓은 것이다.

남관진창건비에 샘물의 방향을 잡아 장수가 머무는 관아와 아전의 창고 및 장대가 마련되었고 남쪽에 화포청, 그 서쪽 그러니까 지금의

5) 조선왕조실록 순조 11년 신미(1811) 9월 8일(계미)

내아마을 부근에 무릇 100여 칸이나 되는 건물이 들어섰는데, 그 형세의 뛰어남이 자못 하늘이 베풀어 놓은 험준한 요새와 같아 촉도나 진관과 어깨를 겨룰 만하였다고 하였다.

촉도(蜀道)는 어디인가. 삼국지에 나오는 유비가 세운 蜀나라다. 현재 쓰촨성 지역으로 고대엔 그곳으로 가는 길이 너무 험하여 시선(詩仙)이라 불리는 이백(李伯)이 촉도난(蜀道難)이란 시를 지었을 정도다. 진관(秦關)은 함곡관(函谷關)으로 하남성 영보현에 있는 난공불락의 요새를 말한다. 남관진과 만마관을 정비 수축하고서 중국 촉도와 진관에 어깨를 겨룰 만하다고 하였으니 가히 호남제일관(湖南第一關)으로 불러도 손색이 없겠다.

이처럼 군사적 요충지여서 그랬는지 남관진에는 특이하게도 대포군(大砲軍)이 배치되어 있었다. 승정원일기를 보면 삼군부가 아뢰기를,

"경상도 상주목(尙州牧)은 임신년 5월에 포수(砲手) 100명을 이미 설치하였고 별포(別砲)·창검(槍釖)·기사(騎士) 50명, 별기수군(別旗手軍) 50명, 별파진(別破陣) 100명을 지금 더 설치하여 합계 300이며, 전라도 남관진(南關鎭)은 대포군(大砲軍)이 50명이며, 함경 감영은 경오년 12월에 신포위(新砲衛) 300명을 이미 설치하였고 대기수(大旗手) 40명을 이제 또 더 설치하여 합계 340명이며, 평안도 자성군(慈城郡)은 포위사(砲衛士) 20명을 설치하였다고 보고해 왔습니다."[6]

라고 하였다. 대포군은 조총병과 달리 단호박만한 큰 포환을 쏘는 군사들이다. 요즘으로 따지면 포병 쯤 되겠다. 남관진에 배치된 대포군 50명이 교대로 만마관에 올라 대포를 걸어놓고 남쪽으로부터 오

---

6) 승정원일기 고종 10년(1873) 12월 2일

는 적을 방어했던 것이다. 이는 남관진과 만마관의 중요성을 다시 일깨워주는 사료(史料)라고 할 것이다.

하지만 지금 만마관을 누가 기억하고 있는가. 우리 지역에서조차 관심이 없으니 다른 사람들이 알아줄리 만무하다. 암행어사 이승고가 문경의 조령, 황간의 추풍령과 더불어 남쪽에서 서울로 가는 대표적인 고개로서 전라도 만마관을 지목했는데도 우리는 만마관을 잊고 있다.

우리 지역의 낙후성과 문화유산 부재를 두고 남 탓할 필요 없다. 조령과 추풍령을 가보라. 조령엔 보기 좋은 관(關)이 세워져서 드라마나 영화촬영 장소로 활용되고 있고 추풍령 또한 모르는 사람이 없을 정도이니 그 못지않은 만마관을 곁에 두고서도 역사성과 가치를 모르고 있었던 우리 자신을 탓해야 한다.

역사 속 위인들이 넘던 고개

조선의 명재상 황희도 유배의 경험이 있다. 태종 18년(1418년) 충녕대군이 왕세자로 책봉되자 국본을 쉽게 바꾼다며 이를 반대하다가 결국 교하(파주)에 유배되었다가 너무 가깝다는 이유 때문에 전라도 남원으로 유배되었다. 옛사람들은 아침 일찍 길을 나서 하루 백 리를 가므로 전주를 출발하면 보통 임실에서 하루를 묵고 그 이튿날 남원에 도착하게 된다. 아마 황희는 만마관을 수비하는 군사들의 점고를 받고 오가는 행인들과 함께 노구바위에서 아픈 다리를 쉬어갔을 것이다. 현재 노구바위는 국도가 개설되면서 어느 고랑에 파묻혀 있는지 알 수 없으니 안타까운 일이다.

　임진왜란이 발발하기 3년 전 기축옥사(1589년)가 벌어져 정여립과 대동계원들이 죽임을 당했던 것을 기억할 것이다. 대동계원들은 매월 보름에 모여 책을 읽고 무예를 익혔는데 남해안 일대를 침범한 왜구들이 정해왜변(1857년)을 일으켰을 때 전주부윤의 부탁을 받고 정여립은 대동계를 출동시킨 일이 있었다. 그 때 무사들은 남문을 나서 슬치를 넘고 순천으로 향했다. 그리고 왜적을 물리치고 보무도 당당하게 개선할 때도 역시 슬치를 넘어 전주로 돌아왔다.

　어디 그뿐인가. 이순신 장군이 백의종군할 때도 슬치를 넘어 남원으로 내려갔다. 난중일기를 보면,

　"4월 22일. 전주에 도착했다. 전주남문 밖 이의신(李義臣)의 집에서 잤다. 판관 박근이 보러왔다. 전주부윤도 대접했다, 기름먹인 두꺼운 종이와 생강을 보내왔다.

　4월 23일. 새벽녘에 일찍 출발하여 오원역(烏原驛)에 이르러 역관에게 말을 쉬게 하고, 아침밥을 먹었다. 얼마 후 도사(都事)가 왔다. 날이 저물녘에 임실현(任實縣)으로 가니 현감이 예를 갖추고 대접했다. 현감은 홍순각(洪純慤)이다.

　4월 24일. 임실현에서 아침 일찍 출발하여 저녁에 남원 십리 밖의 이희경의 종의 집에 이르렀다."

　고 하여 그 경로가 자세하게 기록되어 있다. 오원역은 임실로 향할 때 만마관을 내려가서 닿는 곳이니 장군도 분명 만마관을 지났던 것이다. 정유재란 때 늙고 성치 않은 몸으로 오로지 나라의 존망을 생각하며 전라도 구석구석을 살피고 외적을 물리칠 생각에 밤잠을 설쳤을 장군을 생각하면 눈시울이 뜨거워진다.

다산 정약용 또한 슬치를 넘은 일이 있는데, 그의 아버지가 진주 목사로 있어 뵈러 가던 길이었다. 다산이 호남제일루(湖南第一樓)라 일컬어지는 남원 광한루에 올라 지은 시가 바로 등남원광한루(登南原廣寒樓)이며 여기에 만마관이 등장한다.

登南原廣寒樓　　　등남원광한루
層城曲壘枕寒流　　　층성곡루침한류
萬馬東穿得一樓　　　만마동천득일루
　　　　　　(하략)

남원광한루에 올라

　층층 쌓아올린 성의 굽은 보루는 차가운 물을 베개 삼아 누었는데 만마관을 농쪽으로 관통하여 한 누각을 얻었네.
　　　　　(하략)

　또 춘향전 이도령이 오리정에서 춘향과 이별하고 떨어지지 않는 발길을 억지로 떼며 부친 따라 한양으로 올라가던 길, 고약한 신관사또가 남원으로 부임하러 가던 길도 이곳이다. 춘향전 신관사또 부임하는 장면을 보면,
　"전주에 다라서 경기전(慶基殿) 객사에서 임금의 명을 낭독하고 감영의 문에 잠깐 다녀 좁은 목을 썩 내달아 만마관(萬馬關) 노구바위를 넘어 임실을 얼른 지나 오수(獒樹) 들러 점심 먹고 즉일도임할새, …."
　하여 춘향이 볼 욕심에 이틀 걸릴 길을 말 타고 하루 만에 가는 것

을 볼 수 있다.

광양에 살던 구한말의 젊은 선비 매천 황현도 한양에 갈 때 만마관을 넘곤 했다. 개인적으로 매천 황현이 만마관을 넘어서고 전주까지 이르는 길과 그 풍경을 가장 자세하게 묘사하고 있다는 생각이 든다.

"나는 젊은 시절 과거(科擧)를 보러 상경(上京)할 때 전주(全州)를 경유한 적이 몇 번 있었다. 그런데 만마관(萬馬關)에서부터 전대(纏帶) 속 같은 좁은 길을 40리나 걷다가 남천교(南川橋)에 이르러 서쪽을 바라보면 하늘에 맞닿은 끝없는 들판이 펼쳐지는데, 그때마다 언제나 가슴이 탁 트이면서 좁은 길을 걷던 괴로움이 한순간에 풀리곤 하였다."[7]

황희 정승의 후손인 그는 청운의 꿈을 품고 수차례 한양으로 올라가 과거에 응시하고 결국 생원진사시에 장원했으나 시국이 혼란스러운 것에 개탄하여 낙향하고 말았다. 한양에서 국운이 기울어가는 것을 목도하고는 올라갈 때와 달리 침울한 표정으로 만마관을 넘어 낙향하였을 젊은 선비의 모습을 떠올려보자니 애잔한 마음이 든다.

어디 그 뿐이랴. 수천 명의 동학군이 전주로 진격할 때 순창에서 임실 등지를 거쳐 만마관을 넘었다. 이들은 전주성을 함락시키고 기세를 떨쳤지만, 얼마 지나지 않아 초토사 홍계훈이 군산으로 들어오고 일본군까지 합세하자 전세가 불리하게 돌아가기 시작했다. 패한 동학군 일부는 다시 만마관을 넘어 지리산 쪽으로 도망하고 말았는데 이들을 쫓던 관군의 보고를 보면,

---

7)매천속집 제1권 관수당기〔觀水堂記〕

"출진장위영부영관 겸 죽산진토포사가 첩보합니다.

지난 달 30일에는 일본 사관(士官) 미나미코시로(南小四郎)와 전주(全州)에서 함께 출발하여 30리를 가 만마관(萬馬關)에 이르러서 유숙하였고, 이 달 초1일에는 30리를 동행하여 임실읍(任實邑)에서 유숙하고, 초2일에는 30리를 동행하여 오수역(獒樹驛)에서 유숙하고, 초3일에는 40리를 동행하여 남원읍(南原邑)에서 유숙하고 이내 그곳에서 하루 머물렀으며,"[8]

라고 되어 있어 일본군과 합동작전을 하고 있다는 것을 알 수 있고, 일본군 후비보병 독립 제19대대장 미나미코시로(南小四郎)는,

"全州로부터 신동촌(전주에서 순창으로 나가는 샛길) 방면으로 가면 일대가 산맥이다. 또 만마관에는 대원군의 의견으로 세운 관문이 있다고 전에 들은 적이 있다. 즉, 임실현에서 30리 정도 떨어진, 양쪽 산기슭이 점점 가까이 좁혀진 곳에, 양쪽 산허리에 걸쳐 골짜기 길을 가로막고 있는 석관문(石關門)이 있는데 매우 견고하다. 적이 만약 이 산 속으로 도주한다면 그것을 일소하는데 2~3일이 걸려도 해낼 수 없을 만한 요새이다. 다행히 눈이 쌓여 미끄럽고 추위가 혹심한데다가 식량이 궁했기 때문에, 적이 결국 이 산 속으로 들어가지 못한 것이라 생각된다."[9] 고 하여 당시 만마관이 상당히 견고하고 양 옆으로 험준한 산악이 버티고 있어 만약 동학군이 산으로 들어갔더라면 토벌하기가 쉽지 않았을 것이란 견해를 보이고 있다. 이처럼 만마관은 유유히 이어지는 호남정맥의 급소를 찌르듯 절묘한 곳에 위치하였다.

슬치 만마관을 차지하고 있으면 남쪽으로부터 좁은 골짜기를 통해

---

8) 선봉진정보첩(동학농민혁명사료총서 16권), 출진장위영부영관 겸 죽산진토포사가 첩보합니다.(개국 503년 12월 11일)
9) 주한일본공사관기록 6권, 각지동학당 정토에 관한 제보고, 제1권 제7장의 후반부

올라오는 적을 수월하게 격퇴할 수 있었고, 설혹 만마관이 돌파당하더라도 10리 후방에 남관진이 골짜기를 틀어막고 있으므로 전주로 들어가기란 쉽지 않았으며, 30리를 더 가서 좁은 목에 이르면 남고산성과 동고산성이 양쪽에서 치달아 내려오매 놀란 적들은 감히 전주에 발을 디딜 엄두를 내기 어려웠을 것이다.

1907년경 만마관[10])

　사진은 1907년경 찍힌 만마관의 모습으로 1개 분대병력의 일본군이 보인다. 성벽은 대포를 맞은 것처럼 무너져 내렸는데, 이 시기 일본인 우편배달부가 만마관 일대에서 습격을 당해 살

10)전북일보 2017.2.7(사진제공 김경곤 만마관 복원추진위원장 · 전주문화원)

해당하는 일과 의병 활동이 벌어지고 있었기 때문에 일본군이
토벌작전을 펴는 것이라 생각된다.

눈물어린 만마관이여

육당 최남선이 조선을 유람하고 지은 조선유람가[11])를 보면 전주의
풍광을 노래한 부분이 있다.

60. 언제고 시원하다. 운봉 팔량치 공연히 반가울손 남원 광한루 발
쭉한 마이산에 임실을 지나 으슥한 만마관을 빠지니 전주
61. 한벽당 사시가흥 풍류 어떠뇨 만경대 나를 졸라 시를 외라네 비
환(悲歡)이 저러코나 당연 금산사 흥폐를 알리로다 기준성 저긔

육당 최남선이 전주를 방문할 때 당시 쇠당나귀라 불리는 좁은 경
편열차 철려(鐵驢)를 타고 왔었다는 이야기는 저번 호에 언급한 바 있
다. 그가 전주 남쪽 만마관을 오가며 느꼈던 감정은 일단 골이 좁고
길어 으슥하다는 것이었다.
하지만 골짜기로 접어들었을 때만 으슥함을 느낄 뿐이지 행인들이
만마관에 오르면 갑자기 번잡한 장터분위기를 느낄 수 있었다. 남쪽
에서 올라가는 나그네들이 만마관 문이 열리기를 기다리며 묵었던 곳
에 노구바위 역관과 술국을 파는 주막이 여러 곳 있었다. 당시 주요
도로였던 통영대로를 따라 이동하는 사람들이 노독을 풀기에 좋았다.

---

11) 동아일보 1929. 6. 9일자

매천 황현처럼 과거를 보러 가는 선비, 말린 생선꾸러미를 짊어진 보부상이며 소장수, 친정으로 근친가는 새댁, 유배를 떠나는 사람, 임지로 부임하기 위해 가는 관리 등 참으로 많은 사람들이 이곳에서 짐을 풀었다.

사람들이 북적이게 되니 정신 나간 사내들의 전대를 털어내기 위해 분단장을 곱게 한 주모들은 치마를 당겨 묶고 콧노래를 부르며 펄펄 끓는 술국과 술을 나르느라 하루해가 짧게 느껴질 정도였다. 오가는 소장수들이 주모의 아양에 푹 빠져 소 몇 마리 값을 탕진하기도 했다니 주모들의 수완이 보통 아니었던 모양이다.

만마관 골짜기에서 흘러내린 물은 전주천을 이루고 서방바위와 각시바위를 지나 한벽당이 올라앉은 바위에 부딪히며 푸른 소를 만들었다. 옛사람들은 한벽당에서 사시사철 풍류를 즐겼고 그것이 한벽4경(寒碧四景)이란 시로 전해오고 있다.

春日東城花柳　　춘일동성화류
夏炎萬馬淸風　　하염만마청풍
秋林玉洞晴霞　　추림옥동청하
冬夜南固雪月　　동야남고설월

따뜻한 봄날 견훤성에 핀 진달래와 강가의 수양버들
한 여름 찌는 더위 속에 만마관에서 불어오는 시원한 바람
가을 숲속 옥류동에 비추이는 소슬한 가을하늘
한 겨울밤 남고산 자락에 비추이는 백설의 달빛

東城은 중바우산(승암산)에 있는 동고산성을 뜻하는데 후백제 견훤이 세웠다고 하여 견훤성이라고도 부른다. 지금은 성벽이 다 헐어져 그 흔적을 찾기 힘들고 성터와 깨진 기와조각만이 뒹굴고 있다. 마치 칼로 채를 썰어놓은 듯이 날카로운 중바우산 꼭대기에 위태롭게 서서 건너편을 바라보면, 남고산성이 손에 잡힐 것처럼 가까워서 힘 한번 잔뜩 주고 훌쩍 뛰면 금방 옮겨갈 수 있을 것만 같다. 만마관으로부터 흘러내린 물은 서방바위와 각시바위의 전설을 담아 흐르다 좁은 목에 이르러 그 폭을 줄이고 한벽당을 급하게 돌아 남문 쪽으로 흘러내려간다.

엄동설한 매서운 바람을 견뎌낸 강변 버들강아지가 예쁜 솜털을 내밀 때 험준한 중바우산 바위틈에 연분홍으로 피어나는 진달래를 본 적이 있는가. 아니면 한벽당에 앉아 졸졸졸 흘러가는 물소리에 귀를 기울이며 강가에 늘어진 연초록 버드나무의 시원한 바람결을 느껴본 적 있는가. 근처 향교에서 글 읽는 선비들의 높고 낮은 목소리가 바람을 타고 아련하게 들려온다. 아, 전주는 이렇게 아름다운 곳이다.

전주의 젖줄 전주천은 만마관이 내어준 것이다. 호남정맥 저 깊은 골짜기 무성한 나무들이 품었던 물이 슬치에서 발원하여 40리 길을 달려 전주에 이르고 모악산 골짜기에서 흘러내린 물과 합류하여 만경강으로 들어간다. 세월이 흐르고 누가 알아주든 않든 만마관은 묵묵히 전주(全州)에 시원한 바람과 물을 제공하는 것으로 제 할 일을 다하고 있다.

이제 우리가 만마관을 복원하고 살려야 한다. 이순신 장군이 백의를 입고 종군할 때 넘었던 고개, 신관사또가 부임할 때 넘던 고개, 대동계원들이 칼을 들고 왜구를 무찌르러 넘던 고개, 동학군이 들뜬 마음으로 전주성으로 향할 때 넘던 고개, 통영에서 말린 생선꾸러미를 등에 메고 보부상이 오가던 고개가 바로 슬치요, 그곳에 있던 관문이 바로 만마관(萬馬關)이다.

이 시대를 살고 있는 우리들이 해야 할 일 가운데 하나는 이 땅의 역사와 가치를 후손들에게 전해주는 것이다. 말해주지 않으면 땅에 대한 정신을 잃고 지킬 줄 모르게 된다. 만마관이 호남제일관으로 복원되는 날 성벽을 어루만지며 아무도 모르게 뜨거운 눈물을 흘리고 싶다.

전라정신 제5집

전라도가 변해야 나라가 산다
작가 바이선의 시선

초판 인쇄 2025년 3월 10일
초판 발행 2025년 3월 15일

지 은 이 빅이신
펴 낸 이 김한창
펴 낸 곳 **도서출판 바밀리온**
주   소 전주시 덕진구 기린대로 359. 2층
대표 전화 (010) 6439 - 2405
팩   스 (063) 253 - 2405
이 메 일 kumdam2001@naver.com
인   쇄 유진보라

등   록 제2017-000023
I S B N **979-11-90750-18-9(03070)**
정   가 : 18,000원